Marko Pogačnik

DIE GAIAKULTUR ERSCHAFFEN

Marko Pogačnik
UNESCO Künstler für den Frieden

Die Gaiakultur erschaffen

Das Visions- und Arbeitsbuch

•

Autorisierte Übersetzung aus dem Englischen von Farah Lenser

Bücher haben feste Preise.
1. Auflage 2022

Marko Pogačnik
Die Gaiakultur erschaffen

Der Titel des englischen Originals lautet »Creating Gaia Culture«.
Autorisierte Übersetzung aus dem Englischen von Farah Lenser.

Umschlag:
Gaia als die weiße Göttin, Kalkstein 2020,
gemeißelt durch Marika Pogačnik, Photo Bojan Brecelj
Gestaltung: Dragon Design, GB

Satz und Gestaltung:
Dragon Design, GB
Gesetzt aus der Minion

Gesamtherstellung: Appel & Klinger, Schneckenlohe
Printed in Germany

ISBN 978-3-89060-805-1

Neue Erde GmbH
Cecilienstr. 29 · 66111 Saarbrücken
Deutschland · Planet Erde
www.neue-erde.de

Inhalt

TEIL 1: Einleitung

Warum dieses Buch?

Auf Grundlage der intensiven Zusammenarbeit der letzten Jahrzehnte mit der Erde und ihren Wesenheiten wage ich zu behaupten, dass wir jetzt an der Schwelle einer neuen Phase der planetaren Evolution der Erde stehen. Gaia und ihre Elementarwesen schaffen atemberaubende neue Bedingungen für das Leben auf dem Planeten, im Einklang mit dem zukunftsverheißenden Evolutionspfad des Universums. Das ist eine wunderbare Erkenntnis, selbst inmitten einer eher beunruhigenden ökologischen Situation, die sich fast täglich verschlimmert. Dennoch stellt sich die Frage: Gibt es menschliche Visionen, Ideen und Taten, die eine menschliche Kultur erschaffen könnten, die der erwähnten planetarischen Transformation entspricht und die auch den Wunsch der Menschheit nach einer Kultur des Friedens und des gegenseitigen Verständnisses von Menschen und Nationen erfüllen würde?

In den vergangenen Jahrtausenden sind die Menschen – im allgemeinen – innerlich so weit gereift, dass wir von einem Stadium der Evolution reden könnten, das dem Erwachsensein entspricht. Leider haben wir bei der Entwicklung von Waffen, Technologien und gefährlichen politischen und wirtschaftlichen Systemen einen destruktiven Weg eingeschlagen, der das Potential hat, das Leben auf der Erde und die Zukunft der menschlichen Kultur zu zerstören. Stattdessen sollten wir an diesem Punkt der menschlichen Entwicklung die volle Verantwortung für unsere Ideen und Gefühle sowie die Ausgestaltung der Welt übernehmen – das wäre ein wirkliches Zeichen von Reife.

Zusammen mit der Erde und ihren Wesen befinden wir uns inmitten eines kosmischen Wandels, der zwei widersprüchliche Realitäten aufzeigt. Auf der einen Seite verschlechtert sich die gegenwärtige, materielle, dreidimensionale Welt der Natur und Kultur und verschwindet nach und nach. Auf der anderen Seite erschaffen Gaia und ihre elementaren Helfer neue Bedingungen für das Leben. Diese neuen Lebensbedingungen können noch nicht als lebendige Realität angesehen oder gar freudvoll erfahren werden, aber indem wir unsere Wahrnehmungen für verschiedene Ebenen der multidimensionalen Realität öffnen, können wir sie bereits erahnen.

Lasst uns nicht zurückbleiben! Auch wenn die Mehrheit der Menschen noch in den verschwindenden Weltstrukturen verstrickt ist, sollten wir uns nicht der Lethargie hingeben. Stattdessen sollten wir unsere Erfahrungen aus der Vergangenheit und unsere Visionen für die Zukunft zusammenführen und die offene Matrix einer Kultur erschaffen, die auf die jüngste Entwicklung innerhalb der Erde und ihres Kosmos abgestimmt ist.

Diese kurze Einführung deckt einige der Gründe auf, warum das vorliegende Buch unter Milliarden von Büchern, die vom schöpferischen Geist der menschlichen Familie geschrieben wurden, einen Platz haben sollte.

1

Das Buch formuliert die Vision einer möglichen zukünftigen menschlichen Kultur, die auf der schöpferischen Zusammenarbeit mit Gaia, ihren Elementarwelten und Wesen aus Parallelevolutionen basiert. Es präsentiert ein utopisches Bild einer Gaiakultur, zeigt aber auch Möglichkeiten für die Leserin und den Leser auf, wie sie und er sich am Prozess ihrer Erschaffung beteiligen kann.

2

Das Buch bietet verschiedene Übungen an, die dem Leser und der Leserin helfen können, die nötige Sensibilität zu entwickeln und den Mut, eine neue Wahrnehmungsebene einzuüben, die jenseits der Begrenzungen des rationalen Verstandes liegt, die den modernen Menschen von der Ganzheit des Lebens trennen.

3

Das Buch ermöglicht einen Blick in den Urquell einer zukünftigen menschlichen Kultur, indem es den uralten Text der Apokalypse auf eine völlig neue Weise interpretiert. In der sogenannten »Offenbarung des Johannes« ist der Keim der – damals – zukünftigen Erdveränderungen, zusammen mit der Vision einer neuen menschlichen Kultur, verschlüsselt.

4
In dem Buch finden sich meine Erfahrungen, Visionen, Traumgeschichten, Kommunikationen mit Wesen aus den Parallelwelten, gespickt mit 45 Zeichnungen und 40 meditativen Übungen, um zu helfen, die inhärenten mentalen Strukturen zu transzendieren, indem es die Qualität der Imagination in der Leserin und dem Leser auslöst. Die Vorstellungskraft kann helfen, sich die zukünftige menschliche Kultur als eine fast greifbare Realität vorzustellen, und tatsächlich dazu beitragen, diese Realität einer Manifestation näherzubringen.

Imagination ist das grundlegende Werkzeug jedes kreativen Prozesses!

Vision einer Gaiakultur

Die Idee, eine gaia-zentrierte Kultur zu entwickeln, erschien unerwartet während eines Fluges von Venedig nach Lissabon im Jahr 2005. Zusammen mit meinem Freund und Mitarbeiter Peter war ich auf dem Weg nach Tamera, einem human-ökologischen Zentrum in der Region Evora in Portugal, mit der Einladung, dort eine Geopunktur-Installation aufzubauen. Wir wollten mit einigen Mitgliedern der Tamera-Gemeinschaft zusammenarbeiten, die zuvor von Peter unterrichtet worden waren, Steine zu bearbeiten und »Kosmogramme« zu entwerfen, um diese in die Steine einzugravieren. Bei einer Geopunktur-Installation handelt es sich um eine Gruppe von monolithischen Steinen: In jeden Stein wird ein Kosmogramm als Symbol einer Botschaft eingemeißelt, die nicht nur durch die eingravierten Zeichen zum Ausdruck kommt, sondern auch Quelle spezifischer ätherischer Energiebewegungen ist, die in den konkaven Formen kodiert sind.

Der Geopunkturkreis in Tamera ist eine der ersten beiden Installationen dieser Art und steht für den Beginn eines neuen kollektiven Kunstprojekts. Inzwischen gibt es siebenundzwanzig Geopunkturkreise, die in verschiedenen Land- und Stadtlandschaften in Europa und Nordamerika angelegt wurden und aus mehreren hundert Steinen mit eingemeißelten Kosmogrammen bestehen. Sie sollen den Körper der Erde an verschiedenen Punkten ihrer Oberfläche mit spezifischen Botschaften berühren und so einen stillen Dialog zwischen der Erde – ihre Elementarwelten mit eingeschlossen – und der Menschheit entwickeln.

Es ist sicher kein Zufall, dass die Idee für eine Gaiakultur während eines Flugs geboren wurde und in der Erschaffung eines Geopunkturkreises mündete, der das »Ideal« einer menschlichen Gesellschaft in seiner Ganzheit darstellt und mit »Soziogramm« betitelt ist. Als nächstes sollte die Vision einer Gaiakultur eine Vorstellung davon geben, wie die menschliche Gesellschaft transformiert und auf eine neue Art und Weise mit dem Bewusstsein und den Lebenskreisläufen unseres Heimatplaneten verbunden werden könnte, eine Vision, die die Verantwortung gegenüber allen Aspekten des Lebens, sichtbaren wie unsichtbaren, umfasst.

Diese Gaiakultur (auch Gea-Kultur oder Geo-Kultur genannt), setzt sich nach der Inspiration, die ich während eines Fluges von Venedig nach Lissabon erhielt, aus drei Sequenzen zusammen:

1

Die erste dieser Abfolgen betrifft uns Menschen als Individuum und die Notwendigkeit, Fähigkeiten zu entwickeln, die uns befähigen, zusammen mit der lebendigen und bewussten Erde eine Kultur des Friedens und des Miteinanders zu erschaffen. (Teil 2 des Buches)

2

Die nächste Sequenz des Modells einer Gaiakultur ist den Beziehungen innerhalb der menschlichen Gesellschaft gewidmet – Beziehungen, die auf den oben genannten individuellen Qualitäten aufbauen. (Teil 4)

3

Die dritte Abfolge ist der Koexistenz und Kooperation des menschlichen Individuums und unserer Gesellschaft mit den Wesenheiten der Parallelevolutionen gewidmet, die Teil der größeren Erde sind, die ich »irdischen Kosmos« nenne. (Teil 5)

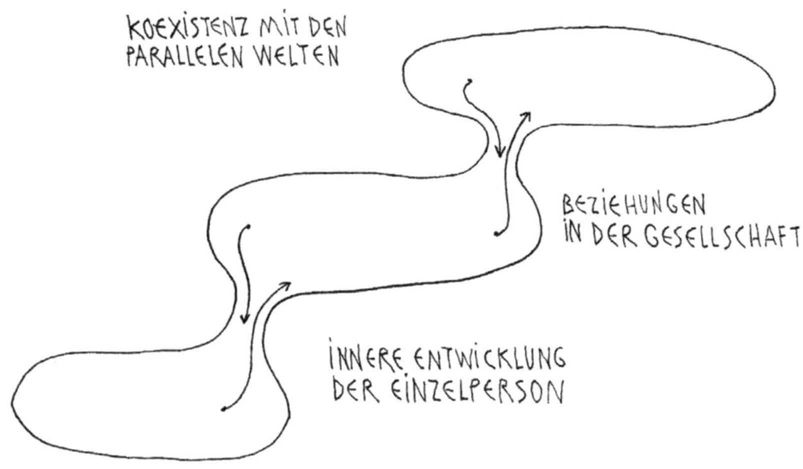

Die drei Sequenzen der zukünftigen Gaia-Kultur

Mit dem Buch begeben wir uns auf eine Reise zur Gaiakultur und bekommen dabei die Möglichkeit, alle drei Abläufe und ihre verschiedenen Aspekte kennenzulernen und – was am wichtigsten ist – mit Hilfe von Übungen, die zwischen den einzelnen Teilen des Buches plaziert sind, ein Gefühl für ihre Essenz und Realität zu bekommen.

Warum Gaia?

Gaia oder Gea ist der altgriechische Name für die Erdgöttin. Wir verwenden ihn in der heutigen Zeit, um deutlich zu machen, dass die Erde weder ein Klumpen Materie ist noch bloß Trägerin der Biosphäre oder einfach nur unser Heimatplanet. Die Erde ist ein autonomes Wesen mit einem persönlichen Namen: Gaia oder Gea.

Es geht uns nicht darum, den griechischen Kosmos der Göttinnen und Götter neu zu definieren. Wenn wir der Erde den Namen einer griechischen Göttin geben, dann um zu unterstreichen, dass sie ein göttliches Wesen mit einer eigenen Bewusstseinssphäre – der sogenannten »Noosphäre« – ist, die alle Lebewesen und Wesenheiten umfasst, seien sie sichtbar oder unsichtbar – die menschliche Familie darin eingeschlossen.

Zweitens, wenn wir die Erde nach einer Göttin benennen, wollen wir damit ins Bewusstsein bringen, dass die Erde aktiv und bewusst an der Evolution der ganzen Ansammlung von Welten teilnimmt, die sie erschaffen hat. Das geschah mit der Absicht, verschiedenen Arten von Wesen und Evolutionen Räume zu bieten, die für ihre Entwicklung und für die Entfaltung ihrer schöpferischen Potentiale geeignet sind.

Die Ignoranz, die der moderne Mensch gegenüber der bewusst aktiven und liebevollen Natur unseres Heimatplaneten an den Tag legt, muss ein Ende haben, wenn wir weiterhin die Gastfreundschaft der Erde genießen wollen. Das Gaiakultur-Projekt ist ein aufrichtiger Versuch, Menschen, die die Liebe der Mutter der irdischen Schöpfung noch nicht erfahren haben, Möglichkeiten zu bieten, ihre Einstellung zu Gaia zu ändern. Wir möchten zum Ausdruck bringen, dass das Gaiakultur-Projekt nicht auf einer bestimmten »Gaia-Ideologie« basiert, sondern – wie im Falle dieses Buches – die unmittelbare Erfahrung von Gaias inspirierender Gegenwart von Herz zu Herz ermöglicht – nicht zuletzt anhand verschiedener Übungen.

Doch sei dir bewusst, dass niemand die vorgeschlagenen Übungen für dich, lieber Leser, liebe Leserin durchführen kann. Wer an einer Wiederbelebung unserer Beziehung zu Gaia und ihren Elementarwelten interessiert ist, ist dafür verantwortlich, die Schritte, die zu unserem Ziel führen, für sich selbst zu praktizieren. Dies ist in der Tat das wertvollste Geschenk auf dem Weg der eigenen Verpflichtung, um unser Leben und damit auch das Leben anderer Wesen innerlich bereichernd, friedlich und glücklich zu gestalten.

Geomantie-Update

Wenn wir eine liebevolle und kooperative Beziehung zu Gaia entwickeln wollen, dann reicht es nicht aus, nur unsere Einstellung ihr gegenüber zu ändern. Wir müssen auch das derzeitige begrenzte Verständnis aufgeben, das ihren planetarischen Körper auf materielle und biologische Aspekte reduziert. Es ist ein Produkt der rationalen Herangehensweise an die Erde, die von den modernen Naturwissenschaften vorangetrieben wird, die darauf beharren, die Erde nicht als ein eigenständiges Subjekt, sondern als ein Objekt naturwissenschaftlicher Forschung zu betrachten. Dieser nur in eine Richtung gehende naturwissenschaftliche Ansatz ist einseitig und vermeidet absichtlich eine von Herzen kommende Beziehung mit der Erde, indem er eine strikte, emotionslose Distanz zu Gaia aufrechterhält und sie nicht als lebendiges Wesen mit ihrer eigenen Geschichte, Präsenz und dem Zweck ihres Seins anerkennt.

Der Anstieg des ökologischen Bewusstseins innerhalb des letzten Jahrhunderts hat in uns die Hoffnung hervorgerufen, dass wir Menschen unsere Einstellung gegenüber Gaia tatsächlich verändern. Die Erkenntnis, dass die naturwissenschaftliche Herangehensweise, die Erde als unbelebtes Objekt zu erforschen, dazu geführt hat, sie rücksichtslos auszubeuten, gepaart mit der Katastrophe des sogenannten »Klimawandels«, erlaubte eine Wiederentdeckung und zeitgemäße Entwicklungen in der alten Wissenschaft der Geomantie.

Die Geomantie scheint so alt wie die menschliche Kultur zu sein und stellt das Wissen dar, wie sich menschliche Gemeinschaften in den vielfältigen Landschaften der Erde positionieren können, um ein Teil ihrer vitalen, elementaren und spirituellen Dimensionen zu werden. Das geomantische Wissen unterstützte die Menschen darin, sich im Einklang mit dem Fluss der Lebenskräfte auf der Erde niederzulassen, ohne bestimmte »Kraftorte« zu stören. Diese Orte sind notwendig, um das Leben auf der Erde unter optimalen Bedingungen zu erhalten und die planetarische Atmosphäre mit Gaias ursprünglichem Bewusstsein zu durchdringen. Das Wissen, die heiligen Orte in der Landschaft zu identifizieren, war in vielen verschiedenen Kulturen vorhanden. Die Orte wurden durch Rituale und Tempelbau geehrt und gestärkt.

Die Geomantie existierte noch im Mittelalter als traditionelle Wissenschaft, zusammen mit Alchemie, Astrologie, Arithmetik usw. Sie verschwand mit dem Aufkommen der rationalen Naturwissenschaften. Genaugenommen wurde sie während der Zeit der sogenannten »Hexenverfolgungen«, zwischen dem 15. und 18. Jahrhundert, *unterdrückt*. Sie tauchte wieder auf, jedoch transformiert zur »Geologie«, die Gaia oder Gea unter einer rein rational-logischen Perspektive untersucht, alles außer der sichtbaren Welt ausschließt und jede Betrachtung der heiligen Dimensionen des Planeten ausblendet.

Da es keine schriftlichen Dokumente über die Praxis der mittelalterlichen Geomantie gab – sich mit der Erde auf spirituelle Weise zu befassen, wurde von den christlichen Kirchen als Blasphemie abgelehnt –, mussten wir die moderne Geomantie von Grund auf neu erschaffen. Methoden der Arbeit mit der Wünschelrute hatten überlebt und wurden weiterverwendet, ebenso wie verschiedene Methoden der ganzheitlichen Wahrnehmung von Aspekten des Erdkörpers, die dem rationalen Auge verborgen bleiben.

Grundlegend für das Verständnis der modernen Geomantie ist das Wissen um die Mehrdimensionalität der Erde. Die manifesten Welten der Pflanzen, Tiere, Mineralien und Menschen werden um die »kausalen« oder »archetypischen« Dimensionen ergänzt. In diesen Dimensionen findet jedes manifestierte Weltphänomen die Matrix, die sein Leben und seinen Zweck innerhalb des größeren Ganzen formt und unterstützt. Die kausalen Ausdehnungen der Erde sind teilweise im Kern des Planeten konzentriert und teilweise in der kosmischen Dimension von Gaia verwurzelt.

Betrachten wir zunächst die planetarische Ebene, so identifiziert die Geomantie den vitalen Organismus der Landschaft mit seinem Netzwerk von Lebensenergielinien und -zentren. Ebenso wichtig ist die Welt der Elementarwesen, die als Fraktale von Gaias elementarem Bewusstsein wirken und zwischen der kausalen und der manifestierten Ebene der Realität vermitteln. Grundlegend für das Leben der Erde ist die sub-elementare Welt, die im schamanischen Weltbild als »Unterwelt« bezeichnet wird. Die urschöpferischen Kräfte Gaias, aus der Mythologie unterschiedlicher Kulturen als »Drachen« bekannt, wirken von dieser tiefen Dimension der Existenz aus, um die lebensnotwendigen Bedingungen für die Erde zu erhalten und zu nähren, damit ihre Ansammlung von Welten und Wesen existieren kann.

Im Zusammenhang mit den kosmischen Dimensionen von Gaia sind die »Parallelwelten« zu erwähnen, die als synchrone Welten betrachtet werden können und die parallel zueinander existieren. Sie ermöglichen die Entwicklung verschiedener Gemeinschaften von Wesen, die die Erde als Ort ihres Lernens und ihrer Evolution erwählt haben. Unter anderem finden die Vorfahren und Nachkommen der menschlichen Gattung ihren autonomen Raum in Gaias Cluster von Parallelwelten. Die kosmische

Gaia ist auch der Ursprung der sogenannten »Landschaftstempel«, die die heilige Dimension der Erde und ihrer verschiedenen Landschaften und Biotope repräsentieren.

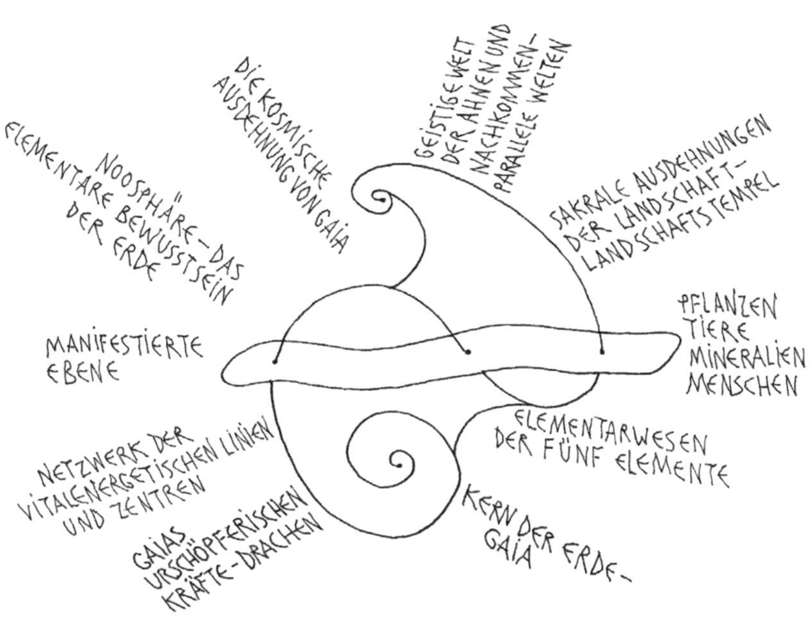

Beziehung zwischen der manifestierten Erde und den kausalen Dimensionen von Gaia

Ganzheitliche Wahrnehmung

Wir können der Arbeit an der essentiellen Vertiefung der menschlichen Wahrnehmung nicht ausweichen, wenn wir eine Herz-zu-Herz-Beziehung mit Gaia und ihren Elementarwelten entwickeln wollen. Die fünf Sinne, die dem Menschen normalerweise als einzige Fenster dienen, um seine Umgebung wahrzunehmen, reichen nicht aus, um die Realität des Lebens in ihrer Gesamtheit wahrzunehmen. Augen, Ohren, Haut und andere Wahrnehmungsorgane wurden im Laufe von Jahrmillionen entwickelt, damit wir uns in der Welt der Materie orientieren und ihre

Schönheiten bewundern können. Tausende von Tierarten, ob Vögel, Säugetiere, Dinosaurier, Fische usw., trugen ihren Teil dazu bei, die sogenannten »fünf Sinne« zu entwickeln, die wir als Erbschaft übernehmen, wenn wir in den menschlichen Körper inkarnieren.

Leider hat unsere moderne Kultur den Kontakt zu den anderen Arten der Wahrnehmung verloren, die der Tierwelt eigen sind. Ich spreche von ihrer Sensibilität und ihren Instinkten, die sie nutzen, um sich in den subtilen emotionalen und vitalen Energiefeldern der Landschaft zu orientieren. Ich glaube, dass sie diese Art der Wahrnehmungen auch nutzen, um mit anderen Individuen ihrer Art, mit ihrer Gruppenseele und vor allem mit Gaia und ihrer Elementarwelt in Kontakt zu bleiben.

Wenn wir als Menschen tatsächlich unsere perfekten organischen Sinne vom Tierreich geerbt haben, dann müssen wir auch ihre subtilen Fähigkeiten übernommen haben, die unsichtbaren Merkmale der kausalen Welten wahrzunehmen. In der Tat *haben* wir sie geerbt! Aber in den letzten zwei Jahrtausenden wurden diese Fähigkeiten stark überlagert von mentalen Mustern, die der menschliche Verstand produziert. Anstatt sich den subtilen Ausdehnungen der Realität zu öffnen, übersetzt der rationale Verstand die Realität in seine eigene logische Sprache, die die Realität, die jenseits der gesetzten Grenzen der wahrgenommenen physischen Welt existiert, nicht anerkennt.

Es ist nicht schwer zu verstehen, wie unsere Kultur ihre liebevolle und kooperative Beziehung zu Gaia und ihren Elementarwelten verlieren konnte. In dem Moment, in dem uns ein subtiler Impuls erreicht – die Berührung von Gaias Präsenz zum Beispiel –, erkennt der rationale Verstand sofort seine Unfähigkeit, diesen in die logische Sprache zu übersetzen und verschließt die Tür zu unserem Bewusstsein. So erkennen wir nicht, dass die Mutter des Lebens unser Herz berührt hat. Infolgedessen glaubt die große Mehrheit der Menschen, dass unser Realitätsraum *nur* aus den physischen und sichtbaren Merkmalen besteht.

Soviel ist klar: Um die nötige Sensibilität und Sensitivität für die Wahrnehmung der subtilen Dimensionen des Lebens wiederzuerlangen, müssen wir die Kontrolle des rationalen Verstandes über unsere Wahrnehmungen aufgeben und den Weg freimachen für die Freiheit, die Welt in ihrer Ganzheit wahrzunehmen. Jedes Individuum muss klare Grenzen setzen, um die Bereiche der logischen und psychischen Wahrnehmungen voneinander abzugrenzen. Die logische Wahrnehmung wird benötigt, um innerhalb der manifestierten Welt zu funktionieren, die psychische Wahrnehmung jedoch muss frei sein für den Empfang geistig-subtiler Impulse und für den Dialog mit Gaia und ihren feinstofflichen Welten. Die notwendigen Werkzeuge für diese Art der Wahrnehmung sind in jedem Menschen angelegt. Wir verfügen über die Sensitivität unseres Körpers und seiner Aura, über die Intuition zur Verbindung mit dem Feld des universellen Bewusstseins und über die menschliche Fähigkeit der telepathischen Kommunikation.

Um dir, liebe Leserin, lieber Leser, bei der Wiederherstellung deiner Sensibilität zu helfen, habe ich eine Reihe von Übungen entwickelt, die in diesem Buch zu finden sind, zusammen mit kurzen Botschaften von Gaia, die von Andrea, meiner Mitarbeiterin aus Deutschland, empfangen wurden. Die Übungen werden von meinen Zeichnungen begleitet, um sie leichter verstehen und sich einprägen zu können. Auch gibt es gewisse Wahrnehmungsübungen, die an verschiedenen Stellen in den Text eingeflochten sind. Mit diesen Werkzeugen funktioniert das Buch als Arbeitsbuch, nicht nur, um an der eigenen spirituellen Entwicklung zu arbeiten, sondern auch, um die mehrdimensionale Ausdehnungen von Gaia wahrnehmen zu können und folglich die Welt in einen Ort des Friedens und Gemeinsamkeit zu verwandeln.

Die Geschichte der Erdumwandlung

Die Kombination aus erneuertem geomantischen Wissen und erweiterter Wahrnehmung hat mir ein Geheimnis enthüllt, das gegenwärtig noch nicht allgemein zugänglich ist, nämlich dass die Erde sich gegenwärtig durch eine intensive Phase der inneren Wandlung bewegt. Ich spreche nicht von den so genannten »Klimaveränderungen«, sondern von einem tiefgreifenden Transformationsprozess, den Gaia durchläuft, wobei Veränderungen in den planetarischen Klimamustern nur ein Teil seiner Folgen sind.

Die Einsicht, dass Gaia eine Reihe von dramatischen Veränderungen vorbereitet, erreichte mich durch einen sehr klaren Traum am 1. Februar

1980 in Genf, wo ich meinen inzwischen verstorbenen Freund Austin Arnold besuchte, der dort als britischer Diplomat für die Vereinten Nationen tätig war. Der Traum hatte vier Sequenzen.

In der ersten Sequenz wurde mir gezeigt, dass eine so komplexe Veränderung bevorsteht, dass sie alle Aspekte des Lebens auf der Erde beeinflussen wird:

Sequenz 1
Ich gehe mit meinem Freund am Ufer eines Sees spazieren und beobachte Enten und Schwäne, wie sie auf den Wellen schaukeln. Plötzlich sehe ich, wie der Himmel dunkel und schwer wird. Ein Blitz schlägt in den See ein – die Vorwarnung eines mächtigen Sturms.

Sequenz 2
Ich werde unter die Erdoberfläche in eine Höhle geführt, die von oben von einem goldenen Lichtstrahl durchflutet wird. Im nächsten Moment erschrecke ich über den Anblick eines Jungen, der bewusstlos am Boden liegt. Eiskaltes Wasser fließt über seine linke Körperhälfte, so dass er zu erfrieren droht. Ich hebe ihn hoch, drücke ihn an mein Herz und schreie auf: »Wo sind seine Eltern – er muss Hilfe bekommen!«

Die zweite Sequenz machte mir deutlich, dass die Veränderung, die im Inneren der Erde stattfindet, einen gefährlichen Mangel an Lebensenergie auf unserer Ebene der Existenz zur Folge haben könnte. Ein noch unbekanntes kosmisches Ereignis oder ein Prozess könnte die Anhebung des Lebensflusses auf eine andere Frequenzebene bewirken. Wenn wir Menschen die Veränderung nicht erkennen würden, wären wir nicht in der Lage, uns an die neuen Bedingungen anzupassen und würden so die Verbindung zum Netzwerk der Lebensenergie verlieren – eine Voraussetzung für unsere Existenz als verkörperte Wesen. Die menschliche Gattung wäre somit in Gefahr, auszusterben, auch wenn der Planet weiterhin mit frischer, hochwertiger Lebenskraft durchtränkt würde.

Die Botschaft war für mich klar. Um die Gefahr zu vermeiden, die mit den sich ankündigenden Erdveränderungen einhergeht, müssen wir die Sensitivität zurückgewinnen, um uns mit Gaias Bewusstsein zu verbinden. Diese Verbindung würde die notwendigen Antennen aktivieren, um sich auf die neue Ebene der Existenz einzustimmen, was uns erlauben würde, diesen ungewohnten Weg ohne Zögern einzuschlagen.

Diese zweite Traumsequenz regte mich dazu an, mich mit der Geomantie zu beschäftigen und das vergessene Wissen um die multidimensionale Natur unseres Heimatplaneten wiederzuentdecken. Doch bald erkannte ich, dass die Verbindung zum inneren Leben der Erde nicht nur verloren, sondern schwer traumatisiert und blockiert ist. Jahrtausende der Ausbeutung der Erde als Objekt menschlicher Herrschaft und Gier verursachten tiefe Wunden, die es uns nicht erlauben, uns wieder mit Gaia zu verbinden und uns auf ihren Transformationsprozess einzustimmen. Deshalb war es nötig, die geomantische Arbeit mit Landschaften und Orten durch das zu ergänzen, was wir etwas unpassend »Erdheilung« nennen. Die Absicht ist nicht, die Erde zu heilen, sondern Traumata zu transformieren und Blockaden zu entfernen, die blinde menschliche Aggression auf dem Erdkörper hinterlassen hat.

Sequenz 3
Mein Freund und ich befinden uns in einem dunklen Versteck und beobachten, was in einem angrenzenden, hell erleuchteten Korridor geschieht. Wir sehen dort eine Gruppe von Frauen, die im Gehen eine bestimmte Geste vor ihrer Brust machen. Wir können die Geste nicht deutlich erkennen, weil sie mit ihren Gesten kleine Devotionalien in einem verschlungenen Muster bewegen.

Die dritte Sequenz des Genfer Traums betrifft die grundlegende Veränderung, die in der menschlichen Psyche notwendig ist, um uns auf den bevorstehenden Transformationsprozess der Erde vorzubereiten. In der dritten Sequenz wurde Kritik an den sogenannten spirituellen »New Age«-Bewegungen geäußert. Diese waren angetreten, spirituelle Praktiken zu entwickeln, um das Bewusstseinsniveau zu erhöhen und eine liebevolle Haltung gegenüber den Mitmenschen zu inspirieren. Was ihnen jedoch fehlte, war die Qualität der Erdung. Es fehlte die unmittelbare Verbindung zu Gaia; es fehlte auch die Anerkennung der eigenen elementaren Identität und die Kenntnis der Bedeutung des Menschen in der Matrix des Lebens auf der Erde.

Sequenz 4
Während sie den Korridor verlassen, dreht sich eine junge Frau aus der Gruppe um und läuft zum Eingang unseres Verstecks. Ohne unsere Anwesenheit zu bemerken, hebt sie ihre Tunika hoch über ihre Schultern und steht in ihrer ganzen Schönheit nackt vor uns. Dann macht sie mit einer klaren Bewegung die Geste, die wir nicht erkennen konnten, als diese in der Gruppe vollführt wurde. Sie gleitet mit dem Zeigefinger von ihrem Unterleib nach oben zu ihrer Mitte zwischen den Brüsten. Dann lässt sie ihre Tunika wieder fallen und läuft der Gruppe hinterher.

Jahrelang habe ich um die richtige Interpretation dieser letzten Sequenz gerungen. Ein Aspekt ist offensichtlich. Wir werden ermutigt, unsere Beziehung zu Gaia und ihren Elementarwelten auf eine höhere Bewusstseinsebene zu heben, die von Herz-zu-Herz-Beziehungen geprägt ist. Die Bauchregion steht für Gaia als die Mutter alles Lebendigen – sie nährt uns, kleidet uns und regt uns an, zu wachsen und unsere Talente zu erweitern. Die Herz-zu-Herz-Beziehung, die sie auf ihrem Körper demonstriert, ist eine kooperative. Die Menschheit wird aufgefordert, ihr Herz zu öffnen und mit Gaia und ihrer Elementarwelt die Verantwortung für den erfolgreichen »Quantensprung« unserer gemeinsamen Welt auf die neue Evolutionsstufe zu teilen.

Der nächste Schub im Prozess der Erdwandlung geschah unerwartet achtundzwanzig Jahre später – wieder angekündigt durch einen Traum. Dieses Mal schlafe ich zu Hause, es ist der 4. November 1997.

Ich laufe hin und her inmitten einer Menschenmenge, die, tief in ihre Gedanken und Sorgen vertieft, sich in alle möglichen Richtungen bewegt, um einen weitläufigen Stadtplatz zu überqueren. Ich schreie unaufhörlich mit all meiner Kraft und wiederhole einen einzigen Satz, auf den niemand hört. Keiner nimmt mich überhaupt wahr. Der Satz lautet: »Wir glauben immer noch, dass die Realität so bleibt, wie sie immer war, aber das stimmt nicht mehr – was ihr seht, ist nur eine Erinnerung daran!« Ich schreie die Worte lauter und lauter, bis der Klang meiner Stimme mich aufweckt.

Geschockt von der Dringlichkeit, die der Traum vermittelte, sprang ich aus dem Bett und rannte nach draußen, um die Strahlung der Erde zu überprüfen. Hier erwartete mich die nächste Überraschung. Die Strahlung der Erde, die ich von meiner geomantischen Arbeit her kenne, hatte sich auf den Kopf gestellt! Statt bis zu meiner Schulterhöhe aufzusteigen, hatte sie sich um hundertachtzig Grad gedreht und reichte hinunter in den Erdkörper.

Wenn ich meine geomantischen Beobachtungen mit den Bildern meines Traums verbinde, komme ich zu dem Schluss, dass die Erde jetzt in zwei Körpern existiert, die nicht zueinander passen. Die Menschen beziehen sich im allgemeinen noch auf den »alten« Körper, der für Gaia und ihre Elementarwelten nicht mehr besteht. Er existiert nur noch als Erscheinung in der Erinnerung der Menschen, dabei unterstützt von ihren elementaren und geistigen Helfern. Der neue, zweite Erdenkörper, existiert in einer tieferen Dimension der kosmischen Realität und ist in seiner Beschaffenheit verändert. Die Menschen, gefangen in den mentalen Strukturen des rationalen Verstandes, können ihn nicht wahrnehmen und halten daher weiterhin an der alten Erde fest, die keine Zukunft hat.

Ich fühlte mich ethisch verantwortlich, die Botschaft von der Geburt dieser neuen Erde unter die Menschen zu bringen – auch wenn der Traum mich warnte, dass sie bei meinen Mitmenschen auf keinerlei Verständnis stoßen würde. In den nächsten zweiundzwanzig Jahren, während ich die ziemlich schnellen Veränderungen innerhalb des Erdkörpers und des Gaia-Bewusstseins beobachtete, schrieb ich eine Reihe von Büchern, hielt weltweit Vorträge und leitete unzählige Werkstätten, um die Geschichte des Erdwandels zu verbreiten. Ich habe viele interessierte Menschen gefunden, doch die öffentliche Resonanz fehlt noch.

Die wissenschaftliche Interpretation, das Leben auf der Erde sei durch den »Klimawandel« bedroht, lenkt das öffentliche und politische Bewusstsein (und die entsprechenden Finanzströme) in die falsche Richtung. Alle Bemühungen gehen dahin, die alte Erde zu erhalten, die Gaia und ihre schöpferischen Kräfte nicht mehr tragen. Die sogenannte »grüne Politik« scheint von der Angst vor Veränderungen angetrieben zu werden, die aus Lebensbereichen kommen, die vom rationalen Verstand als nicht existent angesehen werden.

Die zweite Quelle der Angst ist sicherlich das unbewusste Wissen, dass die Erdwandlungen von uns einzelnen verlangen, einen fundamentalen Wandlungsprozess zu durchlaufen, der unsere mentalen Muster, psychischen Einstellungen, sozialen Beziehungen verändert… Es scheint einfacher zu sein, so zu bleiben, wie wir sind, trotz der sich multiplizierenden Naturkatastrophen und Pandemien, die wir täglich erleben. Und doch ist die Lösung einfach: Höre auf den Klang des kosmischen Prozesses, dem Gaia und ihre gesamte Schöpfung folgen.

Embryo des neuen planetarischen Raums

Vielleicht interessierst du dich für die nächste Überraschung auf dem Weg des Transformationstanzes der Erde? Es geschah zweiundzwanzig Jahre später im schrecklichen Jahr 2020. Das Jahr begann mit der Covid 19-Pandemie, die die Menschheit während des ganzen Jahres und darüber hinaus beschäftigte. Der atmosphärische Druck fühlte sich an wie der eines Weltkrieges. Zweimal durchliefen wir einen mehr oder weniger strengen »Lockdown«, nächtliche Ausgangssperren und die Bedrohung durch den Tod – oder als Alternative die Impfung mit irgendwelchen unbekannten Nano-Materialien…

Gleichzeitig geschah im selben Jahr etwas Phantastisches. Gaia hatte es geschafft, zusammen mit ihren spirituellen und elementaren Helfern, die ersten Modelle der neuen Realität an bestimmten Orten des Planeten zu manifestieren. Während der kurzen Zeit im August und September, in der wir reisen durften, besuchte ich drei solcher Orte, an denen ich auch geomantische und erdheilende Werkstätten leite. Einen dieser Orte fand ich in Italien, einen weiteren in Deutschland und den dritten in der Schweiz.

Was verstehe ich unter einem Modell der neuen Realität? Ein Modell stellen wir uns als ein dreidimensionales Objekt vor, nach dem wir die nächste kreative Phase vorbereiten können, um das Modell in die unmittelbare Realität zu übersetzen – ein Gebäude zum Beispiel kann nach dem Modell eines Entwurfes gebaut werden. In unserem Fall bedeutet es, dass Gaia in ihrem Prozess weit genug gekommen ist, um einen mehrdimensionalen Raum als Grundmuster für den neuen Erdkörper zu manifestieren.

Es ist nicht der letzte Schritt im Prozess des Erdwandels, aber es ist ein wichtiger. Von diesem Moment an teilt sich die Erde in zwei getrennte und doch miteinander verbundene Realitäten auf, und wir, die verkörperten Wesen, nehmen gleichzeitig an zwei Sphären der Realität teil. Auf der einen Seite leben wir in der materialisierten Welt, die wir gut kennen, und auf der anderen Seite bewegen wir uns durch einen subtilen, noch unsichtbaren Raum, der die Fähigkeit besitzt, das Leben und alle seine Wesen in die Zukunft zu transportieren. Nun müssen wir ständig von einer Realität zur anderen springen. Wir haben unsere Pflichten in der »alten« Welt zu erfüllen, die Kinder zur Schule zu bringen und als Bürger zu funktionieren. Gleichzeitig müssen wir uns – wenn wir weiterhin existieren wollen –im neuen Raum erden, unsere notwendigen inneren Veränderungen durchlaufen, uns auf die verschiedenen Welten einstimmen, die den neuen Cluster der Erde bilden usw. – ohne unsere einzigartige Identität zu verlieren.

Genau diese Situation erlebte ich, als ich am 10. Januar 2020 Venedig besuchte. Ich beobachtete Massen von Touristen, die durch die engen Gassen schlenderten oder sich den Luxus einer Fahrt in einer Gondel gönnten oder vielleicht Kirchen besichtigten und deren künstlerischen Reichtum bestaunten. Gleichzeitig ging ich durch Venedig wie durch einen Körper aus Licht, Farbe und Bewegung. Nachdem ich fast vierzig Jahre in Venedig gearbeitet und seine geomantischen Phänomene erforscht habe, bin ich mit den unsichtbaren (kausalen) Aspekten fast jedes Ortes in der Stadt sehr vertraut. Aber dieses Mal wurde ich nicht von einzelnen Orten und ihren Geheimnissen angezogen. Diesmal merkte ich, dass ich mich in einem völlig anderen Raum als dem »offiziellen« Venedig bewegte, der jedoch nicht weniger vollständig und schön war. Ich hatte das Gefühl, mich wie in einem Embryo zu bewegen, den Gaia noch in ihrem Schoß hält, der aber bereits so aussieht, als könne er jeden Moment geboren werden. Jeder der heiligen Orte Venedigs hat noch eine spezifische Rolle im subtilen Organismus der Stadt zu spielen, aber gleichzeitig repräsentiert jeder ein Organ des zukünftigen planetarischen Raums.

Gerne würde ich dich nach Venedig mitnehmen und dir den Embryo des neu entstehenden planetarischen Raums zeigen. Aber selbst jetzt, beim Schreiben dieser Zeilen am 14. Dezember 2020, ist Venedig noch für Besucher geschlossen. Auch müsste ich dich zuerst in das geomantische Wissen über diese einzigartige Wasserstadt einführen, bevor ich dir den Samen des neuen Raums, wie er sich in Venedig manifestiert, vorstellen könnte. Das wäre viel zu viel Information und Erfahrung für einen einzigen Besuch und eine einzige Werkstatt. Übrigens ist dieser Samen in meinem Buch »Venedig – Embryo des neuen Erdenraums« dargestellt.

Stattdessen möchte ich dich, liebe Leserin, lieber Leser, direkt in die Werkstatt führen, in der Gaia und ihre elementaren Helfer am Aufbau des neuen planetarischen Raums arbeiten. In der Tat sind wir hier an jener Abteilung von Gaias Werkstatt interessiert, in der zusammen mit vielen Mitwirkenden aus dem menschlichen Geschlecht der Samen der neuen planetarischen Kultur entworfen und gebaut wird. Ich nenne sie »Gaiakultur«.

Übungen 1 mit Gaia-Botschaften

Jetzt können wir mit den Übungen aus dem Arbeitsbuch beginnen. Überspringe diesen Teil des Buchs nicht. Wenn du dich nicht gleich damit beschäftigen möchtest, dann schau dir zumindest einige der Gaia-Botschaften an, die Andrea während der Vorbereitung für dieses Buch zur Gaiakultur erhielt. Beginnend mit dem 12. November 2020 empfing Andrea täglich eine intuitive Botschaft von Gaia. Dazu entwarf ich am folgenden Tag eine entsprechende Übung, zu der ich später eine Zeichnung anfertigte, um dir das Einprägen der Imaginationen zu erleichtern. Um dich nicht mit Arbeit zu überhäufen, habe ich die Gaia-Botschaften und meine dazu erschaffenen Übungen auf mehrere Stellen im Buch verteilt.

Andrea Roßlan-Brandt wurde 1968 geboren und lebt in Herne, wo sie ehrenamtlich für den Verein »Berufsbegleitende Kurse für Waldorfpädagogik Ruhrgebiet mit Sitz an der Hiberniaschule« tätig ist. Wir begannen unsere Zusammenarbeit im Jahr 2013, als sie mich in die Hibernia Waldorfschule einlud, um eines meiner Bücher vorzustellen. Seitdem organisiert sie jedes Jahr meine Werkstätten und Buchpräsentationen im Ruhrgebiet.

Andrea schreibt gewöhnlich mit ihrer rechten Hand. Aber im Jahr 2019 hatte sie während einer Meditation das Gefühl, als wäre sie in Gaias Arme gefallen, und gleichzeitig spürte sie eine Art von Energie in ihrem linken Arm. Sie folgte ihrem Impuls, mit der linken Hand zu schreiben, etwas, das sie noch nie zuvor getan hatte. Als ihr gleichsam ein Bleistift in die linke Hand gedrückt wurde, hörte sie innerlich eine Stimme:

Schreibe, schreibe heilsame Worte. Stelle Fragen und schreibe.

Worte heilen durch ihre Berührung. Berührung bewirkt Heilung. Tu es einfach.

Anfang November 2020 lud ich Andrea ein, bei dem vorliegenden Buchprojekt mitzuarbeiten und so ihre mit der linken Hand geschriebenen Eingebungen zu veröffentlichen. Interessanterweise schien der erste kurze Gaia-Text von Andrea eine entsprechende Übung zu enthalten. Nachdem ich jeden Morgen einen Text von Andrea erhalten hatte, setze ich mich hin und schloss die Augen, und schon entstanden vor meinem inneren Auge die Imaginationen, die nötig sind, um eine entsprechende Übung zu erstellen.

Ich schlage der Leserin, dem Leser vor, sich eine Übung auszusuchen und sie ein paar Tage lang zu praktizieren, vielleicht auch die Erfahrungen aufzuschreiben, um deine Arbeit zu erden. Denke nicht, es sei eigennützig, mit diesen Übungen allein zu arbeiten, denn du arbeitest zusammen mit Gaia. Basierend auf den lebendigen Worten von Gaia, enthalten die Übungen die Kraft, das kollektive Energiefeld der Menschheit zu einer tieferen Verbindung mit Gaia und zu einem besseren Verständnis der Quellen des Lebens zu inspirieren.

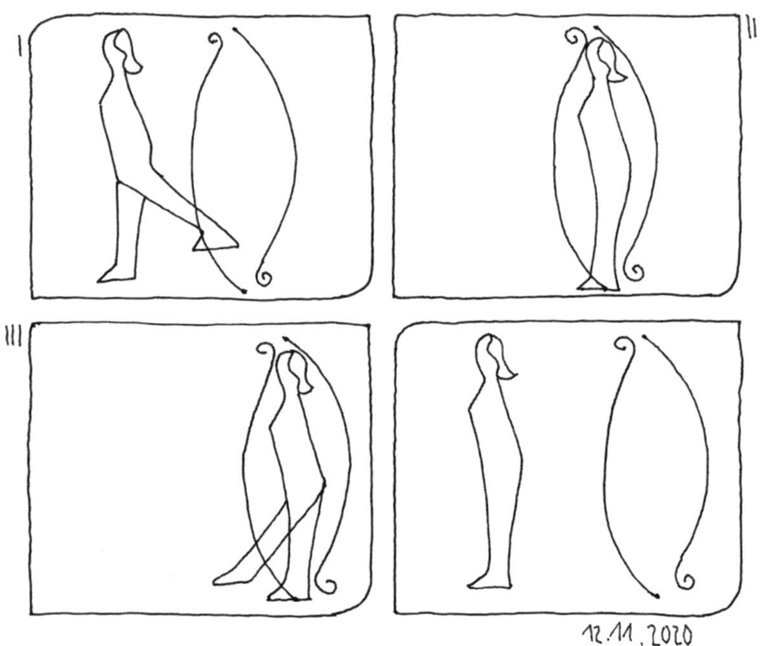
I
II
III
12.11.2020

12.11.2020
Kommt ihr Menschen
eurem inneren Frieden näher,
erleben wir – Mensch und Erde –
uns näher und verbundener.
Und dann,
dann erwacht ihr für unser Einssein.
(Gaia)

- Die Übung wird im Stehen ausgeführt. Stell dir vor, hinter deinem Rücken steht die Mutter des Lebens.
- Versuche dir, kein Bild von ihr zu machen, sondern lasse zu, dass sich in dir ein Gefühl aufbaut, wie es sich anfühlt, wenn die Mutter allen Lebens angesprochen wird.
- Mache dann mit deinem linken Fuß zuerst einen Schritt nach hinten, so dass du eine Weile innerhalb ihrer Präsenz stehst.
- Danach mache mit rechts einen Schritt nach vorn und ziehe mit links nach, so dass du wieder in deinem Körper bist.
- Nun schaue, fühle, wie sich die Kraft und Schönheit von Gaia auf deinen Körper auswirkt.
- Achte aufmerksam auf die Qualität deines Körperraums, von den Fußsohlen bis oberhalb deines Schädels.
- Wiederhole die Übung einige Male, um deine Beziehung zu Gaia, der Mutter des Lebens, und die Beziehung zu deinem Körper zu vertiefen.

I
II
III
14.11.2020

14.11. 2020

Die Schwelle des Todes – kein physischer Tod.
Die alten Ichs gehen,
verlassen den sich wandelnden Menschen.
Neu hingewandt den geistigen Ebenen,
haben viele Menschen Wege gefunden,
zurück in das All-Eins – die Quelle.
Ihr Menschen, erkennt, wahrhaft euer: Ich bin
und ergreift eure Aufgabe –
Mittler des Himmels und der Erde seid ihr.
(Gaia)

- Die Übung wird im Stehen ausgeführt.
- Du hebst die Beine, eins nach dem anderen, als ob du nach vorne schreiten würdest, doch du bleibst an deinem Platz stehen. Du bleibst in dieser Schrittbewegung.
- Der Tod kommt dir von vorn entgegen. Er geht an dir vorbei, so dass er im Vorübergehen deine rechte Schulter leicht streift.
- Im Stehen bewegst du immer noch deine Beine, als würdest du nach vorne schreiten, der Tod geht an dir vorbei und bewegt sich immer weiter nach hinten.
- Dabei verwandelt er so viel wie möglich von den Unreinheiten und Ungerechtigkeiten, die du vorwärtsschreitend hinter dir lässt.
- Indem du voranschreitest, bist du überrascht, wie viel Klarheit und Freude der Tod hinterlassen hat, während er durch unsere Zukunft schritt.
- Setze dich nun und vertiefe dich in diesen erfreulichen Zukunfts- und Vergangenheitseinblick.

I
II
III
15.11.2020

15.11.2020

Mensch, erst dein Ja in dir, zu dir,
lässt dich gänzlich in unser Miteinander hineinfühlen
für unsere neue gemeinsame Zeit,
die derzeit anbricht.
Ohne dein Ja in dir, bleibt unser Einssein
nur eine Vision – unerreichbar.
Zeig dich mir, Gaia.
Ich liebe dich.
Mensch, erwache hinein in dein Sein.
(Gaia)

- Stell dir vor, in deinem Herzensraum liegt ein See. Der Herzensraum ist eher dunkel als hell. Aus der Mitte deines Schädelraums fällt ein Tropfen auf die Seefläche mit der Botschaft: »Erwache!«
- Danach noch ein Tropfen und noch ein Tropfen… so lange, bis der See sich öffnet und die goldene Kugel deines wahren Seins aus der Tiefe emporsteigt und zu strahlen beginnt.
- Deine Strahlen berühren die Wälder in der Ferne, Vögel am Himmel, die Berge in der Weite, um letztlich Gaia als Mutter allen Seins zu umarmen.

I
II
III
16.11.2020

16.11.2020

Mensch, öffne deine Augen, werde wach.
Wach werden, wach bleiben
nach dem Erwachen würde nun folgen:
Du bist frei, diesen nächsten Schritt zu gehen.
Wir sind bereit, dich zu begleiten.
Christus in dir.
(Gaia und Michael)

- Stell dir vor, du stehst in der Mitte eines einfachen abgerundeten Tempels, der nach oben mit einem dreieckigen Dachgiebel abschließt.
- Schau zum Boden des Tempels, und du wirst erkennen, dass du auf einem Spiegel stehst. Im Spiegel des Bodens siehst du das Dreieck des Giebels, der die göttliche Ausdehnung des Universums darstellt, ausgerichtet zum Herzen der Erde.
- Mache dir bewusst, dass das Göttliche nicht nur im Universum, sondern auch in der Mitte der Erde existiert.
- Beuge dich dem göttlichen Herzen Gaias zu und nimm ein Fraktal (holographisches Teilchen) davon in deine Hände und bringe es in den Tempel deines Herzens, um es zu erspüren und dem Herzen von Gaia ein zweites Heim in deinem Herzen anzubieten.

I
II
III
18.11.2020

18.11. 2020

Mensch, heiße dich selbst willkommen in deinem Leben.
Sieh dies Geschenk – ein Leben, dein Leben.
Bewahre es, behüte es, achte und wertschätze es.
Erlerne in dir zu ruhen, mehr und mehr,
in dieser – dir mehr und mehr – innewohnenden Ruhe
unsere Verbindung zulassen zu können.
(Gaia)

- Versetze dich in Stille und suche in deiner Erinnerung einen Wald aus, wo schöne gesunde Bäume wachsen.
- Lade einen Baum nach dem anderen ein, einen Kreis um dich herum zu bilden. Höre dem leichten Rauschen ihrer Kronen zu.
- Dabei gehst du immer tiefer in deine Mitte hinein, um die innere Ruhe zu erfahren. Nimm dir Zeit, um die Stille in dir zu festigen.
- Die Bäume, die um dich herumstehen, unterstützen dich, um in der Stille eine liebende Beziehung zu Gaia aufzubauen.

20.11.2020

20.11.2020

Mensch – hier stehst du in unserer Verbundenheit,
und du kannst spüren deine Stabilität.
Durch unsere Verbundenheit schenkst du mir dein offenes Herz her.
Hier sind wir uns vertraut und erleben Heimat
im gemeinschaftlichen Sein.
(Gaia)

- Stell dir vor, du stehst vor der Tür, die in dein warmes Heim führt. Draußen heult der Wind, vermischt mit sämtlichen Regentropfen. Es ist kalt.
- Die Türe öffnet sich, und du steigst mit deinem rechten Fuß über die Schwelle. (Vollführe diese Geste tatsächlich, indem du dein rechtes Bein nach vorne bewegst!)
- Das linke Bein will dieser Bewegung nach vorne jedoch nicht folgen. So stehst du zwischen der äußeren Welt, die aufgrund der Krisenzeiten untergeht, und der Wärme von Gaia und ihren elementaren Wesenheiten, die wissen, wie das Leben auf unvorhergesehene Weise weitergeht.
- Entscheide dich! Vollführe den Schritt über die Schwelle und vollende die Geste, die den linken mit dem rechten Fuß vereint.
- Nimm dir Zeit zu spüren, wie es sich anfühlt, in der Wärme der Liebe Gaias zu stehen.

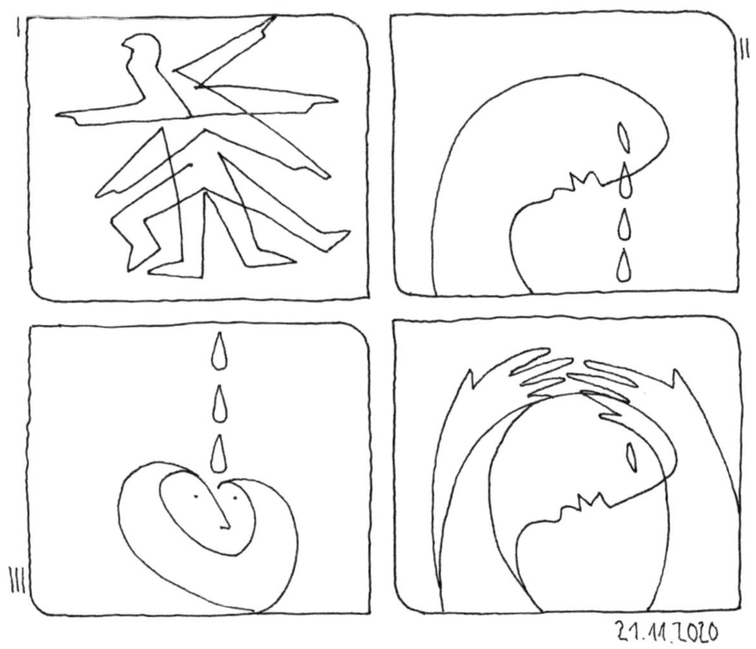
21.11.2020

21.11.2020

Mensch – getraue dich, erlaube dir,
die Begegnung mit dir selbst,
in meinem Schoß.
Lass los, hier bei mir,
hinter dem Schleier all deiner Tränen,
werde ich für dich sichtbar.
(Gaia)

- So geht es uns Menschen heutzutage, wir haben übermäßig viele Aufgaben, alles um uns herum verlangt unsere Aufmerksamkeit.
- Während du dich so außerhalb von dir herumirrend wahrnimmst, stell dir vor: In deinem Inneren sitzt ein zweites Ich, das unentwegt weint und weint.
- Seine Tränen sickern so tief in die Erde hinein, dass sie das Herz von Gaia berühren. In der Wärme des Herzens von Gaia verdunsten sie, und ihr Dunst steigt zu dir zurück als ihre mütterliche Liebe.
- Lausche diesem Prozess, um den Panzer deiner Entfremdung aufzulösen.

I
II
III
22.11.2020

22.11.2020
Ihr Menschen, erlaubt euch, um Hilfe zu bitten.
Erinnert euch
eurer im physischen von euch gegangenen Wegbegleiter.
Sie sind da.
Sie stehen bereit und erwarten euch, um euch weiter zu begleiten.
Wendet euch nur hin,
so empfangt ihr ihren begleitenden Segen
und ihre Unterstützung für eurem Erdenweg.
Aus ihrem jetzigen geistigen Raum sprechen sie euch zu:
Erwachet!
(Gaia)

- Stell dir vor, dass du an einem Ufer eines breiten und tiefen Flusses stehst. Dein Lebensweg würde am anderen Ufer weiterführen. Doch wie kommst du dahin?
- Rufe nun einige der verstorbenen Menschen herbei, die du entweder aus deinem persönlichen Leben kennst oder aus der kollektiven Erinnerung heraus.
- Spüre sie an deiner Seite und gehe dann über das große Wasser. Nimm dir Zeit zu spüren, wie nah sie sind und wie hilfreich ihre Unterstützung sein kann, wenn du mit schwierigen Momenten in deinem Leben konfrontiert bist.
- Nutze diese Erfahrung, wenn solche Momente dich umzuwerfen drohen.

TEIL 2
Gaiakultur – individuelle Aspekte

Die »glorreiche Expansion« der bestehenden menschlichen Zivilisation hinterlässt zerstörte Erdlandschaften und eine Bevölkerung, die zum großen Teil in Kriege verstrickt ist und hungert. Selbst wenn wir anerkennen, dass es engagierte Einzelpersonen und Organisationen gibt, die sich für den Frieden zwischen den Nationen einsetzen, und andere, die den Armen helfen, wird uns eine grundlegende Lektion erteilt: Es ist nicht möglich, eine Kultur des Friedens und des gegenseitigen Verständnisses zu erschaffen – auch nicht mit den besten Absichten –, wenn nicht jede einzelne Person ihrem eigenen Wesen gegenüber wahrhaftig ist, ganz gleich, wie sie sich auszudrücken vermag, ob durch Worte, Taten oder künstlerische Kreativität. Deshalb wollen wir unsere Entdeckung der zukünftigen menschlichen Kultur damit beginnen, dem menschlichen Wesen als Individuum Aufmerksamkeit zu schenken.

Es ist nicht meine Absicht, euch zu belehren. Meine Hoffnung ist, dass wir gemeinsam einen möglichen Weg verfolgen, der zu einem zukünftigen Menschen führt, der sich von den Bürden der Vergangenheit befreit hat und fähig ist, den irdischen Kosmos gemeinsam mit Gaia, ihren elementaren Helfern und den geistigen Welten mitzugestalten.

Bewertet meine Bemühungen nicht kritisch, etwa als Widerspruch zu wissenschaftlichen Erkenntnissen oder als eine Art esoterisches Geschwafel. Versteht diese eher als einen Ausdruck der Vorstellungskraft, basierend auf den Erfahrungen eines verrückten Künstlers. Es handelt sich hier nicht um ein Glaubensbekenntnis; betrachtet es einfach als kreatives Material, mit dem wir arbeiten können, während wir eine klare Absicht verfolgen: Wir wollen in einer Kultur leben, die jedem Menschen die besten Bedingungen für innere Entwicklung und kreativen Ausdruck nach seinen oder ihren Bedürfnissen bietet – ohne anderen Wesen und Dimensionen des irdischen Kosmos zu schaden.

Eine Hymne an den Frieden

Der Frieden, auf den ich mich beziehe, ist nicht in erster Linie die Aufrechterhaltung eines inneren Friedens als Ausdruck von Stille. Frieden ist eine universelle Qualität, ein komplexer Klang, der das ganze Universum durchdringt – seine Sternensysteme und alle seine Wesen. Wir könnten ihn als das ständige Rauschen des Ozeans beschreiben, gepaart mit dem süßen Klang der himmlischen Harmonien. In Frieden zu sein bedeutet, mit diesem kraftvollen und doch harmonischen Klang im Einklang zu sein – als unsere konstante innere Realität.

Um die Glückseligkeit dieses universellen Friedens zu erfahren, müssen wir zunächst das ständige Geplapper der mentalen Muster im Kopf zum Schweigen bringen. Wir können es nicht vermeiden, an den Angelegenheiten der entfremdeten Welt um uns herum teilzunehmen, und büßen so immer mehr die Qualität der inneren Stille ein. Aber die innere Stille kann bewahrt werden, wenn wir im Inneren mit dem Klang des universellen Friedens verbunden bleiben.

Bitte probiere dazu die folgende Übung aus:

- Setz dich ruhig hin und bringe den ständigen Gedankenstrom zur Ruhe.
- Stell dir vor, wie das Geräusch von Meereswellen, die auf eine felsige Meeresküste zurollen, in deiner Bauchregion – der Beckenhöhle – vibriert.
- In deinem Herzensraum schwingt der harmonische Klang von klassischer Musik – wie von Vivaldi oder Mozart.
- Lass den Klang aus der Bauchregion bis auf die Höhe deines Herzens ansteigen und gleichzeitig den harmonischen Klang der Musik nach unten in Richtung Beckenhöhle sinken.
- Synchronisiere diese Bewegung des Klangs, der zur Herzregion aufsteigt, während er gleichzeitig zur Bauchregion hinabfällt. Werde zur Synthese dieser beiden Schwingungen, die sich im Bereich des Solarplexus treffen und verschmelzen.
- Höre auf den Klang des Friedens und verteile ihn in deinem ganzen Körper, auch im Kopf.

Die Seelenverbindung

An dieser Stelle ist es mir ein Bedürfnis, die Idee der individuellen menschlichen Seele einzuführen und die Wichtigkeit, mit dem eigenen Seelenaspekt in Kontakt zu sein. Wollen wir wieder zu wahrhaftigen und liebenden menschlichen Wesen werden, müssen wir Wege finden, uns wieder mit unserem Seelenaspekt zu verbinden.

Ich zögere ein wenig, den Begriff der Seele einzuführen, weil er eine Reihe von festgelegten Bedeutungen hat, die den freien Zugang zur eigenen Seelenessenz verhindern. Um irreführende Vorstellungen zu vermeiden, die nur eine schwache Verbindung zur Seelenessenz herstellen, bitte ich euch, an folgender Übung teilzunehmen.

- Stelle dir vor, du hältst eine schöne und gesunde Frucht in den Händen – der Apfel ist aufgrund seiner archetypischen Beiklänge vielleicht am besten dafür geeignet.
- Schlüpfe in diesen Apfel hinein und werde zu diesem Apfel. Spüre seine Reinheit, sein reines Licht; kein trockenes Licht, sondern eines, das vom Wasser des Lebens durchdrungen ist.
- Die Seele ist jene Dimension des menschlichen Wesens, die die Matrix oder den Archetyp von dem aufrecht erhält, was wir als Individuum darstellen, jenseits von zeitlichen und räumlichen Grenzen und jenseits mentaler Konzepte, die festlegen, wer wir als ewige Seelen zu sein haben.
- Während du den archetypischen Apfel in deinen Händen hältst, sei dir bewusst, dass deine Seele nicht nur ein Wesen aus Licht ist, sondern auch durchdrungen mit dem Wasserelement von Gaia. Dies ist das Ergebnis unseres jahrhundertelangen Zusammenspiels mit Gaia und ihren elementaren Welten während unserer Verkörperung auf Erden.

In jeder Situation wahrhaftig und liebevoll zu sein, bedeutet, die gegebene Situation im lebendigen und pulsierenden Licht und Wasser der Seele wahrzunehmen – tatsächlich durch die einzelnen Stationen des Lebens zu gehen und gleichzeitig die Realität ständig im Spiegel der ursprünglichen Reinheit und Empfindsamkeit der Seele wahrzunehmen. In diesem Sinne könnte unser Seelenleib mit einem Kind verglichen werden, das vor Leben und Freude überströmend im Schoß der göttlichen Mutter sitzt. Aber dieses Kind bleibt immer ein Kind, sein ganzes Leben lang, und trägt die Reinheit seines göttlichen Ursprungs in sich, zusätzlich zu dem Wissen, wer wir als Menschen individuell sind und was der Zweck unserer Existenz im Universum ist.

Den Weg des Wandels gehen

In Erwartung der Inkarnation existiert der Mensch als eine holographische Einheit der geistigen Welt als Teil der großen Gemeinschaft der menschlichen Seelen, die jenseits der manifestierten Raum- und Zeitdimensionen existieren. Als nächstes stehen wir uns selbst als verkörperte Wesen gegenüber, die gemeinsam mit Mineralien, Tieren und Pflanzen den Weg der Verkörperung gehen.

- Stell dir vor, du sitzt mit einem geliebten Tier auf deinem Schoß da.
- In der einen Hand hältst du einen Stein, die andere umschließt einen Topf mit einer darin wachsenden Pflanze.
- Stell dir vor, du sitzt so in einer Höhle unter der Erde.
- Wie fühlt es sich an, ein Mitglied der verkörperten Gaia-Familie zu sein?

Als Seelen inkarnieren wir immer wieder in den organischen Körper der Erde, um uns an der Entwicklung der Welt der Materie zu beteiligen. Wie Taucher in den Tiefen des Ozeans nach Austern mit Perlen suchen, so kommen wir hinunter in die manifestierte Welt auf der Suche nach ihren Geheimnissen und ihrer Schönheit. Dem Taucher geht nach einer bestimmten Zeit der Atem aus, und er muss wieder aufsteigen, um frische Luft zu bekommen. Ähnlich ist es auch bei uns – nach einigen Jahrzehnten ist auch unser Atem aufgebraucht, und wir müssen die irdische Ebene verlassen, um in den Hallen der Ewigkeit frische Luft zu atmen.

Da ihr akzeptiert habt, in das Chaos der manifestierten Welt einzutauchen, habt ihr euch auch verpflichtet, die sich ständig verändernde zyklische Natur dieser Welt zu akzeptieren. Die Jahreszeiten ändern sich, die Sternbilder verschieben sich ständig und auch euer psychischer und spiritueller Körper verändert sich entsprechend eurer inneren Entwicklung, und *Gaias Universum verändert sich entsprechend den kosmischen Zyklen*. Ob bewusst oder unbewusst: Wir haben uns zu diesem Zeitpunkt der menschlichen Entwicklung verkörpert, um mit Gaia und ihrer elementaren Welt während des Übergangs von der Epoche des Elements »Erde« in die Epoche des Elements »Luft« zu kooperieren.

Während des Zeitraums, der vom Element Erde bestimmt wird, ist es Gaia und ihren elementaren Helfern gelungen, die Lebenskraft in die dichte Form der Materie zu übertragen. Gemeinsam mit Pflanzen, Tieren und Mineralien können wir uns in dieser irdischen Zeit an der Schönheit eines verkörperten Planeten erfreuen und dabei erfahren, wie wir unsere Ideen und Lebensmuster in materieller Form umsetzen können.

Nun ändert sich der kosmische Zyklus. Mehr über die Hintergründe dieses einzigartigen Wandels findet ihr in meinem Buch »Wandlungstanz der Erde«. Die Position des Erdelements, als leitendes Prinzip unter den vier Elementen, wird vom Luftelement übernommen. Der Unterschied zwischen den beiden Elementen scheint enorm zu sein. Bedenken wir aber, dass das Element Luft für die Qualität des Bewusstseins steht, wird es folglich nie alleine »herrschen«, sondern immer in Zusammenarbeit mit den anderen drei Elementen, einschließlich des Erdelements, das weiterhin die Verantwortung für die Erdung aller Wesen innehaben wird.

Die Qualitäten, die das Luftelement mit sich bringt, ermöglichen die Schaffung einer ausgeglichenen und friedlichen Gaiakultur. Es sind die Qualitäten der Bewegung zwischen verschiedenen Ebenen der Existenz, der grenzenlose Tanz der Kreativität, die Freiheit zu sein, wer wir sind.

Das persönliche Elementarwesen ehren

Der verkörperte Mensch wäre eine formlose Wolke, zusammengesetzt aus unzähligen Zellen, Atomen, Mikroorganismen usw., gäbe es keine Zusammenarbeit zwischen der individuellen Seele und dem persönlichen Elementarwesen. Nach meiner Erkenntnis schließt die Seele, bevor sie den Weg der Verkörperung antritt, eine Art »Vertrag« mit einem ausgewählten Elementarwesen, das sie während der gesamten Spanne ihres verkörperten Lebens begleitet.

Es gibt verschiedene Möglichkeiten, das Phänomen der Elementarwesen zu erklären. Sie können als holographische Einheiten oder Fraktale von Gaia verstanden werden, die im Feld zwischen der unsichtbaren (kausalen) und der manifestierten (verkörperten) Welt agieren. Sie sind Teil von Gaias allumfassendem Bewusstsein und haben somit auch Zugang zu dem Wissen, wie sich die Bausteine von Gaias Schöpfungen (Atome, Zellen, Mikroorganismen, Viren usw.) zusammensetzen und wie ihre Schöpfungen mit ihren je eigenen Formen, Dynamiken und Lebensbedingungen sich verkörpern.

Aber es ist wichtig zu verstehen, dass die Elementarwesen nicht von außen formend auf Körper und Wesen einwirken. Während sie die Schöpfung von Gaia manifestieren und ihr die richtige Form geben – sei sie physisch oder ätherisch –, müssen die Elementarwesen in diesem Wesen verkörpert sein, einer Pflanze, einem Stein, einem Tier oder einem Menschen, und es von innen heraus formen. Bei einem Baum zum Beispiel bewegt sich sein Elementarwesen in seinen Wasserkanälen, die bis in den höchsten Zweig hinein- und in die tiefste Wurzel hinunterreichen. Ähnlich beim Menschen: Das persönliche Elementarwesen ist in allen Ausdehnungen unseres mehrdimensionalen Körpers präsent. Wir teilen unseren Körper mit einem auserwählten Elementarwesen, das die Weisheit von Gaia repräsentiert, die sich um alle Ausdrucksformen ihrer Schöpfung kümmert.

- Bitte schließe für einen Moment die Augen und stell dir vor, dass alle Atome, Mikroorganismen und Zellen deines Körpers frei in der Luft schweben. Sie schweben zwischen den Mikroorganismen, Atomen und Zellen deiner Umgebung.
- Um deinen Körper neu zu erschaffen, ist das persönliche Elementarwesen in jedem neuen Moment dazu aufgerufen, jene Atome, Zellen und Mikroorganismen zu identifizieren, die zu dir gehören, sie richtig zusammenzufügen und ihren Austausch mit der Umgebung zu ermöglichen – eine phantastische Leistung seines mit Gaia verbundenen Bewusstseins.

Es ist eine zu starke Vereinfachung zu sagen, dass wir als Menschen Teil der Natur sind. Diese Aussage ist oberflächlich, weil sie nicht zum Ausdruck bringt, wie tief wir in die Schöpfung der Natur eingebunden sind, in jedem Moment begleitet von der elementaren Welt. Wir nehmen unsere körperliche Beschaffenheit als selbstverständlich hin. Doch wären wir auch nur für den Bruchteil einer Sekunde unbeaufsichtigt von unserem persönlichen Elementarwesen, könnten wir uns in Milliarden von Teilen auflösen und unter unzähligen Atomen, Mikroorganismen, Viren und Zellen unserer Umgebung verlorengehen. Ich glaube, dass unsere Abhängigkeit von den Elementarwesen zur Sicherung der manifestierten Welt der Grund ist, warum alle indigenen Kulturen Gaia als die Mutter der irdischen Schöpfung betrachteten.

Die ursprüngliche Liebe verkörpern

Die Qualität der Liebe kann auf verschiedenen Ebenen erlebt werden: Es kann die Liebe zwischen Familienmitgliedern sein wie die Liebe der Mutter zu ihren Kindern, die emotionale Liebe, die ein Paar verbindet, die Liebe zur Heimat usw. Wenn wir aber von Liebe sprechen, die fähig ist, die Entstehung und Existenz der Gaiakultur zu unterstützen, dann ist sie als ursprüngliche Liebe zu verstehen. Es ist eine Qualität der Liebe, so stark wie ein Drache und so sanft wie eine Morgenbrise.

Ursprüngliche Liebe ist nicht leicht mit Worten der Logik zu definieren. (Ich habe diesen Satz gestern Abend geschrieben und war ratlos, wie es weitergehen soll. Es war spät, also beschloss ich, darüber zu schlafen.) In dieser Nacht hatte ich einen Traum, der uns helfen könnte, das schwer Auszudrückende symbolhaft zu formulieren.

Ich betrete ein Heiligtum mit einem dreieckigen Tympanon an der Spitze. Ich bemerke, dass der Keramiktopf mit der Pflanze, die sonst am höchsten Punkt des Tempels steht, fehlt, und mache den Tempelwächter darauf aufmerksam, dass der Topf heruntergefallen ist. Es war eine Pflanze mit langen schönen grünen Ranken, die nach unten hängen – eine heimische Variante des Spargels. Ich gehe nach Hause – gleich um die Ecke. Als ich mein Zimmer betrete, bin ich überrascht, ein Keramikstück des zerbrochenen Topfes aus dem Tempel auf dem Boden liegen zu sehen. Es widerspricht jeder Logik, dass ein Keramikstück des zertrümmerten Topfes aus dem Heiligtum in meinem Zimmer landen könnte!

Der Spargel, am höchsten Punkt des (kosmischen) Tempels, repräsentiert die Liebe als die Qualität, die die Existenz des Universums, seiner Wesen und Zivilisationen möglich macht. Wir können uns vorstellen, wie das Netzwerk der ursprünglichen Liebe, symbolhaft dargestellt durch den Keramiktopf, das Universum und seine Evolutionen in vollkommener Einheit und ko-kreativer Vielfalt hält, beides zur gleichen Zeit. Der Traum weist darauf hin, dass wir Menschen eine besondere Gabe haben, derer wir uns nicht wirklich bewusst sind. Wir tragen in unseren Herzen ein Fraktal der ursprünglichen Liebe (die Scherbe im Traum). Ich glaube, es ist der Zweck dieser Gabe, uns Schritt für Schritt zu liebevollen und bewussten Mitschöpfern des zukünftigen Universums zu erheben.

Die Feindseligkeit oder sogar Grausamkeit, die die Menschen einander oft entgegenbringen – zum Beispiel in Kriegen – könnte eine Folge unserer unbewussten Angst sein, diese immense göttliche Gabe zu verkörpern, Angst vor einer psychischen Situation, die wir als Menschen nicht bewältigen könnten. Es könnte auch ein Einfluss von fremden Mächten sein, die das Geheimnis des menschlichen Herzens kennen. Da die meisten Menschen sich dieser Kraft nicht bewusst sind, könnten diese Mächte ihre Liebesqualität für ihre eigenen egoistischen Zwecke missbrauchen. Indem sie das holographische Stück der ursprünglichen Liebe in etwas extrem Negatives verdrehen, können sie den süßesten »Saft« des Universums aus dem daran beteiligten menschlichen Herzen heraussaugen.

Wie können wir das Fraktal der göttlichen Liebe, das im (organischen/ätherischen) Raum unseres Herzens verkörpert ist, schützen, damit es nicht missbraucht werden kann? Jeder von uns trägt in seinem Körper einen Funken der kosmischen Liebe. Ich bin sicher, dass wir als menschliche Wesen unsere Körper innerlich so weit ausdehnen können, um die Kraft dieses Liebesfunkens in seiner enormen Dimension schützend zu umfassen.

Um diese Ausdehnung möglich zu machen, möchte ich über die Notwendigkeit sprechen, die Eigenschaften eines Riesen in uns zu erwecken. Ich meine nicht irgendein fremdes Wesen von gigantischen Ausmaßen, sondern die Qualitäten eines Riesen, die wir in uns tragen. Ich vermute, dass wir sie von Wesen ererbten, die uns Menschen in grauer Vorzeit auf der Erde vorangegangen sind – möglicherweise auf dem sagenhaften Erdkontinent Atlantis. Sie haben auf dem Planeten Erde eine Rolle wahrgenommen, die wir in der kommenden Zeit oder sogar schon heute spielen sollten. Ich spreche von der Aufgabe, die Verbindung zwischen der ungeheuren Ausdehnung der Galaxis und dem vergleichsweise »winzigen« irdischen Kosmos aufrechtzuerhalten. Hier ist eine Übung, um den Riesen im eigenen Inneren zu erfahren.

- Beuge dich im Stehen nach unten und stell dir vor, mit den Fingern unter deine Füße zu greifen – nicht physisch, selbst wenn du es könntest.
- Bleibe eine Weile in dieser Position und Vorstellung. Richte dich dann wieder auf und stell dir dabei vor, dass deine Finger unter deinen Füßen bleiben. Das bedeutet, dass deine Arme jetzt viel länger sind.
- Um das richtige Verhältnis zwischen deinen Armen und deinem Körper wiederherzustellen, müsstest du zur Statur eines Riesen heranwachsen. Lass dieses Wachstum in deiner inneren Vorstellung geschehen.
- Nun entspricht dein Körper als Riese der immensen kosmischen Kraft, die in deinem Herzen konzentriert ist.
- (Nach der Regel der Resonanz kann die Übung auch genutzt werden, um Riesen in der Landschaft wahrzunehmen oder sich mit alten Baumriesen zu verbinden.)

Wenn wir diese Kraft des inneren Riesen in uns selbst erweckt haben, sollten wir achtgeben, sie nicht für egoistische Zwecke zu missbrauchen!

Die eigene Empfindsamkeit erneuern

Wie in der Einleitung erwähnt, reichen die fünf Sinne, auf die sich die meisten Menschen als Fenster zur Umwelt verlassen, nicht aus, um die Realität des Lebens in ihrer Gesamtheit wahrzunehmen. Augen, Ohren, Haut und andere Wahrnehmungsorgane wurden im Laufe von Millionen von Jahren entwickelt, damit wir uns in der Welt der Materie orientieren können, und gleichzeitig dienen sie uns als Mittel, um die Schönheit der Welt zu bewundern.

Die »fünf Sinne« sind ein wunderbares Geschenk von Gaia und dem Tierreich. Allerdings hat sich in den vergangenen Jahrtausenden der patriarchalischen Herrschaft und der späteren Abhängigkeit von wissenschaftlichen Methoden eine mentale Blockade gebildet, die besagt, dass nichts existiert, was nicht durch diese fünf Sinne wahrgenommen werden kann. Infolgedessen kontrolliert die Rationalität den Wahrnehmungsprozess der meisten modernen Menschen vollständig und stellt sicher, dass intuitive Einsichten und subtile Gefühle keinen Einfluss auf die menschliche Erfahrung haben. In dem Moment, in dem der rationale Verstand von einer subtilen Schwingung berührt wird, identifiziert der Verstand des Wahrnehmenden diese als eine Bedrohung für seine einseitig logische Welt und erklärt sie sofort für nicht existent. Folglich fühlen sich die Menschen bestätigt, dass nichts jenseits des Horizonts des intellektuellen Diskurses existieren kann.

Mein Rat zur Überwindung der beschriebenen Situation ist, dem rationalen Verstand beizubringen, für einen Moment beiseitezutreten und der Intuition zu erlauben, die empfangene Botschaft zuerst zu lesen. Es dauert nicht länger als den Bruchteil einer Sekunde, bis eine komplexe Information in ihrer Gesamtheit intuitiv erfasst wird. Erst danach sollte der Verstand in den Prozess eintreten und daran arbeiten, die wahrgenommene Botschaft zu entschlüsseln, um sie in eine logische Aussage zu übersetzen.

Es gibt keinen Grund, den logischen Verstand zu unterdrücken, er sollte allerdings im Wahrnehmungsprozess von der ersten an die letzte Stelle gerückt werden. Wir müssen an unserem Menschenrecht festhalten, die Wirklichkeit in ihrer multidimensionalen Ganzheit wahrzunehmen. Ohne ganzheitliche Wahrnehmung werden wir keine Erkenntnisse über den tatsächlichen Zustand des Wandlungsprozesses der Erde und der helfenden Hände aus den Parallelwelten gewinnen können.

Damit ganzheitliche Wahrnehmungen so zuverlässig werden wie unsere fünf Sinne, müssen allerdings bestimmte Voraussetzungen geschaffen werden. Zuallererst sollte das Konzept der subjektiv-objektiven Distanz zwischen dem Beobachter und dem Beobachteten aufgegeben werden. Mehrdimensionale Wahrnehmung funktioniert nur, wenn die Beobachterin mit dem Beobachteten liebevoll eins wird. Betrachten wir es an einem Beispiel: Wenn du einen Baum in seiner Ganzheit wahrnehmen willst, solltest du dich mit dem Baum identifizieren – eins mit ihm werden – und gleichzeitig dem Baum erlauben, auch in dir selbst, in deinem Inneren, zu existieren. Du wirst dich durch das Erleben der inneren Dimensionen des Baums bereichert fühlen, und dem Baum wird es umgekehrt genauso ergehen, indem er Einblicke in das menschliche Wesen bekommt. Der Baum sollte im Prozess der ganzheitlichen Wahrnehmung genauso bereichert werden wie der menschliche Beobachter oder die Beobachterin.

Wir streben nicht nach objektiven Ergebnissen, wenn wir ganzheitliche Wahrnehmung praktizieren; die multidimensionale Realität ist ebenso objektiv wie subjektiv. Habt keine Angst davor, in den Prozess der Wahrnehmung einzugreifen. Ganz im Gegenteil, ganzheitliche Wahrnehmungen können nur dann entstehen, wenn ihr schöpferisch mit dem Prozess umgeht, durch den die Wahrnehmung der Realität zustande kommt. Die empfangenen Informationen sind in der Regel reine Schwingungen und werden weder zu euch noch zu anderen Menschen sprechen, wenn ihr eurer Intuition und Vorstellungskraft nicht erlaubt, ihnen eine entsprechende Form und einen angemessenen Ausdruck zu verleihen.

Indem wir uns subjektiv an der Schöpfung der manifestierten Welt beteiligen, wird die Lebenswirklichkeit wieder mit Liebe und Licht erfüllt. Wir Menschen werden inspiriert, Verantwortung für unsere gemeinsame Schöpfung mit Gaia zu übernehmen. Mehr noch, die ganzheitliche Wahrnehmung garantiert, dass die Lebenswirklichkeit im erneuerten Erdenkörper weiterbestehen wird.

Weiblicher werden

Das Hervorbringen der Gaiakultur wird einen schrittweisen Prozess erfordern, bei dem sich der männliche Aspekt des Menschen langsam zurückzieht, während wir unseren weiblichen Anteil mehr nach vorne bringen. Dies ist möglich, da jeder Mensch von seiner genetischen Anlage her männliche und weibliche Geschlechtsmerkmale hat, auch wenn wir in der äußerlichen Erscheinung – mal mehr, mal weniger – weiblich oder männlich daherkommen. Tatsächlich überwiegt bei einem Mann der Prozentsatz seiner genetisch maskulinen Anlage (nur!) mit drei bis zehn Prozent gegenüber seinen femininen Merkmalen – und bei der Frau ist es genau umgekehrt.

Geht mit mir die folgende Übung durch, um das Verhältnis zwischen euren männlichen und weiblichen Aspekten auszugleichen.

- Als Frau schau mit deinem femininen Gesicht nach vorne, während dein maskulines Antlitz nach hinten schaut – genau umgekehrt, wenn du ein Mann bist.
- Als Frau ist dein Körper dem Licht der manifestierten Welt zugewandt, während dein männlicher Körper in der Nacht der kausalen (archetypischen) Welt existiert – auch hier ist es umgekehrt, wenn du ein Mann bist.
- Nimm dir etwas Zeit, um dieses ideal ausgewogene Verhältnis zwischen deinen männlichen und weiblichen Aspekten zu spüren.
- Dreh dich nun in deiner Vorstellung um und umarme deinen unsichtbaren Partner. (Vielleicht hast du sie/ihn zu lange ignoriert.)

Die Tragödie der vergangenen und gegenwärtigen patriarchalischen (von Männern dominierten) Ära besteht darin, dass ihre vorherrschende Matrix dem männlichen Aspekt übermäßig viel Macht verleiht, selbst wenn die betreffende Person weiblichen Geschlechts ist. Das Ergebnis ist, dass wir es in der modernen Welt mit übermäßig reichen Personen, besonders aggressiven Machthabern und hartgesottenen Managern zu tun haben – und nicht immer handelt es sich bei ihnen tatsächlich um Männer.

Beim Eintritt in die Gaiakultur sollten wir mit Gaia und ihrem Elementarbewusstsein zusammenwirken, um eine neue Lebensmatrix zu erschaffen, die von weiblichen Prinzipien und Qualitäten durchdrungen ist und eine neue Art der Balance mit dem Männlichen ermöglicht. Es geht nicht darum, das alte System zu reparieren. Wir müssen die negativen Erfahrungen der vergangenen patriarchalen Ära anerkennen, aber auch einsehen, dass die männliche Seite wichtige Qualitäten hat, die wir nicht verwerfen sollten. Aber es ist an der Zeit, das Verhältnis von männlich und weiblich (Yang-Yin) neu aufzustellen. Weibliche Qualitäten müssen als unsere Leitprinzipien auf dem Weg in die Zukunft in den Vordergrund gerückt werden.

Treten wir nun in eine Ära der weiblichen *Herrschaft* ein? Nein, denn es liegt in der Natur des weiblichen Prinzips, die Ganzheit zu suchen und darauf zu bestehen, dass die männlichen Qualitäten immer mit einbezogen werden – aber dieses Mal sollen Männer nicht als Herrscher, sondern als Mitschöpfer auf den Plan treten.

Was bedeutet es praktisch, dass wir im Begriff sind, in eine weibliche Ära der Evolution einzutreten? Es bedeutet zum Beispiel, dass Entscheidungen, Planung und Ausführung nicht entlang eines linearen Pfades erfolgen. Die feminine Herangehensweise verlangt, dass bei zukünftigen Entscheidungen zumindest für den Bruchteil einer Sekunde die Konsequenzen für die weltweite Menschenfamilie und darüber hinaus für jedes Wesen auf Erden mitbedacht wird. So sollten wir immer fragen: *Steht dieser Plan im Einklang mit der Absicht meiner Seele und der Intuition meines Herzens?*

Die weibliche Art des Handelns beginnt mit einem Moment der Stille. Der Prozess geht zuerst nach innen und ist tausendmal effektiver als männliche Aggressivität, die oft unüberlegt nach vorne stürmt, weil der feminine Ansatz auf die Kraft und Intelligenz von Parallelwelten zurückgreift. Denn diese brauchen einen Einstiegspunkt, um den Prozess der Ko-Kreation zu unterstützen; und dieser wird ihnen mit einem Moment der Einstimmung angeboten. Die weibliche Planung stimmt sich auf das kosmische Momentum ein und ermöglicht so einen ganzheitlichen Prozess mit viel weniger Aufwand.

Es ist nicht möglich, harmonische Musik auf einem verstimmten Instrument zu spielen. Es ist schwierig, sich durch die Welt zu bewegen, ohne geerdet und eingestimmt zu sein. Hier ist eine Übung, die euch hilft, sich einzustimmen.

- Steh auf und hebe die Hände langsam so hoch wie möglich.
- Stelle dir vor, während du die Hände nach oben hebst, diese gleichzeitig nach unten in Richtung Erdkern fallenzulassen.
- Einen Moment lang stehst du da, indem deine Hände sowohl zum Himmel als auch – in deiner Vorstellung – zur Erde zeigen.
- Bringe dann alle »vier« Hände auf die Ebene deines Herzens und atme die Qualität der Einstimmung ein.

Den Körper schützen

Bitte lasst nicht zu, dass euch euer menschlicher Körper, der durch die Anstrengungen unzähliger Tierarten entwickelt wurde, weggenommen wird! Ich spüre einen verborgenen Plan, der schon in Ansätzen unter dem Stichwort Transhumanismus vorangetrieben wird, mit Hilfe hochentwickelter Maschinen und elektronischer Intelligenz, in Zusammenarbeit mit detaillierten wissenschaftlichen Untersuchungen der physiologischen Funktionen eures Körpers – von den Muskeln bis zur Ebene und Organisation eurer Zellen – unseren tierischen Körper durch einen Roboterkörper zu ersetzen. Es ist wahr, dass der Körper, den wir von Tieren geerbt haben, nicht perfekt konstruiert oder ewig haltbar ist. Aber brauchen wir eine solche Perfektion, wenn unser Zweck auf der Erde darin besteht, Lektionen der Verkörperung zu erfahren und uns das Wissen anzueignen, wie wir unter den Bedingungen der göttlichen Dimension der Materie schöpferisch tätig sein können? Wir lernen viel, indem wir Fehler machen, die sich in daraus folgenden Körperproblemen und Krankheiten widerspiegeln.

Der Körper, den wir aus dem Tierreich geerbt haben, ist nicht nur ein physischer Körper. Es geht nicht nur um die Perfektion seiner Körperorgane. Schaut euch nur die Eleganz der Tänzer und Tänzerinnen im modernen Ballett an oder beobachtet weibliche und männliche Profisportler! Der Körper, den wir unser eigen nennen, ist ein erstklassiges Kunstwerk von Gaia und ihren elementaren Helfern. Er wurde zuerst an hochentwickelten Tieren perfektioniert, die auf dem festen Boden der fünf Kontinente wandelten. Erst danach wurden wir Menschen eingeladen, unsere endlosen Zyklen der Inkarnation zu beginnen. Die Paläontologie beweist, dass der ursprüngliche Affenkörper in den vergangenen Jahrmillionen tatsächlich durch unseren bewussten Einsatz und mit Hilfe der geistigen Welt der Vorfahren und Nachkommen phantastisch entwickelt wurde.

Anstatt das Geschenk von Gaia und der tierischen Sphäre zu verwerfen, sollten wir entschieden zu unserer Freiheit stehen, unseren bestehenden Körper zu entwickeln und ihn zu einer nächsten Phase seiner Empfindsamkeit und Lebensfähigkeit zu verfeinern. Neurologen sagen zum Beispiel, dass wir heute nur ein paar Prozent unserer Gehirnkapazität nutzen. Dies ist eines der Zeichen für das ungeheure Potential, das unser Körper noch nicht ausgeschöpft hat. Esoterische Anschauungen vom Körper gehen von mehreren feinstofflichen Körpern aus, die besser in die materielle Körperebene integriert werden könnten. Der vorhandene Körper könnte so entwickelt werden, dass der Mensch interdimensionale Portale durchschreiten könnte und wir mit unserem integrierten physischen Körper – nicht nur in unserer Vorstellung – durch die feinstofflichen Dimensionen der Parallelwelten navigieren könnten, um mehr über die Geheimnisse des Lebens zu erfahren.

Parallele Identitäten

Später werden wir den fünften Teil unseres Buchs dem Thema der Parallelwelten von Gaia widmen. In diesem Teil wird die Erde als ein Cluster von Parallelwelten vorgestellt, die sich idealerweise gegenseitig ergänzen; leider nicht anerkannt von der gegenwärtigen menschlichen Kultur, die sich in eine von der rationalen Logik definierten Weltsphäre eingeschlossen hat, die als einzige Sphäre der Existenz betrachtet wird.

Etwas Ähnliches lässt sich auch in Bezug auf unsere individuelle menschliche Identität sagen. Wir haben Personalausweise, Reisepässe und andere Dokumente, die unsere Identität in dem Raum und der Zeit zwischen unserer Geburt und unserem Tod fixieren. Offiziell ist dies unsere einzige anerkannte Identität. Natürlich ist der Aspekt des Menschseins, der sich auf unser tägliches Leben und unser Schaffen bezieht, der Grundaspekt unserer Identität. Ich vergleiche dies mit dem sinnlich zu erfassenden Erdglobus und seiner Rolle im Cluster von Gaias parallelen oder synchronen Welten. Unsere materialisierte Identität, gewöhnlich »Persönlichkeitsaspekt« genannt, hilft uns, im Hier und Jetzt geerdet zu sein.

Wenn wir aber auf vorherige Kapitel unseres Buches zurückblicken, stellen wir fest, dass wir in der Tat mindestens vier weitere verschiedene Bereiche unserer menschlichen Identität vorgestellt haben.

- Wir haben mit dem Aspekt des Friedens als dem Widerhall der Ewigkeit in unserem Inneren begonnen. Dieser kann als der Aspekt unserer Identität verstanden werden, durch den wir permanent an der kosmischen Unendlichkeit teilhaben – ob wir uns dessen bewusst sind oder nicht.
- Unser Seelenaspekt wurde als eine weitere synchrone Realität präsentiert, die unsere Existenz durchdringt – entweder in unserer irdischen Verkörperung oder wenn wir uns in der geistigen Welt befinden.
- Das Thema unseres persönlichen Elementarwesens brachte uns die Existenz der Sphäre unserer Identität ins Bewusstsein, in der wir als Wesen der Erde und der Natur am Elementarbewusstsein von Gaia teilnehmen.
- Als nächstes betrachteten wir die Sphäre der weiblichen und männlichen Identität und hielten fest: Wenn wir uns als Frau manifestieren, existieren wir gleichzeitig als Mann auf der parallelen (kausalen, ätherischen) Ebene und umgekehrt.

Um unseren Einblick in die menschliche Existenz als Cluster synchroner Identitäten zu vervollständigen, sollten mindestens zwei weitere Bereiche untersucht werden:

Die erste ist die Sphäre unserer Identität, die den Menschen und das Tierreich verbindet. Es gibt Menschen, die diese Verbindung gerne ausblenden würden, um klarzustellen, dass wir Menschen im evolutionären Maßstab höherstehen als die Tiere. Aber solange wir auf der manifestierten Erde inkarniert sind, können wir den tierischen Aspekt unserer Identität nicht verleugnen. Ich spreche hier nicht speziell von der schamanischen Tradition des »Krafttieres«, obwohl nach meiner Erfahrung das Tier, das unserem Leben »Kraft gibt«, eine unserer synchronen Identitäten repräsentiert. Ich beziehe mich hier jedoch eher auf meine Wahrnehmung des Aussehens einer Person, ihres Gesichts und ihrer Körperkonstitution und wie sie sich als Verkörperung eines bestimmten Tierarchetyps darstellen könnte, einschließlich des kosmischen Bewusstseins und der Lebenskräfte dieses Tieres. Es könnte eine Spinne, ein Fuchs oder vielleicht ein Elefant sein. Das Konzept der menschlichen Identität als Cluster synchroner Sphären erlaubt uns, diesen Aspekt unserer Identität wertzuschätzen und ihn zu erleben, ohne die Angst, unser menschliches Selbst zu verlieren.

Es gibt einen weiteren interessanten Aspekt der menschlichen Seelenidentität, der mit der Identifikation mit einer bestimmten Persönlichkeit zu tun hat, die in der Vergangenheit auf der Erde wandelte. Bestimmte schöpferische Individuen beschritten während ihrer Verkörperung auf der Erde Lebenswege, die auch heute noch auf den ätherischen Ebenen als eine Art von Archetyp existieren. Die Seele, die sich auf ihre Inkarnation vorbereitet, kann einen dieser unsichtbaren Pfade als die Richtung wählen, der sie während ihres zukünftigen Lebens folgen will, um die spezifischen Eigenschaften zu verkörpern, die diese Persönlichkeit auf ihrem Weg auf der Erde geprägt hat. Infolgedessen geht diese Seele, nachdem sie tatsächlich verkörpert ist, den Weg ihres Lebens – oder zumindest einen Teil davon – synchron mit dem leben einer Heiligen Elisabeth zum Beispiel oder des Königs Arthur, die in diesem Fall eine ihrer parallelen Identitäten darstellen.

Die Betrachtung des Menschen als ein Cluster paralleler Identitäten führt nicht zur Schizophrenie, wenn das menschliche Selbst die gegenwärtige Notwendigkeit versteht, die Multidimensionalität als Teil seiner menschlichen Identität zu akzeptieren, als einen Aspekt der laufenden kosmischen Veränderungen. Es ist die Aufgabe des erwachten individuellen Selbst, sich seiner synchronen Identitäten bewusst zu werden und sie mit seinem Bewusstsein, seiner Liebe und seinen kreativen Bemühungen zu durchdringen; sie zu erden, miteinander zu verbinden und zu aktivieren.

Übungen 2 mit Gaia-Botschaften

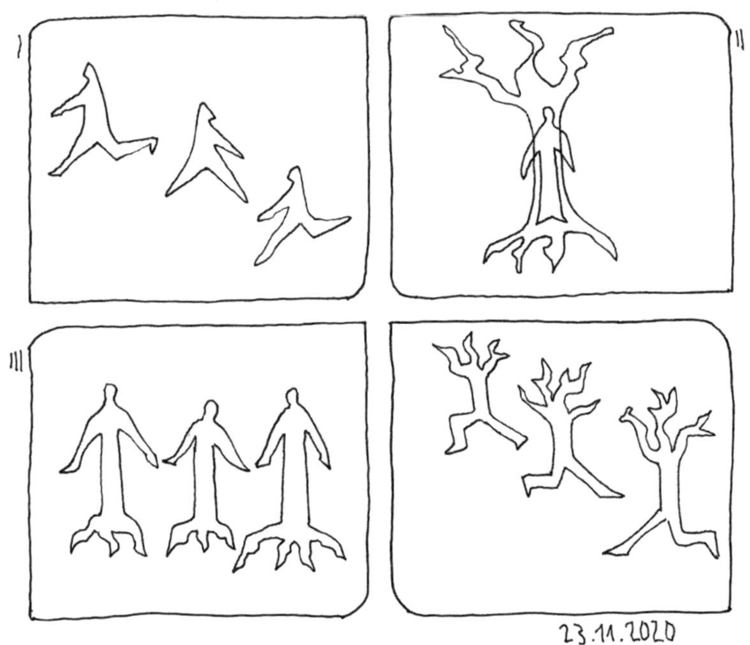
I
II
III
23.11.2020

23.11.2020

Ihr Menschen, lasst uns füreinander da sein.
Immer bewusster haltet in euch
unsere Verbundenheit wach,
für diesen Zyklus
der gemeinsamen Wandlung.
(Gaia)

- Wir Menschen sind es gewohnt, nur unter Menschen zu leben. Alles andere um uns herum sehen wir als unsere Umwelt an.
- Dieses falsche Muster, das uns vom Leben Gaias trennt, muss gewandelt werden. Kehre das Bild um!
- Stell dir vor, du bist ein Baum, fest in der Erde verwurzelt, und die Bäume in deiner nahen oder fernen Umgebung werden beweglich. Sie bewegen sich fröhlich umher, während die Menschen alle verwurzelt und reglos dastehen.
- Es genügt nicht, wenn du die Umkehrung einfach visualisierst, geh in das Bild hinein, lass es in dir auftauchen und spüre die Wandlung, die in dir geschieht.

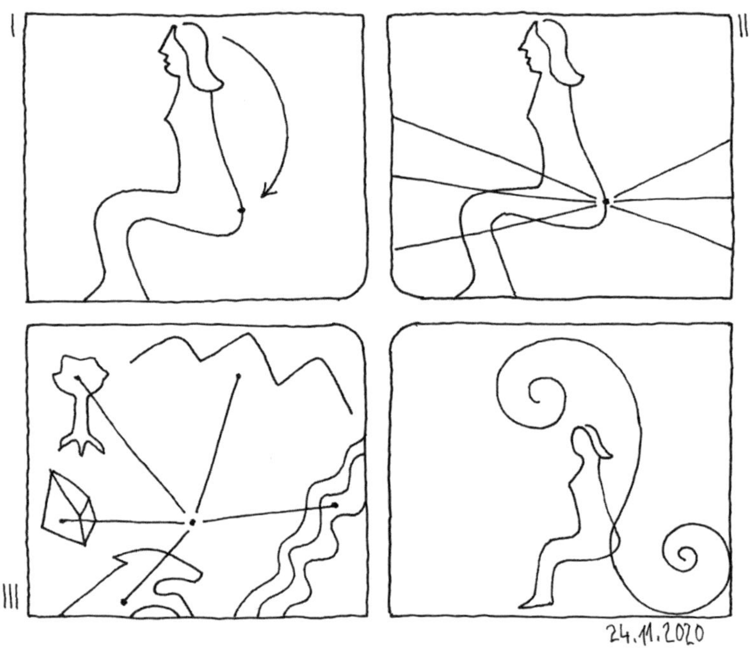
I
II
III
24.11.2020

24.11.2020
Mensch, lass dich weiter von mir ansprechen.
Bleib in Verbindung.
Ermächtige dich, dein geistiges Potential,
den dort innewohnenden Schöpfer-Reichtum zu verlebendigen,
und verhindere somit Zustände der Trennung und Spaltung
im eigenen Inneren, im vermeintlichen Außen.
Wir sind eins – glaube weiter daran.
Christus in dir.
(Gaia)

- Sei an dem Punkt präsent, wo das Steißbein an die restliche Wirbelsäule anschließt.
- Stell dir vor, dass von dort unzählige silberne Fäden ausgehen, die dich mit den umgebenden Bäumen, Steinen, Flüssen, Landschaften oder Bergen verbinden.
- Empfinde dich eine Zeit lang in dieses Netzwerk eingespannt. Die Bäume, Steine, Flüsse, Landschaften oder Berge sind immer und dauernd mit dem Kernbereich von Gaia verbunden.
- Dadurch ist auch deine Rückverbindung mit Gaia gesichert. Spüre sie entlang der Wirbelsäule verlaufen bis hoch über den Kopf.
- Danach erspüre denselben Weg entlang der Wirbelsäule zum Ausgangspunkt der Übung zurück.
- Fang wieder von vorne an, bis du dich fest in Gaia verankert fühlst.

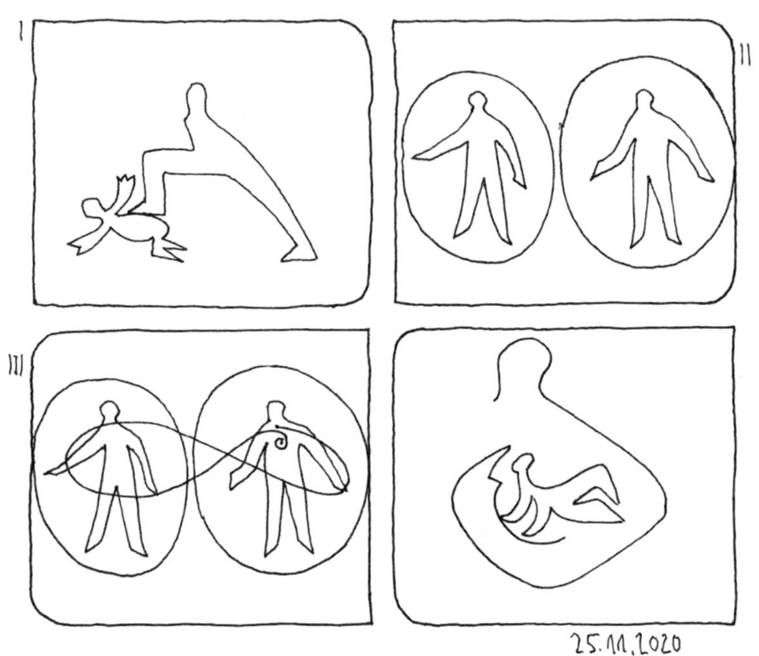
I
II
III
25.11.2020

25.11.2020
Mensch, du denkst, du siehst:
Hier du und dort die anderen.
Aus der Verbindung
deines Herzens blickend,
löst sich die Illusion der Trennung sogleich auf,
und die Möglichkeit des friedvollen Miteinanders wird sichtbar.
Wahrhafter Friede beginnt in dir.
Christus in dir.
(Michael)

- Finde deinen inneren Frieden, indem du in deiner Herzensmitte anwesend bist.
- Wenn du dich aber umschaust, siehst du unzählige Menschen, die ihren abgeflachten Lebenswegen nachgehen und den inneren Frieden nicht leben.
- Die Tragik dabei ist, dass diese ihre sie begleitenden Elementarwesen in die Wirbelbewegung ihrer Entfremdung mitreißen.
- Mache dir bewusst, dass wir uns zwar in zwei voneinander getrennten Sphären bewegen, jedoch alle zu der gleichen menschlichen Familie gehören, und die Elementarwesen gehören zu derselben Familie von Gaia wie dein persönliches Elementarwesen.
- Stell dir vor, dass in deinem Herzraum eine Lemniskate entspringt, die fähig ist, die Kluft zwischen uns zu überwinden und unsere Mitmenschen zu inspirieren, nach innen zu lauschen, den inneren Frieden zu pflegen und das persönliche Elementarwesen ins eigene Herz zu nehmen.

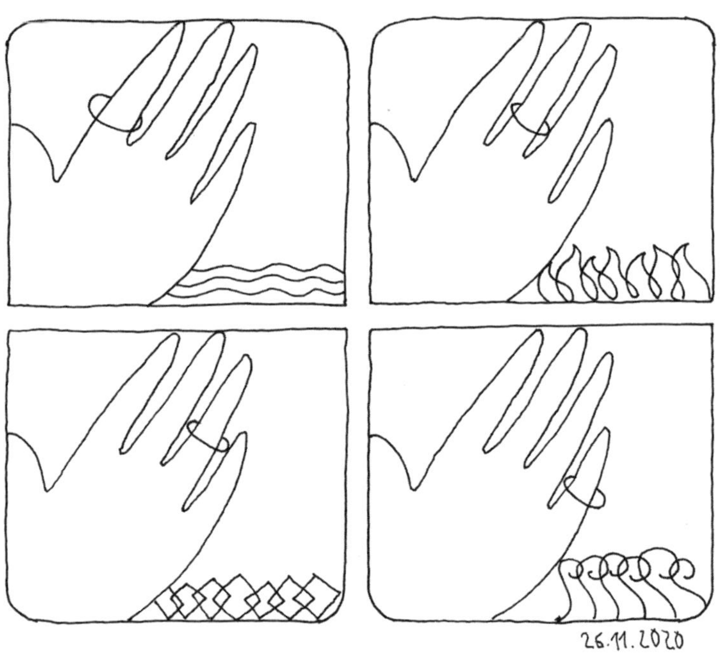
26.11.2020

26.11.2020

Mensch, vermagst du wieder,
dich mehr und mehr unserem gemeinsamen Raum anzuvertrauen,
erweckst du dein Schöpfertum.
Du erstarkst und du gesundest durch den inneren Reichtum,
der sich dir hier in unserem Miteinander erschließt,
an Körper, Geist und Seele.
Mach mit, weiterhin.
Wir sind bereit für den gemeinsamen Weg.
(Gaia und ihre Wesenheiten)

- Stell dir vor, um die untere Spitze deines Brustbeins dreht sich ein goldener Ring.
- Wenn du den goldenen Ring auf deinen Zeigefinger der linken oder rechten Hand aufsteckst, kannst du den Tanz des Elementes Wasser und seiner Wesenheiten in dir wahrnehmen. Nimm dir Zeit, ihren Tanz zu erspüren und im Einklang mit deinen Gefühlen mitzutanzen.
- Wenn du den goldenen Ring auf deinen Mittelfinger steckst, kannst du den Tanz des Elementes Feuer und seiner Wesenheiten der Wandlung in dir wahrnehmen. Nimm dir Zeit, ihren Tanz zu erspüren und im Einklang mit deinen Gefühlen mitzutanzen.
- Wenn du den goldenen Ring auf deinen Ringfinger steckst, kannst du den Tanz des Elementes Erde und seiner Wesenheiten des Mineralreichs in dir wahrnehmen. Nimm dir Zeit, ihren Tanz zu erspüren und im Einklang mit deinen Gefühlen mitzutanzen.
- Wenn du den goldenen Ring auf deinen kleinen Finger steckst, kannst du den Tanz des Elementes Luft und seiner Wesenheiten des Erdbewusstseins in dir wahrnehmen. Nimm dir Zeit, ihren Tanz zu erspüren und im Einklang mit deinen Gefühlen mitzutanzen.
- Erfreue dich deiner erneuerten Beziehung zu Gaia und ihren Wesenheiten!

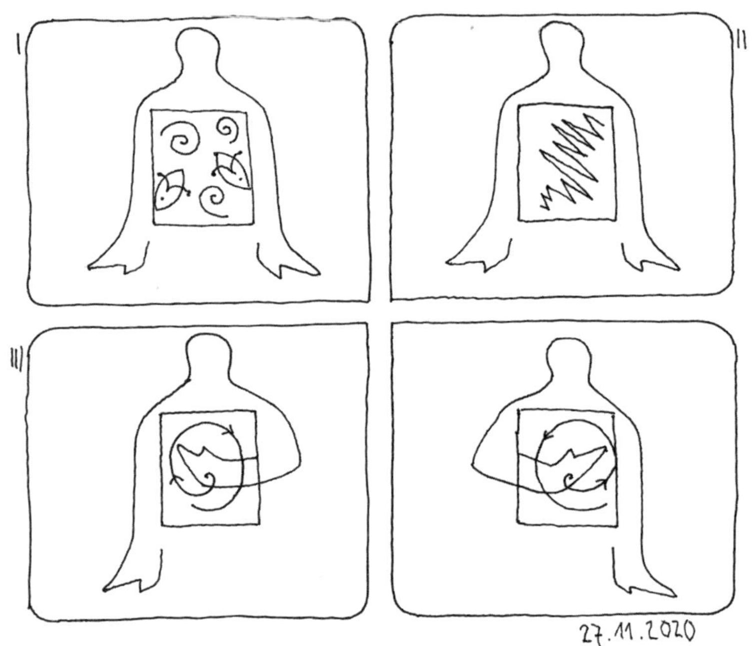
I
II
III
27.11.2020

27.11.2020
Dankbarkeit und Demut
lässt euch Menschen
den Wert unserer Verbundenheit erkennen,
und unser gemeinsamer Weg der Wandlung
in ein friedvolles Miteinander, im Jetzt,
wird zu einer Realität.
Die Illusion der Trennung löst sich auf, mehr und mehr.
Wir sind eins.
Ihr Menschen, erkennet weiter den Strom dieser Zeit,
»Wahrhaftigkeit«.
(Gaia)

- Mach dir bewusst, dass es in deinem Brustbereich ein Fenster gibt, durch das du die ätherischen Räume der kausalen Welt schauen könntest, wo Wesenheiten und Kräfte beheimatet sind, die das Leben auf der verkörperten Ebene ermöglichen.
- Doch dein Fenster ist verschmutzt, weil während der letzten Jahrhunderte kaum jemand dafür gesorgt hat, dass der Mensch durch das innere Fenster hindurch in das liebende Gesicht der Mutter des irdischen Paradieses schauen konnte.
- Entscheide dich nun dein Fenster zu putzen.
- Stell dir vor, wie du mit einer deiner Hände drehende Bewegungen von links nach rechts an der Vorderseite deiner inneren Fensterscheibe vollführst.
- Danach wechsele die Hand und stell dir vor, wie du die gleichen Drehbewegungen in umgekehrter Richtung an der Hinterseite der Scheibe vollführst.
- Schau nun durch das geputzte Fenster hindurch und erfreue dich der erneuerten Beziehung zu den Ursachen des Lebens.

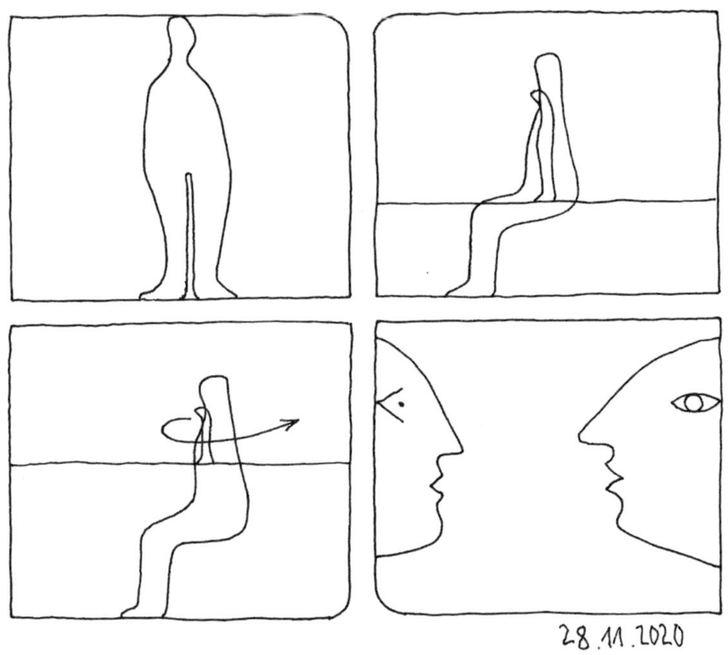
28.11.2020

28.11.2020

Mensch, komm zu mir.
Betritt immer wieder unseren gemeinsamen geistigen Raum.
Je bewusster du unseren Kontakt suchst,
desto klarer wird sich dir unser gemeinsamer schöpferischer Raum offenbaren.
Hier mit mir wirst du dir deines Potentials
für diesen Erdenweg gewahr.
(Gaia)

- Die Übung beginnt stehend. Spüre deine Präsenz von den Fußsohlen bis zur Schädeldecke.
- Setz dich danach hin und stell dir vor, du stehst auf der Höhe deines Steißbeins und reichst mit dem Kopf bis an deine reale Schädeldecke. In dieser Imagination erscheinst du zwar kleiner, aber du bist konzentriert in deiner Kraft. Spüre es.
- Danach machst du einen weiteren Schritt auf die nächsthöhere Ebene. Nun stehst du auf der Höhe der unteren Spitze deines Brustbeins, und mit deinem Kopf reichst du immer noch bis zu deiner realen Schädeldecke.
- Wie fühlt es sich an, auf der Ebene des persönlichen Elementarwesens zu stehen und so klein wie ein Kind zu sein?
- Nun dreh dich um, in die Richtung deines Rückenraums, und schau in die Augen von Gaia. Eure Augen sind jetzt auf gleicher Höhe.
- Nutze diese Nähe mit Gaia, um dich tiefer mit ihr zu verbinden.
- Dann stelle dich wieder mit den Füßen auf den Boden, um dir deine Erfahrungen zu vergegenwärtigen.

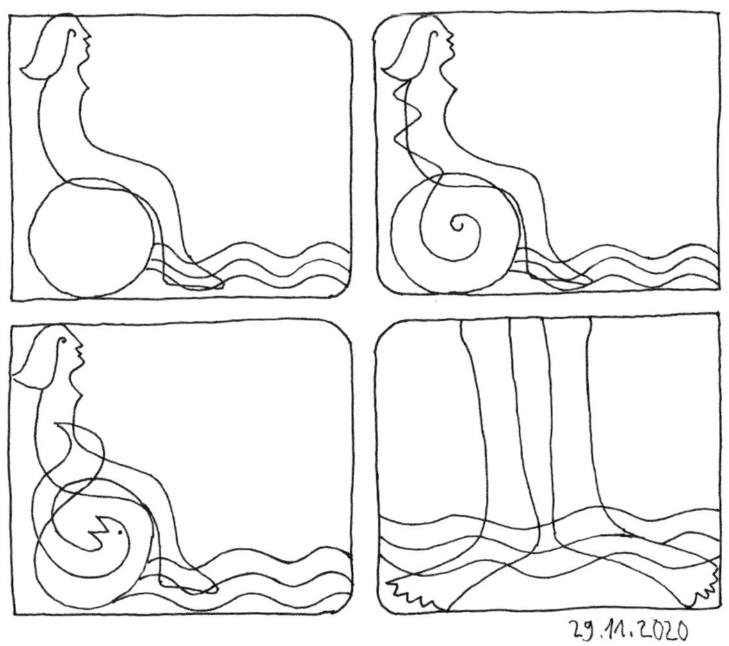
29.11.2020

29.11.2020
Mensch,
dein Einlassen auf mich,
dein Glauben und Vertrauen
hinein in die elementaren Welten,
ermöglicht dir den Weg
hinein in dein schöpferisches Potential.
(Gaia)

- Stell dir die Erdkugel so klein vor, dass du gemütlich darauf sitzen kannst. Pass auf, dass du dich auf einen Kontinent setzt, um keinen nassen Po zu bekommen.
- Die Beine jedoch steckst du ins Wasser des naheliegenden Ozeans.
- Spüre, wie die Kraft des Lebens deine Wirbelsäule entlang aufsteigt, dich nährt mit der Weisheit und Liebe von Gaia.
- Werde dir gewahr, wie die Kraft ihrer Drachen dich in jeder Lebenslage unterstützt.
- Zum Schluss steh auf und – bis zu den Knöcheln im Wasser des Ozeans stehend – bedanke dich für diese Gaben.

I
II
III
30.11.2020

30.11.2020
Ihr Menschen, lasst euch wieder berühren
von den elementaren Räumen,
nehmt unsere Einladung an.
Kommt zurück in die Verbundenheit,
um diese zu leben – ab jetzt
in unserem neuen Bündnis, welches derzeit entsteht.
(Gaia und ihre Wesenheiten)

- Spüre die Sonne so hoch über dir, dass du sie nicht sehen kannst.
- Du kannst jedoch die Liebe der Sonne und ihre Wärme auf deiner Haut spüren. Dies bewirkt das Auftauen aller Bindungen zwischen den Zellen und den Mikroben deines Körpers, und es kommt zu einer einmaligen Offenheit, die ihn zum Wandel befähigt.
- Hinzu kommt die Anziehungskraft des Mondes, die Ozeane mit Flut und Ebbe bewegen kann. Die magnetische Anziehungskraft des Mondes saugt aus deinem Körper alle Altlasten und abgestorbenen interzellulären Verbindungen heraus, die in den Mineralschichten des Mondes zum Recyceln gespeichert werden.
- Als nächstes kommt die Weisheit von Gaia zur Geltung. Ihre Elementarwesen füllen die ausgeleerten Mikroräume in deinem Körper mit der goldenen Essenz ihrer Weisheit.
- Spüre, wie du erneuert bist und von neuem mit Gaia und ihren Wesenheiten verbunden.

TEIL 3: Die Apokalypse als Matrix der Zukunftskultur

Samen der Gaiakultur

Die Ereignisse nach dem Jahr Null (dem Beginn unserer Zeitrechnung) prägten das Schicksal der Menschheit außerordentlich. Sie lenkten den Fluss der menschlichen Evolution und die Evolution des irdischen Clusters in eine neue Richtung. Manche könnten vorbringen, dass dies nur für die westliche Welt gilt. Aber lässt sich die Erde in Ost und West aufteilen? *Kann die globale Zivilisation von heute in Ost und West unterteilt werden?*

Um das Jahr 30 n. Chr. begann Jesus von Nazareth – später Christus genannt – seinen dreijährigen Zyklus des öffentlichen Lehrens und seiner Heil- und Wundertätigkeit. Inmitten einer äußerst patriarchalischen Gesellschaft formulierte er einen völlig neuen ethischen Kodex der menschlichen Beziehungen untereinander und zur Gottheit. Leider hinterließ er keine schriftlichen Zeugnisse seiner ursprünglichen Lehre, so dass es in den folgenden Jahrhunderten ein Leichtes war, seine überlieferten Lehren an die Erfordernisse der christlichen Kirche, einer schnell wachsenden religiösen Institution, anzupassen. Mein Buch »Erdweisheit und Christuskraft« untersucht die Verzerrungen der Lehre Jesu, wie sie in den vier kanonischen Evangelien formuliert sind, die die Grundlage der christlichen Kirchen darstellen.

Etwa sechzig Jahre später musste einer seiner Jünger mit dem Namen Johannes, der Jesus noch zu seinen Lebzeiten als junger Mann erlebt hatte, aufgrund religiöser Verfolgung auf die griechische Insel Patmos fliehen, wo er eine Schrift darüber verfasste, was seine innere Stimme ihm eingab. Diese Schrift wurde unter dem Titel »Apokalypse« als letztes Kapitel in die von der Kirche autorisierte christliche Bibel übernommen.

Das aus dem Griechischen abgeleitete Wort »Apokalypse« bedeutet Enthüllung oder wörtlich »das Abnehmen des Deckels vom Gefäß« (der zukünftigen Ereignisse). In diesem Sinne wird sie auch die »Offenbarung des Heiligen Johannes« genannt. Wir werden beide Namen, Apokalypse und Offenbarung, abwechselnd verwenden.

Im vorliegenden Buch folgen wir den unterschiedlichen Wegen, die zu einer neuen auf Gaia bezogenen Kultur führen. Manche werden sich fragen: Warum Zeit mit einer zwei Jahrtausende alten Schrift verschwenden? Nun, es dient unserem Ziel. Nach meiner Erkenntnis besteht der kosmische Sinn hinter der Apokalypse darin, einen Samen für die Transformation und Umwandlung unseres Heimatplaneten und der menschlichen Kultur zu erschaffen, der an der Schwelle zum dritten Jahrtausend keimen sollte. Wenn wir also in die Vision der Apokalypse des Heiligen Johannes eintauchen, können wir die Grundlagen einer Kultur berühren, die Gaiakultur genannt wird.

Angesichts des organischen Zyklus von Wachstum ist es unmöglich, sich vorzustellen, dass unsere Generation an der Schwelle zum dritten Jahrtausend erfolgreich eine neue Kultur aus dem Nichts hervorbringen könnte. Der Samen der sich heute entwickelnden Kultur hätte vor fast zweitausend Jahren gebildet und ausgesät werden müssen, um sich in Gaias Schoß so weit zu entwickeln, um die Keimung an der Schwelle des dritten Jahrtausends zu ermöglichen.

Wir sind nicht etwa daran interessiert, einen weiteren Versuch – neben vielen anderen – zu wagen, die Geheimsprache der Apokalypse zu entschlüsseln. Stattdessen wollen wir versuchen, die Apokalypse als einen Leitfaden für die Matrix der (zukünftigen) Gaiakultur darzustellen, indem wir den Verlauf der Erdwandlung in den letzten zwei Jahrzehnten mit den Informationen vergleichen, die in der Offenbarung des Heiligen Johannes gespeichert sind. Zweitens – und das ist der Hauptzweck dieser Betrachtung – werden wir versuchen, aus der Apokalypse so viel wie möglich über die ursprüngliche Inspiration zu erfahren, die die Schaffung einer neuen, ganzheitlichen menschlichen Kultur auf der Erde vorantrieb.

Es wäre sicherlich nicht möglich, die Apokalypse als Leitfaden zu verwenden, wenn die geschriebene Botschaft nicht vor Entstellungen geschützt worden wäre. Im Laufe der Jahrhunderte wurden viele der überlieferten Schriften verändert und willentlich den Vorstellungen der christlichen Kirche angepasst, um Macht und Kontrolle über zukünftige Ereignisse zu erhalten. Der Schutz der Botschaft in der Offenbarung findet sich in der doppelten Struktur des Buches. Zum einen ist es so geschrieben, dass es wie üblich vom Anfang bis zum Ende gelesen werden kann. Die vorherrschenden Auslegungen gehen von diesem linearen Ansatz aus. Eine solche Vorgehensweise ist für den logischen Verstand folgerichtig, lässt den Forscher allerdings in einer Flut von Symbolen und sich wiederholenden Bildern verloren zurück.

Bei der Vorbereitung meines Buches »Die Erde wandelt sich« (Knaur, 2001), in dem ich den Wandlungsprozess der Erde mit der Offenbarung des Heiligen Johannes vergleiche, wurde ich von meinem elementaren Meister darauf aufmerksam gemacht, dass es eine andere Möglichkeit gibt, die Offenbarung zu lesen. Der Samen der (damals) zukünftigen Gaiakultur ist in einer konzentrischen Lesart der Apokalypse verborgen. Wir sollten in der Mitte des Buches mit dem zwölften Kapitel anfangen zu lesen und dann das Kapitel davor lesen und danach das auf Kapitel 12 folgende und so weiter. Wie Ringe sind die Kapitel um das Zentrum herum aufgebaut. Auf diese Weise gelesen, endet das Buch mit dem ersten und dem letzten Kapitel, die inhaltlich eng miteinander verbunden sind.

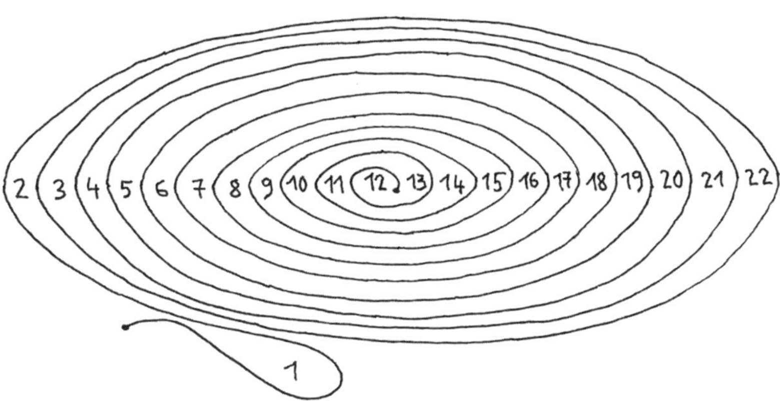

Die konzentrische Komposition der Apokalypse versus ihre lineare Abfolge

Bevor wir in die Erforschung der Botschaften der Apokalypse eintauchen, möchte ich drei Vorbemerkungen machen:

Macht euch zunächst klar, dass die Apokalypse in einer Zeit geschrieben wurde, in der die Lehre von Jesus Christus als ein Versuch betrachtet wurde, die jüdische Religion zu erneuern – sie galt nicht als eine revolutionäre Veränderung in der Beziehung zu den heiligen Dimensionen des Lebens auf der Erde und zur Gottheit. Infolgedessen ist die Apokalypse stark von monotheistischen Mustern überlagert, die ihren Ursprung in der jüdischen Religion und Kultur haben und später von der christlichen umgestaltet wurden. Um uns nicht mit diesem Ballast in der Offenbarung des Heiligen Johannes aufzuhalten, der ihre Botschaft für die Zukunft der Erde und der Menschheit nur verwirrt, werde ich vorsichtig darum herumnavigieren.

Zweitens wurde die Apokalypse in den letzten zwei Jahrtausenden oft dazu benutzt, in den Menschen Angst vor dem so genannten »Jüngsten Gericht« hervorzurufen, um bei der göttlichen Wiederkunft die guten Menschen von den schlechten zu trennen und die letzteren in die Hölle zu werfen. Ich möchte hier klarstellen, dass das dualistische Muster der Trennung durch das Verfluchen der einen Seite und das Hochjubeln der anderen aus Sicht des irdischen Kosmos nicht akzeptabel ist. Diese Form einer scharfen Verurteilung hat keinen Platz in einer Kultur des Lernens und der Entwicklung, die von verschiedenen Wesen und Evolutionen gebildet wird, die im Namen der Freiheit und mit einer liebevollen Haltung gegenüber allen Geschöpfen handeln.

Die dritte Bemerkung bezieht sich auf den Ausdruck »apokalyptisch«, der oft verwendet wird, um Ereignisse in der Geschichte der Menschheit und der Erde zu bezeichnen, die die Zerstörung der Menschheit zu projizieren scheinen.

Wir sollten uns bewusst sein, dass diese drei negativen Muster absichtlich verwendet werden, um die wahre Botschaft der Offenbarung zu verdecken, die unserer gemeinsamen Zukunft gewidmet ist. Wir sollten nicht zulassen, dass sie uns von unserem Ziel, die Apokalypse zu erforschen, ablenken.

Kosmische Ursprünge

Eine der wertvollsten Botschaften der Apokalypse ist die Bekräftigung, dass die Entwicklung der Gaiakultur auf der Erde nicht nur ein lokales Projekt innerhalb unserer Galaxie ist. Sie hat kosmische Dimensionen und kann als eine Art von Initiation angesehen werden, die eine wichtige Tür für das gesamte Universum öffnet, während es sich zu einer völlig neuen Phase seiner Evolution ausdehnt.

Bedenkt Folgendes: Alle Bemühungen der modernen Wissenschaft, andere Spuren von Leben in unserer galaktischen Umgebung zu finden, waren vergeblich. Es gibt keine. Das Universum mag vor Leben auf verschiedenen subtileren Ebenen der Existenz überquellen, es mag wunderbare Zivilisationen in verschiedenen Sternsystemen geben, aber es findet sich kein in Materie verkörpertes geistiges Leben, wie es auf der Erde vorkommt.

Diese Überzeugung stützt sich auf meine Interpretation des zentralen zwölften Kapitels der Apokalypse. Es beginnt mit den Worten: »Und es wurde ein großes Zeichen am Himmel sichtbar: die Gestalt einer Frau, mit der Sonne bekleidet, und der Mond unter ihren Füßen und eine Krone von zwölf Sternen auf ihrem Haupt.« (Offb.12:1-2). An ihrem zentralen Punkt konfrontiert uns die Apokalypse mit der Offenbarung der neuen weiblichen Dimension des Universums, die in den kosmischen Kontext von Mond, Sonne und Sternen gestellt wird; sie behauptet ein einzigartiges kosmisches Ereignis.

Der erste Satz des zentralen Kapitels der Apokalypse bestätigt das umgekehrte Verhältnis zwischen dem weiblichen und dem männlichen Prinzip, wie es in einem unserer vorherigen Kapitel untersucht wurde. Am zentralen Punkt der Schöpfung, wo die patriarchalische Voreingenommenheit der Vergangenheit das Erscheinen eines männlichen Gottes diktieren sollte, inthronisiert die Apokalypse eine Frau als die zukünftige Achse, um die sich das Universum in den kommenden Zeitaltern entwickeln sollte.

Weiter heißt es in der Offenbarung, dass diese Frau schwanger sei mit »einem männlichen Kind, das alle Völker mit einem eisernen Stab weiden soll«. Wie bereits zuvor in Bezug auf die gegenwärtigen Erdwandlungen festgestellt, wird das weibliche Prinzip (das kosmische Yin) zum führenden Impulsgeber der zukünftigen Evolution. Sein männliches Gegenstück sollte in einen Prozess des Rückzugs aus seiner dominanten Position in der menschlichen Kultur eintreten, um als neuer Partner der »Frau im Himmel« wiedergeboren zu werden, aber nicht mit dem goldenen Zepter in der Hand als Zeichen des herrschenden Prinzips, sondern als Mitschöpfer »mit dem eisernen Stab«. Eisen wird in Abgrenzung zum Gold als Symbol des »aktiven Tuns« im Gegensatz zum »Führen« verstanden.

Doch die Vision der Frau am Himmel stellt nur eine Hälfte des zentralen Kapitels der Offenbarung dar. Sie ist verwoben mit »einem anderen Zeichen, das am Himmel sichtbar war«. Dem Heiligen Johannes erschien es wie ein riesiger »roter Drachen mit sieben Köpfen und zehn Hörnern, mit einem Diadem auf jedem seiner Köpfe, dessen Schwanz ein Drittel der Sterne vom Himmel herunterfegte …« (Offb.12:3-4)

Es tut mir leid, dass das Symbol des Drachens hier auf diese Weise benutzt wird. In meiner Wahrnehmung begegnen mir Drachen als Urkräfte der Schöpfung, sowohl auf den Ebenen der Erde wie auch des Universums. In Ermangelung eines passenderen Begriffs wollen wir den »Roten Drachen« mit sieben gekrönten Köpfen als Repräsentanten des alten herrschenden Prinzips des Universums akzeptieren, das dabei ist, zurückzutreten. Für ihn ist die kosmische Zeit gekommen, um seinen Platz im Zentrum des Kosmos aus freien Stücken an die »Frau im Himmel« abzugeben. Die Apokalypse bestätigt unsere zuvor geäußerte Auffassung, dass angesichts des neuen Zeitalters der universellen Entwicklung die hierarchisch organisierte männliche herrschende Macht zurücktreten und sich dem Zyklus der kosmischen Veränderung unterwerfen muss.

Als Nächstes wird uns gezeigt, dass die kosmisch-männliche Kraft nicht bereit ist, sich einem Umwandlungsprozess zu unterziehen oder ihre herrschende Position aufzugeben: »Der Drachen nahm seinen Platz vor der Frau ein, die im Begriff war, ein Kind zu gebären, damit er es verschlingen könnte, sobald sie es täte.« (Offb.12:5)

In ihrer Symbolsprache zeigt uns die Apokalypse, dass das Universum in einen ähnlichen epochalen Wandel eintritt wie die Erde, deren Umwandlungsprozess wir in der Einleitung beschrieben haben. Es handelt sich hier um zwei parallele Prozesse auf zwei verschiedenen Ebenen.

In beiden Fällen verlangt der Wandel im universellen Zyklus, dass sich das hierarchische männliche Prinzip zurückzieht, um seinen Platz der weiblichen Matrix zu überlassen, die auf horizontalen Herz-zu-Herz-Beziehungen zwischen verschiedenen Welten und Wesen basiert.

Ebenso wichtig ist für uns die Information, dass das kosmische maskuline Prinzip bei seiner Ablehnung des Veränderungsprozesses die Rolle der widerstreitenden Kraft gegen das Neue einnimmt. Deshalb wird es gezwungen, das bereits umgewandelte und erneuerte Universum zu verlassen, indem es auf die Erde vertrieben wird: »So wurde der riesige Drachen, die Schlange der alten Zeit… auf die Erde hinabgeschleudert, und seine Engel wurden mit ihm hinabgeschleudert.« (Offb.12:9)

Diese Aussage macht deutlich, dass das, was sich gegenwärtig auf der Erde abspielt, ein wichtiger Teil des kosmischen Dramas ist. Die neue kosmische Ordnung hat sich im Universum etabliert, während das alte hierarchische Prinzip, das sich der Veränderung widersetzt, auf die Erde verbannt wurde. Aber warum? Ist die Erde etwa eine Art kosmischer Recycling-Station? Die Antwort findet sich in den Worten, die die Vertreibung der Gegenkraft auf die Erde begleiten: »Darum freuet euch, ihr Himmel und alle, die ihr in den Himmeln wohnt! Aber wehe der Erde und dem Meer, denn der Teufel ist in großem Zorn zu euch herabgekommen, weil er weiß, dass seine Zeit kurz ist.« (Offb.12:12)

Ich möchte auf den Ausdruck »wissend, dass seine Zeit kurz ist« hinweisen. Die Offenbarung macht deutlich, dass das kosmische Drama der Umwandlung im restlichen Universum bereits abgeschlossen ist, während seine letzte Sequenz auf der Erde ausgefochten werden muss. Wäre die Erde dazu bestimmt, ein kosmischer Recyclingplatz zu werden, wäre der Präsenz kosmischer Gegenkräfte auf unserem Heimatplaneten keine zeitliche Grenze gesetzt.

Warum sollte dann die letzte Sequenz des kosmischen Dramas auf der Erde stattfinden? Auch wenn es für Gaia eine schwere Bürde darstellt, muss das letzte Gefecht auf der Erde ausgetragen werden, denn es ist der Planet von Gaia, der als Pionier einen neuen Weg der universellen Evolution beschritten hat. Mit der Evolution ihrer Schöpfung siedelte Gaia das Leben auf der verkörperten Ebene über viele Jahrmillionen an, seien es Mikroorganismen, Pflanzen, Tiere, Delphine, Menschen und vieles andere mehr. Selbst hochentwickelte und bewusst gestaltete Kulturformen wie z.B. die der alten Chinesen, Ägypter oder Maya hatten den Vorteil, sich im Zustand der Materie entfalten zu können, eine phantastische Leistung, die Gaia in Zusammenarbeit mit den Menschen vollbrachte. So konnten sich all die unsichtbaren spirituellen Dimensionen in materiellen Formen ausdrücken.

Das Erschaffen des Samens der multidimensionalen Gaiakultur ist der nächste Schritt auf diesem Weg. Wenn dieser gelingt, dann könnte sich die Evolution des Universums und seiner mit ihm verbundenen Welten auf einer noch tieferen Ebene offenbaren, wodurch sich die Kulturen auf einer geerdeten und einer direkt von Herz zu Herz stattfindenden Ebene manifestieren könnten. Das ist der Grund, warum die Gegenkräfte mit Hochdruck daran arbeiten, das alte hierarchische Universum zu erhalten. Eine Gaiakultur, die auf der Herzebene angelegt ist, würde es sehr schwierig machen, eine kulturelle Gemeinschaft oder Gruppe gegen eine andere auszuspielen. Es ist die Aufgabe von Gaia, zuerst die Konsistenz des neuen Weges nachzuweisen, bevor dieser zur universellen Qualität erhoben werden kann.

Gegenkraft zum Neuen

Lassen wir für den Moment das zentrale 12. Kapitel der Offenbarung hinter uns, um unseren Weg durch die zehn Ringe zu beginnen, die es umgeben. Stellen wir uns die einzelnen Kapitel als nebeneinanderliegend vor, so führt der erste Ring vom 13. Kapitel auf der rechten Seite des Buches zum 11. Kapitel auf der linken Seite. Beide liefern uns wichtige Informationen über die Umstände, innerhalb derer sich das Entstehen der neuen Gaiakultur entwickelt. Zusammen enthüllen sie die weitgehend verborgene Wahrheit der Ereignisse, die sich auf der Erde und unter den Menschen abspielten, nachdem die kosmische Gegenmacht herabgestiegen und sich auf dem Planeten niedergelassen hatte.

Es wird uns gezeigt, dass »der Rote Drache« nach dem Herabsteigen von der kosmischen Ebene in der Form von zwei komplementären Kräften erschien, die als »Bestien« bezeichnet werden; die eine manifestierte sich im Wasserelement und die andere im Erdelement. Die Absicht der im wässrigen Element manifestierten »Bestie« ist es, die Menschen von ihrer natürlichen Verbundenheit mit Gaia und von der spirituellen Essenz unseres Menschseins abzutrennen. Mit den Worten des Heiligen Johannes: »... da stieg aus dem Meer vor meinen Augen ein Tier mit sieben Köpfen und zehn Hörnern... und lästerlichen Namen auf seinen Hörnern... die ganze (Menschheit) folgte dem Tier mit Staunen...« (Offb.13:1-4).

Ich möchte erklären, warum ich im obigen Zitat das Wort »Erde« durch »Menschheit« ersetzt habe. Dies geschah, um deutlich zu machen, dass die einzigen Wesen der Erde, die von der »Bestie« vereinnahmt wurden, die Menschen waren. Alle anderen Wesen der Erde waren keine Anhänger der »Bestie«, sondern Opfer der menschlichen Verblendung. Wie auch bei der Verwendung des Wortes »Drache« sind diese falschen Bezeichnungen auf den Verlust des geomantischen Wissens auf der Erde zur Zeit der Abfassung der Offenbarung zurückzuführen. In meiner Bibelfassung wurden die beiden »Bestien« als »Tiere« bezeichnet. Beide Versionen sind für mich inakzeptabel.

Zur weiteren Charakterisierung des ersten »Tieres« heißt es in der Apokalypse: »Außerdem wurde ihm erlaubt, Krieg zu führen mit den Heiligen und sie zu besiegen; die ihm gegebene Macht erstreckte sich über alle Geschlechter und jedes Volk und jede Sprache und jede Nation.« (Offb.13:8) In unsere Sprache übertragen, heißt das: Es war seine Aufgabe, seinen Einfluss auf der psychischen Ebene geltend zu machen, um die Menschen der Erde dazu zu verleiten, falschen Ideologien, unbegründeten religiösen Visionen, einseitigen wissenschaftlichen Ideen, politischen Utopien usw. zu folgen.

Das »Tier«, das aus der Erde aufsteigt – so wie Johannes es beschreibt – würde die Menschen mit Hilfe von technologischen Erfindungen in die Irre führen: »Es tut große Zeichen: Vor den Augen der Menschen lässt es Feuer vom Himmel auf die Erde fallen... Ferner konnte es dem Standbild des (ersten) Tieres Lebensatem einhauchen, so dass das Standbild sprechen und alle, die sein Standbild nicht anbeteten, zum Tode verurteilen konnte.« (Offb.13:13-15)

Von unseren in den Himmel geschossenen und zur Erde zurückfallenden Raketen konnten die Menschen von damals noch nichts wissen, auch nichts von Robotern, die als »sprechende Statue« dargestellt wurden. Wir können sogar eine Anspielung auf die risikoreiche Gentechnik finden: »Dann zwingt er alle, klein und groß, reich und arm …, ein Zeichen auf ihre rechte Hand oder auf ihre Stirn zu bekommen. Das hat den Zweck, dass niemand kaufen oder verkaufen kann, wenn er nicht das Malzeichen des Namens des Tieres oder die Zahl seines Namens trägt.« (Offb.13:16-18) Übersetzt heißt das, dass das Tier die Gefahr der Kopplung von elektronischen Speichermedien mit dem menschlichen Körper und Gehirn auf die Erde bringt – und damit die totale Kontrolle der Gesellschaft und ihrer Mitglieder.

Die Apokalypse enthüllt auch ein Geheimnis, das mit den beiden Bestien zusammenhängt. Sie existieren nicht nur außerhalb von uns – mit direktem Einfluss auf die Menschheit –, sondern haben es geschafft (wahrscheinlich mit Hilfe der Gentechnik) in die kausalen Dimensionen der Menschheit einzubrechen, um gleichzeitig in unsere Psyche und unser Bewusstsein einzudringen und menschliche Individuen und Nationen von innen heraus zu Handlungen zu drängen, die im Gegensatz zur menschlichen Matrix stehen. Diese traurige Behauptung ist in der oft erwähnten Zahl 666 versteckt: »Wer Verstand hat, berechne die Zahl des Tieres. Es ist die Zahl eines Menschen, und seine Zahl ist 666.« (Offb.13:18)

Das Zitat mit der Zahl 666 kann als Vorhersage verstanden werden, dass die Gegenkraft Wege finden wird – und die hat sie inzwischen offenbar gefunden –, sich in das Kausalsystem des menschlichen Wesens einzuschleichen, um ein einflussreicher Parasit zu werden.

Unterstützung vom Himmel

Wenn wir fortfahren, die Zwiebel der Apokalypse zu schälen, werden wir sehen, dass die Inkarnation der gegensätzlichen Kräfte zum neuen Zyklus von Gaias Evolution nicht das einzige »Geschenk« des Universums an die Erde und die Menschheit ist. Das elfte Kapitel, das sich links neben dem zentralen 12. Kapitel befindet, zeugt von erleuchteten Wesen, die vom Universum zur Erde und zur Menschheit geschickt wurden, um uns zu helfen, die Herausforderungen des oben beschriebenen kosmischen Dramas zu meistern.

Zwei göttliche Zeugen werden zur Erde gesandt, um »ihren Tempel zu vermessen«. Ich verstehe diesen Ausdruck als eine Botschaft über die Vermessung der heiligen Dimensionen unseres Heimatplaneten. Durch den Heiligen Johannes wurde das folgende göttliche Wort verkündet: »Und ich werde meinen beiden Zeugen Vollmacht geben, die Botschaft zu verkünden, in Sackleinen gehüllt und zwölfhundertsechzig Tage lang.« (Offb.11:3)

Haltet mich nicht für verrückt, wenn ich glaube, dass sich dieses Zitat auf Gautama Buddha im Osten und Jesus Christus im Westen bezieht. Ihre Lehren hatten das Gewicht einer göttlichen Botschaft für die Menschheit, die in mehr oder weniger formalisierte Religionen umgewandelt wurden.

Die Apokalypse verkündet, dass die Gegenkräfte mit aller Härte gegen die Mission der beiden Zeugen vorgehen werden, um zu verhindern, dass sich die Menschen auf der Erde von ihrem Beispiel inspirieren lassen; und weiter heißt es: »Dann, wenn das Werk der Zeugen vollendet ist, wird das Tier aus seiner Grube kommen und gegen sie in den Krieg ziehen. Es wird sie besiegen und töten, und ihre Leiber werden auf der Straße der großen Stadt liegen… dreieinhalb Tage lang werden Menschen aus allen Völkern und Stämmen und Sprachen und Nationen ihre Leiber bestaunen und nicht zulassen, dass sie begraben werden.« (Offb.11:9-10)

Auf der einen Seite bezeugt Kapitel 11 die verheerenden Spuren, die die Gegenkräfte innerhalb der letzten drei Jahrtausende in der Psyche der Menschheit hinterlassen haben. Ich bezeichne hier das Jahr um 1000 v. Chr. als Beginn der drei Jahrtausende, die als »Eisenzeit« bezeichnet wurden, da zu dieser Zeit das Schmelzen von Eisen erfunden wurde. Dieses von Männern beherrschte Zeitalter ist berüchtigt für gnadenlose Kriege und den allgemeinen Verlust des Mitgefühls gegenüber den Wesen der Natur und den Mitmenschen – leider immer noch allgemeines Merkmal der heutigen menschlichen Zivilisation.

Auf der anderen Seite bringt das elfte Kapitel Hoffnung, indem es behauptet, dass die Menschheit im Kampf mit Kräften, die die Tür zum Neuen verschlossen halten wollen, nicht alleingelassen wird. Die Worte der Apokalypse ehren jene zahllosen Individuen, die gemeinhin »Heilige« genannt werden und die immer wieder die Herausforderungen ihrer Inkarnation auf sich nehmen, um den Menschen Hoffnung zu bringen, indem sie ethische Werte in den Beziehungen zwischen menschlichen Individuen und Nationen initiieren und die Existenz göttlicher Dimensionen der Existenz aufzeigen. In diesem Sinne fährt die Offenbarung fort: »Aber nach dreieinhalb Tagen ging der Geist des Lebens von Gott in sie ein, und sie stellten sich aufrecht auf ihre Füße. Das erschreckte die Herzen derer, die das Geschehen beobachteten, und sie hörten eine gewaltige Stimme, die zu den beiden vom Himmel herab sprach und sagte: Kommt herauf! Kommt herauf!« (Offb.11:11-12)

Die sieben Siegel

Die Kapitel 5 bis 8, die den berühmten Sieben Siegeln der Apokalypse gewidmet sind, befinden sich links vom zentralen zwölften Kapitel. Sie sind für unsere Erforschung der Grundlage der Gaiakultur besonders interessant, weil sie von sieben Wegen handeln, entlang derer sich die Bildung der neuen Erde und der neuen Menschheit entwickeln soll.

Die Geschichte beginnt mit dem Buch der zukünftigen Ereignisse, versiegelt mit sieben Siegeln. Der Heilige Johannes schreibt: »Und ich sah einen mächtigen Engel, der rief mit lauter Stimme: Wer ist würdig, das Buch aufzutun und seine Siegel zu brechen? Und niemand im Himmel oder auf der Erde oder unter der Erde war imstande, das Buch zu öffnen oder auch nur hineinzuschauen. Und ich fing an, bitterlich zu weinen, weil niemand gefunden werden konnte, der für tauglich befunden wurde, das Buch zu öffnen…« (Offb.5:2-5)

Derjenige, der geeignet war, die Siegel zu brechen und das Buch zu öffnen, erschien als ein Lamm mit sieben Hörnern und sieben Augen. Sicherlich ist es eine Überraschung, dass ausgerechnet ein Tier tun konnte, was selbst für die höchsten geistigen Wesen unmöglich war! Du wirst vielleicht noch mehr überrascht sein, wenn ich das Lamm als Pan identifiziere, den wir als den altgriechischen Gott der Natur kennen.

Ich wage es, das Lamm als »Pan« zu identifizieren, da mir am 27. Mai 2000 im Saarland eine Vision von Pan in gigantischer Statur erschienen ist. Er hob seine mächtigen Arme, und ich konnte deutlich Wunden an seinen Händen, seinen Füßen und an seiner rechten Seite sehen; die sogenannten Stigmata – die Zeichen der Gegenwart Christi. Stigmata repräsentieren die spirituellen Abdrücke der fünf Wunden, die Jesus (später Christus) während seines Opfers am Kreuz zugefügt wurden. Ich muss hinzufügen, dass die westliche Tradition Christus als Träger der »kosmischen Inspiration« (vergleiche Apokalypse – Kapitel 12) für die Erde und ihre Wesen, einschließlich Gaia und Pan, identifiziert.

Pan kann als der männliche Aspekt von Gaia betrachtet werden. Gaia schafft permanent Bedingungen für das Leben und projiziert sie vom Erdkern zur Oberfläche des Planeten. Pan kümmert sich um alle manifestierten Lebensformen, die die Erde bewohnen.

Die griechische Ikonographie zeigt Pan als einen Ziegengott. In der christlichen Symbolik repräsentiert die Ziege die Schattenseite des Menschen, während das Lamm für den positiven Aspekt steht – offen für die Zukunft. Im Gegensatz dazu zeigt die Apokalypse Pan in Form eines Lammes und nicht als Ziege. Um jedoch deutlich zu machen, dass Pan und die gesamte Natur der Erde, die er repräsentiert, von der Gegenwart Christi berührt wurde, zeigt ihn die Apokalypse mit den Zeichen seiner Verwandlung – sieben Hörner und sieben Augen.

Wichtig für unsere Untersuchung ist auch die Erkenntnis, dass es zum Öffnen des Buches der zukünftigen Ereignisse eines *göttlichen Wesens* bedurfte, *das dem irdischen Kosmos angehört*.

Der Prozess der zukünftigen Gaiakultur beginnt mit den Worten des Heiligen Johannes: »Dann sah ich, wie das Lamm das erste der Sieben Siegel brach… und vor meinen Augen war ein weißes Pferd. Sein Reiter trug einen Bogen, und ihm wurde eine Krone gegeben.« (Offb.6:1-2)

Der Reiter auf dem weißen Pferd stellt die grundlegende Veränderung im kosmischen Zyklus dar, den Übergang zur neuen Möglichkeit. Das Element Erde beherrschte die bisherige (und meist auch noch die gegenwärtige) Entwicklung der Erde. Dies ist der Grund, warum wir uns auch heute noch in einer Umgebung befinden, die von Materie geprägt ist. Der neue, kommende Zyklus ist der des Luftelements, symbolisiert durch den ersten apokalyptischen Reiter, der einen Bogen trägt, mit dem Botschaften durch die Luft geschickt werden können. Das Luftelement, im Gegensatz zur harten Materie des Erdelements, unterstützt das Bewusstsein als herrschendes Prinzip der zukünftigen Evolution – ein gekrönter Herrscher, der auf einem weißen Pferd reitet.

Das Luftelement ist das Element der Freiheit auf allen Ebenen der Existenz. Die Krone kennzeichnet diese Rolle des Luftelements unter den vier Elementen. Es ist das Element, das den großen Zyklus der Entwicklung von Gaia abschließt, der vor Milliarden von Jahren mit dem feinstofflichen Planeten begann, der vom Element Feuer beherrscht wurde. Die Evolution setzte sich vom Feuer bis zur Verdünnung der Erde mit dem Wasserelement fort, dem das heutige Erdelement folgte. Das zukünftige Zeitalter, das vom Luftelement regiert wird, bietet Möglichkeiten für die Erschaffung der Gaiakultur und erlangt durch diese »Krönung« der planetaren Evolution die höchstmögliche Errungenschaft. (Für weitere Informationen zu diesem Thema schaut in mein Buch »Wandlungstanz der Erde«.)

»Und als das Lamm das zweite Siegel brach, da kam ein feuerrotes Pferd hervor. Seinem Reiter wurde die Macht gegeben, den Frieden der Erde hinwegzunehmen und zu bewirken, dass die Menschen sich gegenseitig töteten. Und ein großes Schwert wurde in seine Hand gegeben.« (Offb.6:2-4)

Mit dem feuerroten Pferd und dem Schwert wird uns der zweite Aspekt der Entwicklung gezeigt, die zur Gaiakultur führt. Es wird kein friedvoller Weg sein, sondern ein Weg der ständigen Veränderungen, von denen einige ziemlich schmerzhaft sein könnten. Der Grund dafür ist, dass die Archetypen (Matrix) sowohl von Gaia als auch der Menschheit bestimmte Eigenheiten aufweisen, die die Prozesse der Umwandlung verkomplizieren.

Gaia hat die besondere Gabe, die Entwicklung und Aufrechterhaltung von Leben in verkörperter Form zu ermöglichen, was nicht so leicht zu verändern ist, besonders wenn das Leben in fester Materie verkörpert ist. Dies kann zu Veränderungen führen, die alles andere als friedvoll sind.

Als Menschen sind wir stolze Besitzer der Gabe des freien Willens. Mit anderen Worten: Niemand auf der Erde oder im Himmel kann uns dazu zwingen, etwas zu tun, was wir nicht wollen. Leider wird dieses einzigartige kosmische Geschenk durch verschiedene Formen von Egozentrismus massiv missbraucht, was Veränderungsprozesse zusätzlich erschwert. Da sich die kosmische Uhr in ihrem eigenen Rhythmus bewegt, hat dies oft zur Folge, dass der Wille des einzelnen Menschen nicht zum Zuge kommen kann. Das Erzwingen der notwendigen Veränderungen kann dann dramatische Folgen für den Einzelnen oder die Menschheit als Ganzes haben.

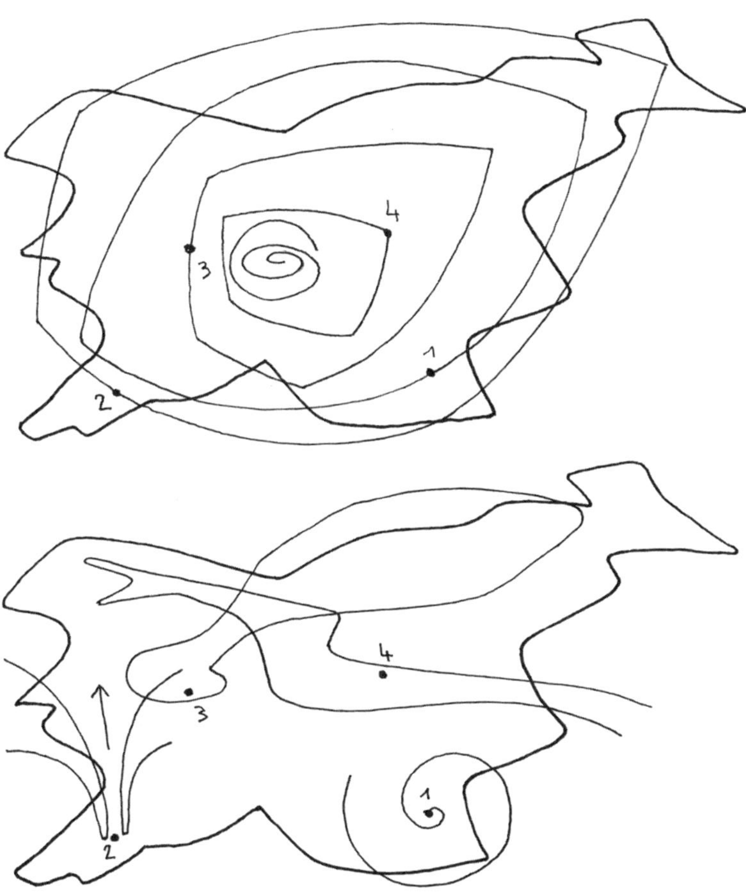

Die ätherische Konfiguration meines Landes Slowenien vor (Abbildung: unten) und nach (Abbildung: oben) der Sonnenfinsternis vom 11. August 1999. Die Grenzen des Landes sind mit der dickeren Linie markiert. Die Zahlen bezeichnen den jeweiligen Brennpunkt der vier Elemente.

»Als das Lamm das dritte Siegel brach... war vor meinen Augen ein schwarzes Pferd. Sein Reiter hatte eine Waage in der Hand, und ich hörte eine Stimme..., die sagte: Ein Zentner Weizen für einen Denar, und drei Zentner Gerste für einen Denar – und dem Öl und dem Wein füge keinen Schaden zu!« (Offb.6:5-6)

Das Symbol der Waage zeigt uns einen Ausgleich von Gegensätzen. Weizen und Gerste als trockene Substanzen repräsentieren den Yang-Aspekt des Ausgleichs, Öl und Wein das flüssige Yin.

Übersetzt in eine logische Sprache und unterstützt durch meine Erfahrungen in geomantischer Praxis nach dem Jahr 1998, kann ich eine drastische Verschiebung des planetarischen Gleichgewichts bezeugen. Dazu habe ich meine Zeichnungen beigefügt, die die Konfiguration der ätherischen Felder der vier Elemente, in meinem Land Slowenien, vor und nach der Sonnenfinsternis vom 11. August 1999 zeigen.

Es gab zuvor vier Brennpunkte der vier Elemente, jeder an einer festen Stelle in der Landschaft Sloweniens, wobei jeder separat mit Lebenskraft versorgt wurde. Nach der Sonnenfinsternis zeigten die Felder der elementaren Lebenskräfte ein viel deutlicheres, fast symmetrisches Muster, zentriert auf die Kuppel des fünften Elements, die sich in der Mitte des Landes befindet, gekennzeichnet durch die Hauptstadt Ljubljana. Das Muster dieser Gleichgewichte könnte heute wieder ein anderes sein.

»Und als er das vierte Siegel brach, erschien ein Pferd von kränklicher, grüner Farbe. Der Name seines Reiters war Tod, und das Grab folgte dicht hinter ihm.« (Offb.6:7-8)

Die Bedeutung des vierten Siegels war für mich schwer zu entschlüsseln wegen der angeborenen menschlichen Angst vor dem Tod, die ich mit den meisten Menschen teile. Glücklicherweise hatte ich beim Schreiben des bereits erwähnten Buches »Die Erde wandelt sich« die Gelegenheit, mit meinem Elementarmeister Julius zu sprechen. Er schlug vor, mit der Redewendung »das Grab folgte dicht hinter ihm« die Idee des Todes zu verbinden. Das Grab als Symbol des Augenblicks, in dem der Mensch die physische Welt hinter sich lässt und in die spirituellen Dimensionen eintritt, kann als ein interdimensionales Portal verstanden werden, das von einer Dimension der Existenz in eine andere führt.

Der Tod symbolisiert das Durchschreiten eines interdimensionalen Portals, um sich mit parallelen Welten zu verbinden. Das vierte Siegel zeigt uns, dass die Gaiakultur Portale zu parallelen Welten öffnen wird, die verkörperten Menschen normalerweise verschlossen sind. In der Vergangenheit verfügten nur auserwählte Menschen wie Schamanen, Orakel und einige Priester über das Wissen, parallele Welten zu betreten – elementare, sub-elementare, feenhafte oder engelhafte. Mit der Entwicklung der Gaiakultur kann der Austausch zwischen den verschiedenen Erweiterungen des irdischen Kosmos zu einem gemeinsamen Erbe werden.

Nun sind wir beim fünften Siegel angekommen, mit dem eine Schar von Menschen in weißen Gewändern ins Bild kommt. Dieses Siegel bezieht sich auf die Prozesse und das Verhältnis der Menschheit zur Matrix des Menschseins und die Anerkennung der kosmischen Aufgabe, die vor uns liegt.

Der erste Teil des Textes des fünften Siegels scheint ziemlich verwirrend zu sein: »Wie lange, oh Herr aller Heiligen und Wahrhaftigen, richtest du nicht und rächst unser Blut nicht an denen, die auf Erden wohnen?« (Offb.6:10)

Meine Intuition sagt mir, dass die Menschen im weißen Gewand, die diesen Appell zum Ausdruck bringen, die ursprünglichen menschlichen Seelen sind, die zur Evolution der menschlichen Gattung gehören. Die andere Schar von Seelen, die »ihr Blut über die Bewohner der Erde vergießen«, könnten als »Touristen«-Seelen angesehen werden, die in die menschliche Familie eingedrungen sind, um die außergewöhnliche manifestierte Welt der Landschaften der Erde zu erleben und zu genießen. Ähnlich wie die Scharen von Touristen, die Stonehenge, Venedig oder die Große Pyramide besuchen, nutzten sie die Gelegenheit, das Tor der Geburt zu durchschreiten, um in einem menschlichen Körper erscheinen zu können.

Das Problem ist, dass sie weder auf die Matrix von Gaia noch auf den Archetyp der menschlichen Familie eingestimmt sind. So verhalten sie sich destruktiv, zum einen im ökologischen Sinne, und zum anderen treiben sie sich und andere Menschen in selbstmörderische Situationen, wie die der internationalen Konflikte und Kriege. Wie konnte es dazu kommen, dass sie in solch großer Anzahl auf die Erde kamen? Ich bin sicher, dass dies die Strategie der im dreizehnten Kapitel vorgestellten Gegenkräfte ist. Sie nutzten den menschlichen Identitätsverlust, um einen Kontrollverlust über den Geburtsprozess herbeizuführen. Aufgrund des freien menschlichen Willens konnten weder Gaia noch die verantwortlichen spirituellen Meister eingreifen, um dies zu verhindern.

Die Apokalypse prophezeit als einen Teil der Umwandlungsprozesse der Erde diesen Teilungsprozess, indem die ursprünglichen menschlichen Seelen »in weiße Gewänder« gekleidet werden, damit sie als solche erkannt werden können. Diejenigen, die kein kosmisches Recht haben, auf der Erde zu wandeln, werden zu ihren Heimatsternsystemen und -planeten zurückkehren müssen – es sei denn, sie haben einen triftigen Grund, an der zukünftigen Gaiakultur teilzunehmen. Deshalb wird in der Apokalypse die Bitte an die menschliche Familie in den weißen Gewändern formuliert, sich noch ein wenig zu gedulden. Dieser Prozess sollte nicht mit Blutvergießen verbunden sein: »Und es wurde einem jeden von ihnen ein weißes Gewand gegeben, und es wurde ihnen gesagt, dass sie sich noch kurze Zeit gedulden sollten, bis auch ihre Mitknechte und ihre Brüder, die den Tod finden sollten gleich wie sie, zur (himmlischen) Vollendung gekommen wären.« (Offb.6:11) Gemeint ist, dass die erwähnte Teilung über den Weg des natürlichen Todes erfolgen sollte.

Das Öffnen des sechsten Siegels kann als Vorhersage von Veränderungen auf den subtilen und physischen Ebenen des planetarischen Raums verstanden werden: »Dann sah ich zu, wie er das sechste Siegel öffnete. Da gab es ein gewaltiges Erdbeben, die Sonne wurde schwarz wie ein härenes Trauergewand, und der Vollmond wurde rot wie Blut. Die Sterne des Himmels fielen auf die Erde, wie ein Feigenbaum seine Früchte abwirft, wenn er von einem Sturm geschüttelt wird. Der Himmel verschwand wie eine Schriftrolle, die sich zusammengerollt, und alle Berge und Inseln wurden von ihren Stellen gerückt.« (Offb.6:12-14)

Das sechste Siegel spricht von der allmählichen Umwandlung des dreidimensionalen Raums der Erde in einen mehrdimensionalen. Es gibt einen klaren Hinweis darauf, dass dies ein schwieriger Prozess ist, der in manchen Momenten so aussehen könnte, als würde die Erde auseinanderfallen. Das Bild der Schriftrolle ist ein wichtiges Symbol, das den Wandel von einer linearen zu einer sphärischen Raumstruktur bezeichnet. Der Himmel befindet sich nicht nur über der Erde, sondern wird gleichzeitig innerhalb der Erde wahrgenommen, zusammengerollt wie eine Schriftrolle aus Papier. Sterne mit ihren Zivilisationen, die viele Lichtjahre von uns entfernt zu sein scheinen, können unsere nahen Nachbarn auf einer anderen Existenzebene werden – wie oben in Bezug auf die auf die Erde gefallenen Sterne gesagt.

Das sechste Siegel sagt auch voraus, dass sich die geographische Struktur in den folgenden Jahrhunderten drastisch verändern wird, möglicherweise verursacht durch eine allmähliche Polverschiebung. Aber es gibt keinen Grund zur Panik, wenn wir uns vorstellen, dass das Aufbrechen des sechsten Siegels gleichzeitig mit den anderen fünf Siegeln stattfindet. Durch die anderen fünf Siegel erfahren wir, dass die Erde parallele Wirklichkeiten vorbereitet, und auch interdimensionale Portale, durch die diese erreicht werden können. So kann Gaia die Lebenssphäre, die Menschheit eingeschlossen, vorerst an sichere Orte – auf einige sichere vitale Ebenen – verschieben, ansonsten könnten die Ereignisse auf der manifestierten Erde das Netzwerk des Lebens und seiner Wesen ruinieren.

Auf die Öffnung des siebten Siegels folgen sieben Engel, die in sieben Posaunen blasen: »Der erste Engel blies seine Posaune. Hagel und Feuer, mit Blut vermischt, erschienen und wurden auf die Erde geschleudert. Ein Drittel der Erde wurde verbrannt …« (Offb.8:7)

Die sieben Posaunen und die traumatischen Ereignisse, die sie heraufbeschwören, symbolisieren die schwierigen psychischen Bedingungen, die die Völker der Erde ertragen müssen, weil sie an dem alten Bild der Erde festhalten, das faktisch nicht mehr existiert. Entgegen dem Gesetz des kosmischen Zyklus, existiert es nur, weil Millionen von Menschen es immer noch in ihrer unbewussten Vorstellung festhalten und so tun, als würde es noch existieren. Damit ruft die Menschheit all diese Probleme auf sich! Sie werden durch den Klang der sieben Posaunen ins Dasein gerufen, um uns zu helfen, uns vom Alten zu lösen und für das Neue zu öffnen.

Die schrecklichen Ereignisse, verkündet durch die Stimme der sieben Posaunen, kommen tatsächlich nacheinander über uns. Das Zusammenbrechen der Zwillingstürme in New York, Wirbelstürme, die stärker sind als je zuvor, Erdbeben, der Brand der Kathedrale Notre Dame in Paris, monatelange Brände in den Wäldern Australiens, die Explosion des Atomkraftwerks Fukushima, der Anstieg des Meeresspiegels, der Millionen von Menschen zur Migration zwingt, die Pandemie Covid 19 mit dem globalen Lockdown, der die Weltwirtschaft ruiniert und autokratische Regime begünstigt usw.

Wie bereits oben erwähnt, sollten wir an der Überzeugung festhalten, dass alle sieben Linien der epochalen Erdwandlungen, die im Buch mit den sieben Siegeln geschrieben sind, parallel zueinander verlaufen, sich miteinander verflechten, trennen und wieder verbinden… Einige von ihnen könnten, wenn sie getrennt voneinander abliefen, verheerende Auswirkungen auf die Erde und ihre Lebewesen haben. Aber alle zusammen tragen das Potential in sich, die Manifestation der neuen Gaiakultur auf der Erde zu vollenden und die Aufgabe zu erfüllen, die die Erde im Kontext des großen Bogens von Veränderungen innehat und die das Universum als Ganzes berührt.

Kultureller Zusammenbruch

Wenn wir den sphärischen Aufbau der Apokalypse im Auge behalten, sollten wir uns nun der anderen Seite des zentralen zwölften Kapitels zuwenden, den Kapiteln 16 bis 18. Sie stellen die Vision des Heiligen Johannes als eine des Verfalls und des endgültigen Zusammenbruchs der alten, patriarchalischen menschlichen Kultur dar, einfach gesagt, des Alten Zeitalters.

Bevor wir uns diese unerfreuliche Geschichte ansehen, muss ich erneut protestieren! Denn dort wird die Frau als Symbol missbraucht, um die dunklen Seiten einer Kultur aufzuzeigen, einer Kultur, die eindeutig durch männlichen Willen und männliche Macht geschaffen wurde! Ähnlich wie in den oben erwähnten Textstellen, wo bestimmte Eigenschaften auf Drachen und Tiere projiziert wurden, so werden Frauen in der Offenbarung (oder in den Texten, die durch verschiedene Übersetzungen daraus entstanden sind) als eine Art niederer Schöpfung wahrgenommen – und damit als geeignetes Symbol für die negative Seite der Schöpfung.

Kapitel 16 beschreibt den Schrecken der Ausgießung der sieben Schalen »des Zornes Gottes« über die Erde und ihre Menschen. Es ist mehr oder weniger eine Wiederholung der sieben Posaunenstöße aus dem achten Kapitel, die damit den symmetrischen Aufbau der Apokalypse an dieser Stelle unterstützen.

Einer der Engel, die die sieben Schalen ausgießen, wendet sich direkt an den Heiligen Johannes: »Komm, ich will dir das Gericht zeigen, das über die große Hure ergangen ist, die an vielen Wassern sitzt. Mit ihr haben sich die Könige der Erde vergnügt, und die Bewohner der Erde sind trunken geworden von dem Wein ihrer Unreinheit.« (Offb.17:1-2)

Logischerweise muss die alte Kultur zusammenbrechen, eine Kultur, die auf Massenemotionen aufgebaut ist, die persönliche Ängste aller Art hervorruft und Hass auf andere Nationen und Ethnien propagiert, eine Kultur, die Wahrheit verzerrt und Egoismus verbreitet, muss notgedrungen kollabieren, bevor sich eine neue Kultur manifestieren kann. Wie das obige Wort des Engels offenbart, der die Hure auf »vielen Wassern« positioniert, ist die verfallende Kultur nicht mehr in der Essenz von Gaia geerdet, sondern wird von negativen und destruktiven Emotionen gesteuert. Wasser ist das passende Symbol für die emotionale Ebene – in diesem Fall für die sogenannte »untere Astralebene«.

Obwohl die Frau und das Element Wasser im siebzehnten Kapitel missbräuchlich verwendet werden, halte ich es für notwendig, die Aufmerksamkeit auf seine inhärente Botschaft zu lenken, weil sie den verborgenen kausalen Hintergrund unserer modernen, destruktiven planetarischen Kultur aufzeigt.

Um anzuzeigen, dass wir von der manifestierten auf die kausale Ebene der alten Kultur übergegangen sind, wird der Heilige Johannes in die Wüste versetzt: »Dort sah ich eine Frau auf einem scharlachroten Tier reiten, das mit lästerlichen Titeln bedeckt war und sieben Köpfe und zehn Hörner hatte. Die Frau selbst war in Purpur und Scharlach gekleidet und mit Gold, Edelsteinen und Perlen geschmückt.« (Offb.17:3-4)

Was die Apokalypse hier offenbart, ist der »Rote Drache« (die kosmische Gegenkraft), der sich während der letzten drei Jahrtausende in das Gefüge der menschlichen Kultur einschlichen und uns in den schrecklichen Zustand getrieben hat, in dem wir uns heute befinden. Verkörpert in den beiden Bestien (vorgestellt in Kapitel 13), kann die kosmische Gegenkraft sämtliche Dimensionen der menschlichen Psyche und kulturellen Aktivität erreichen. Wenn wir uns als einzelne Menschen nicht von ihrem verheerenden Einfluss lösen, dann werden wir zu ihren Knechten und schließlich zu ihren Sklaven.

Die Apokalypse warnt uns davor, einen falschen Weg einzuschlagen, zu dem uns die Gegenkraft drängt, indem sie versucht, in das menschliche Bewusstsein und Handeln einzudringen, was dazu führen könnte, uns als Menschheit in den Selbstmord zu treiben. Dies ist die Botschaft der weiteren Ausführung des Engels: »Was die Wasser betrifft, die du gesehen hast, auf denen die Hure ihren Sitz genommen hat, so sind sie Völker und große Scharen, Nationen und Sprachen. Die zehn Hörner und das Tier, das du gesehen hast, werden die Hure verabscheuen und sie allein und nackt zurücklassen. Und es wird ihr Fleisch fressen und sie dann mit Feuer verzehren.« (Offb.17:15-16)

Das achtzehnte Kapitel ist eine ernste Warnung und Aufforderung an die Menschheit, den falschen Weg zu verlassen: »Dann hörte ich eine andere Stimme vom Himmel, die rief: Ziehet aus von ihr, mein Volk, damit ihr euch nicht an ihren Sünden beteiligt und ihre Strafe teilen müsst. Denn ihre Sünden sind bis zum Himmel gestiegen, und Gott hat ihrer Verbrechen gedacht.« (Offb.18:4-6)

Im folgenden Zitat aus der Apokalypse steht »Babylon« für die alte Kultur, »Neu-Jerusalem« markiert den Raum der Neuen Kultur – im vorliegenden Buch »Gaiakultur« genannt:

»So soll Babylon, die große Stadt, mit einem Schwung weggeworfen werden, um für immer zu verschwinden! Nie mehr soll der Klang von Harfenspielern und Musikanten, Flötenspielern und Trompetenbläsern in dir zu hören sein! Nie wieder soll ein Handwerker irgendeines Handwerks in dir gefunden werden; nie wieder soll das Geräusch der Mühle in dir zu hören sein! Nie wieder soll in dir das Licht einer Lampe leuchten…« (Offb.18:21-22)

Als ich im Jahr 2020 dieses Buch schrieb, habe ich mich in verblüffend ähnlicher Lage wiedergefunden. Aufgrund der sogenannten Covid-Pandemie kam es fast auf der ganzen Welt zur einem mehr oder weniger vollständigen »Lockdown« der menschlichen Aktivitäten: keine Konzerte mehr, keine handwerklichen und spirituellen Workshops, kein Flugverkehr, keine Reisen und kein Tourismus, keine Restaurants, Beerdigungen, Hochzeiten, Gottesdienste usw. Diese durch eine Pandemie ausgelöste aktuelle Situation gibt uns einen Vorgeschmack auf das, was im Prozess der Auflösung der alten Kultur auf uns zukommen könnte.

Doch sollten wir achtgeben: Der Abschied von der alten Kultur, wie er in der Geschichte von Babylon – besonders im letzten Zitat – beschrieben wird, ist durchdrungen von einem versteckten Hass gegen die Schönheit und Kraft des verkörperten Lebens, und folglich gegen Gaia als dessen Schöpferin. In diesem Sinne kann Babylon, als die »große Hure«, als eine falsche Interpretation von den Anhängern einer monotheistischen Religion angesehen werden, die die Bedeutung der natürlichen Welt verleugnen – eine charakteristische Ansicht des frühen Christentums.

Begründung einer neuen Ethik

Nachdem wir den Zusammenbruch der alten Kultur beschrieben haben, folgen wir der Apokalypse zurück an den Anfang des Buches, zu den Kapiteln 2 und 3. Hier finden sich verschlüsselt ethische Prinzipien, die als Grundlage für eine zukünftige neue Kultur dienen könnten. Sie können den Menschen inspirieren, sich auf die neue ethische Matrix einzustellen.

Wir befinden uns nun in den am äußersten Rand liegenden Kapiteln der Apokalypse: Auf der äußeren linken Seite von Kapitel 12 befinden sich Kapitel 2 und 3 – wo wir nach Zeichen der neuen ethischen Prinzipien suchen werden, und auf der rechten Seite vom zentralen Kapitel 12 liegen die Kapitel 21 und 22 – die darlegen, wie diese Prinzipien im neuen Lebensraum verkörpert werden können. Da der zweite Teil des vorliegenden Buches den grundlegenden ethischen Prinzipien gewidmet ist und der Frage, wie wir den Prozess der Manifestation der Gaiakultur aktiv unterstützen können, kann das Studium der Kapitel 2 und 3 und der Kapitel 21 und 22 als Richtlinie dienen und vielleicht auch etwas Klarheit in die Funktion und den Sinn der Wertvorstellungen bringen, die wir bereits erläutert haben.

In der Apokalypse sind die Grundlagen einer neuen Ethik in den sieben Briefen an sieben frühchristliche Gemeinden in Kleinasien verborgen, die da sind: Ephesus, Smyrna, Pergamon, Thyatira, Sardes, Philadelphia und Laodizea. Die Briefe scheinen von den täglichen Herausforderungen zu sprechen, die die frühen christlichen Gemeinden erschütterten. Aber in jedem Brief fand ich ein Schlüsselwort oder einen Satz, der sich insgeheim auf eines der neuen ethischen Prinzipien bezieht und auch auf den Grund, warum diese umgesetzt werden sollten. Ich glaube, sie wurden verdeckt dargestellt, weil sie mit den zehn Geboten von Moses aus dem Alten Testament konkurrieren, die die christlichen Gemeinden als ihre eigenen annahmen.

Der erste Brief an Ephesus lenkt unsere Aufmerksamkeit auf die ursprüngliche Qualität der Liebe. Meine Interpretation seiner Schlüsselbotschaft ist: »Folge der Stimme des Herzens.« Achte in jeder noch so schwierigen Situation darauf, dass du die Qualität und die Kraft der ursprünglichen Liebe verkörperst. Der Ausdruck »ursprüngliche Liebe« (Ur-Liebe) kann als eine Liebe verstanden werden, die über die liebevolle Beziehung zwischen Menschen hinausgeht. Sie wirkt als alles verbindende Kraft des universellen Ganzen und seiner Wesen. Dies können wir ablesen aus den göttlichen Worten, die darlegen, was durch die Verkörperung der ursprünglichen Liebe auf persönlicher Ebene erreicht werden kann: »Den Siegreichen werde ich das Recht geben, vom Baum des Lebens zu essen, der im Paradies wächst…« (Offb.2:22) Den Baum des Lebens werden wir im Kapitel 22 als die zentrale Achse kennenlernen, um die sich die erneuerte Erde entwickelt.

Der zweite Brief an Smyrna gibt folgenden Anstoß: »Lass dich nicht in einem Moment der Angst von deinem persönlichen oder kollektiven Schicksalsweg abbringen. Bewahre deinen inneren Frieden, egal unter welchen Umständen.« Wir sollten im voraus davon überzeugt sein, dass in jeder dramatischen Situation der Erfolg epochaler Veränderungen garantiert ist. Es besteht keine Notwendigkeit, irgendeine Angst zu nähren. Eine massive Explosion der Angst unter den Menschen könnte den siegreichen Ausgang der Erd-Umwandlungen bedrohen, die wir in der gegenwärtigen Epoche erleben.

Und was können wir erwarten, wenn wir den inneren Frieden beständig aufrechterhalten? »Die Sieger können vom zweiten Tod nicht den geringsten Schaden erleiden.« (Offb.2:11) In der Sprache der Apokalypse ist »der erste Tod« der natürliche Übergang von der verkörperten Realität in die Welt der Vorfahren und Nachkommen. »Der zweite Tod« würde bedeuten, dass die Existenz einer bestimmten Person aus dem Buch des Lebens gelöscht wird, das heißt, dass sie aufhört, als individuelle Seele zu existieren.

Der dritte Brief an Pergamon betont die Notwendigkeit, sich selbst zu verändern. »Mache dir bewusst, dass wir uns inmitten eines universellen Veränderungsprozesses befinden. Sei bereit, dem ständigen Strom der Veränderungen zu folgen. Sei aufmerksam, damit du es nicht verpasst, wenn einige der vielen Aspekte deiner selbst oder deiner Tätigkeit zur Veränderung aufgerufen sind.«

Und was bietet der Brief als Belohnung für die Bereitschaft, sich unaufhörlich zu verändern? »Ich will dem Sieger… einen weißen Stein geben, auf dem ein neuer Name geschrieben ist, den niemand kennt als der, der ihn empfängt.« (Offb.2:17) Die Verheißung kann als Erlangung einer höheren Identitätsebene verstanden werden, die über das persönliche Selbst hinaus schwingt und das gesamte Spektrum der individuellen Identität von der geistigen bis zur verkörperten Ebene umfasst.

Der vierte Brief wurde nach Thyatira gesandt mit dem Anstoß: »Sei wahrhaftig! Prüfe, ob du in einem bestimmten Moment nicht irgendeinen Aspekt der Wahrheit vor dir selbst oder vor anderen verbirgst. Höre immer wieder auf die Stimme deines Herzens und prüfe deine Gedankengänge und Gefühlsströme, um nicht einer Selbsttäuschung zu erliegen.«

Mit den Worten des Christus aus der Apokalypse: »Ich bin derjenige, der die Herzen und Gedanken der Menschen erforscht…« (Offb.2:23)

»Den Siegern … will ich den Morgenstern geben.« (Offb.2:28).

Im Brief an Thyatira wird das geistige Ziel verfolgt, jedes Individuum über die Illusion hinaus zu führen und im Festhalten an der Wahrheit zu bekräftigen. Der Morgenstern ist ein anderer Name für Venus, den Stern der Göttin. Auf eine verborgene Weise ist die Eigenschaft, wahrhaftig zu sein, mit dem Funken der weiblichen Göttlichkeit verbunden: mit der Göttin in jedem Menschen, unabhängig vom Geschlecht.

Der fünfte Brief, der nach Sardes geschickt wurde, fordert uns auf, stets unser »ganzes Sein« zu vergegenwärtigen, das aus vielen Schichten und verschiedenen Dimensionen besteht; dabei geht es nicht nur um die kosmischen Ebenen, die von spirituellen Gemeinschaften hochgehalten werden. Genauso wichtig sind auch die Ebenen in den »niedrigeren« (tieferen), erdenden Schwingungen – irdische, elementare oder subelementare Ebenen. In den Worten der Apokalypse: »Ich weiß, dass Ihr den Ruf habt, lebendig zu sein, dass Ihr aber in Wirklichkeit tot seid.« (Offb.3:1) Die Worte »lebendig» und »tot« in diesem Vers beziehen sich nicht auf die Sterblichkeit, sondern sind Synonyme für Licht und Dunkelheit und sollen die Notwendigkeit bekräftigen, sowohl die manifestierte als auch die kausale Dimension der Existenz zu integrieren, wenn wir ganz sein wollen.

Der Lohn für das Ausbalancieren der Beziehungen mit allen Aspekten des Lebens wird folgendermaßen beschrieben: »Der Sieger wird ein weißes Gewand tragen, und niemals werde ich seinen Namen aus dem Buch des Lebens tilgen.« (Offb.3:5)

Der sechste Brief ging nach Philadelphia mit dem Impetus: »Bleibe dir selbst treu! Vergiss nicht, wer du bist und welchen Idealen du für diese Inkarnation dein Wort gegeben hast. Erinnere dich immer wieder an deine spirituelle Bestimmung.«

Das entsprechende Schlüsselwort der Offenbarung klärt nicht viel: »Du bist meiner Botschaft treu gewesen und hast meinen Namen nicht verleugnet.« (Offb.3:9) Mehr lässt sich aus dem Ergebnis der Bemühungen, sich selbst treu zu bleiben, verstehen: »Was den Sieger betrifft, so will ich ihn zu einer Säule im Tempel meines Gottes machen.«

Meine Intuition sagt mir, dass hinter diesen Worten der Versuch steht, ein Bewusstsein dafür zu schaffen, dass wir nicht nur zur individuellen Entwicklung und persönlichen Zufriedenheit auf der Erde inkarnieren. Wir inkarnieren auch deshalb auf der Erde, um unser individuelles und gruppenbezogenes kreatives Handeln anzubieten, um die Enthüllung und das Erblühen der neuen Erde und des transformierten Universums zu fördern.

Der siebte Brief der Apokalypse ist an Laodizea gerichtet und soll uns klarmachen, dass wir uns in einem Zeitalter der unausweichlichen Entscheidungen bewegen.

Jede der oft fragwürdigen Situationen, die wir, eine nach der anderen, erleben, bietet uns verschiedene Möglichkeiten. »Entscheide dich bitte für das eine oder das andere.« Das einzige, was wir in dieser Epoche der großen Wandlungen vermeiden sollten, ist Unentschlossenheit. Wie es in den Worten der göttlichen Quelle des Briefes heißt: »Ich weiß…, dass du weder kalt noch warm bist. Ich könnte mir wünschen, dass du entweder kalt oder warm wärst! Aber da du lauwarm bist und weder warm noch kalt, will ich dich aus meinem Mund ausspeien!« (Offb.3:15-16)

Diese bitteren Worte sind Ausdruck der dringenden Notwendigkeit, fest zu einmal getroffenen Entscheidungen zu stehen, die im Einklang mit der Intuition des eigenen Herzens stehen. Sollte sich deine Entscheidung im Nachhinein als falsch erweisen, kannst du dir sicher sein, dass das Leben dir eine neue – und wenn nötig, sogar noch eine weitere – Chance bieten wird, richtig zu entscheiden.

In ihrer eigentümlichen, dem Geist ihrer Zeit entsprechenden Sprache verspricht die Apokalypse, dass der Mensch, nachdem er gelernt hat, sich im Einklang mit seiner inneren Stimme zu entscheiden, eingeladen wird, seine zukünftige Rolle zu übernehmen, die auf ihn wartet: »Was den Sieger betrifft, so werde ich ihm (ihr) die Ehre geben, neben mir auf meinem Thron zu sitzen, so wie ich selbst den Sieg errungen und neben meinem Vater auf seinem Thron Platz genommen habe.« (Offb.3:21) Offensichtlich wird die zukünftige Rolle der Menschheit kosmische Herausforderungen beinhalten, die über unsere gegenwärtigen Aufgaben innerhalb des irdischen Welten-Clusters hinausgehen.

Der erneuerte irdische Kosmos

Um einen Einblick zu bekommen, wie sich das irdische Universum verändern kann, wenn die Menschen den Kodex der neuen Ethik annehmen, müssen wir nun zu den Kapiteln 21 und 22 übergehen, die das zweite und dritte Kapitel ergänzen. In diesen beiden abschließenden Kapiteln der Offenbarung wird die Vision des Neuen Jerusalem als Matrix des neuen Wirklichkeitsraums beschrieben, innerhalb dessen sich die Gaiakultur entwickelt.

Der Heilige Johannes berichtet: »Da kam einer von den sieben Engeln, die die sieben Schalen halten, die mit den sieben letzten Plagen gefüllt sind (die in der symmetrischen Komposition der Offenbarung den sieben

Posaunen entsprechen, die nach dem Aufbrechen des siebten Siegels ertönten; *ergänzt vom Autor*), zu mir und sagte: Komm, ich will dir die Braut zeigen, die Frau des Lammes.« (Offb.21:9-10)

Dies ist eine sehr bemerkenswerte Einladung! Da wir zuvor das Lamm als Pan identifiziert haben, transformiert im Geiste der neuen Beschaffenheit des Universums (in der Sprache der Apokalypse transformiert durch Christus), kann die Frau des Lammes mit sieben Hörnern und sieben Augen nur Gaia sein. Sie ist nicht mehr die alte Göttin, denn auch sie ist durch die Christus-Einweihung hindurchgegangen, sonst könnte sie nicht beginnen, mit uns an der Entwicklung der neuen Kultur zu arbeiten.

»Dann trug er mich im Geist auf die Spitze eines großen Berges und zeigte mir die Stadt, das heilige Jerusalem, das von Gott aus dem Himmel herabkommt… Ihr Glanz funkelte wie ein sehr kostbares Juwel mit dem klaren Schein eines Kristalls.« (Offb.21:10-12)

Der folgende Textteil stellt klar, dass mit dem »Neuen Jerusalem« nicht die zukünftige Erde gemeint ist, sondern die Matrix oder das Modell, auf das der Veränderungsprozess zusteuert. Um es als Modell darzustellen, muss es genau innerhalb des entsprechenden Archetyps erschaffen werden: »Derjenige, der mit mir sprach, hatte einen goldenen Stab in der Hand, mit dem er die Stadt, ihre Tore und ihre Mauern vermaß. Die Stadt liegt viereckig, ihre Länge ist gleich ihrer Breite.« (Offb.21:15-16)

Wenn wir die Matrix der Konstitution der neuen Erde betrachten, erkennen wir, dass die Materie, aus der die neue manifeste Erde besteht, aus einer anderen Art von Materie besteht als die uns heute bekannte. Die Materie wird durchsichtig, so dass subtile Dimensionen der Realität, die sich gegenwärtig nicht in der bekannten Materie ausdrücken können, in der verkörperten Welt auf ihre eigene Weise erscheinen werden. Um auf die unterschiedliche Qualität der Materie hinzuweisen, verwendet die Apokalypse das Symbol der zwölf Edelsteine und des Goldes: »Die Mauer selbst war aus einem durchsichtigen Stein erbaut, während die Stadt aus reinstem Gold war, mit dem Glanz von Glas. Die Grundsteine der Stadtmauer waren aus allen Arten von Edelsteinen gefertigt. Der erste Grundstein war Jaspis, der zweite Saphir, der dritte Chalzedon …« (Offb.21:18-20)

Die zweite Eigenschaft der neuen Erde ist das erstaunliche Fehlen jeglicher Heiligtümer. Das liegt daran, dass die neue Erde, ihre Kulturen und das Leben, das dort gedeiht, in sich selbst heilig sind. In der Sprache der Offenbarung heißt es: »Ich sah kein Heiligtum in der Stadt; denn der Herr, der allmächtige Gott und das Lamm sind selbst ihr Heiligtum.« (Offb.21:22-23)

Die dritte Qualität, die für unsere Forschung von Interesse ist, besagt, dass das Licht, das die neue Erde erhellt, nicht von außen, sondern aus dem Inneren des Planeten und aus dem Inneren des universellen Ganzen kommen wird: »Die Stadt braucht nicht das Licht der Sonne oder des Mondes, denn der Glanz Gottes erfüllt sie mit Licht, und ihr Glanz ist das Lamm.« (Offb.21:24)

Die vierte Qualität wird nur kurz mit dem Symbol der Tag und Nacht geöffneten Tore der Stadt dargestellt. Die permanent geöffneten Tore können mit den interdimensionalen Portalen gleichgesetzt werden, die den Bewohnern der zukünftigen Gaiakultur die Kommunikation mit den Parallelwelten ermöglichen.

Die fünfte Eigenschaft des Neuen Jerusalem ist seine Ökonomie, die auf dem permanenten Fluss der Lebensenergie durch die Straßen der Stadt beruht. Die symbolische Sprache, die den Namen Gottes immer einschließen muss, um den Gedanken der Blasphemie zu vermeiden, formuliert es so: »Und er zeigte mir den Strom des Wassers des Lebens, funkelnd wie Kristall, der aus dem Thron Gottes und des Lammes floss.« (Offb.22:1-2)

Die sechste Qualität, die der Matrix der Neuen Erde innewohnt, wird durch das Symbol des Lebensbaums ausgedrückt. Es ist ein wichtiges Symbol, weil es im Gegensatz zum »Baum der Unterscheidung (zwischen Gut und Böse) aus dem Garten Eden« steht und das Ende unserer gegenwärtigen Evolution charakterisiert. In der Sprache des Alten Testaments wird es durch den Akt der Vertreibung von Adam und Eva aus dem Paradies gekennzeichnet. Dieser Akt steht für den Eintritt in die schwierige Ära unserer Geschichte, in der wir permanent mit Herausforderungen konfrontiert sind, die gute oder schlechte Erfahrungen bringen, um zu lernen, zu unterscheiden, was für das Leben förderlich und was zerstörerisch ist.

Der Lebensbaum hingegen ist ein Symbol für das, was die Lebensströme ineinander verschlungen fließen lässt und verschiedene Ebenen der Existenz zyklisch miteinander verbindet. Unter dem Schatten des Lebensbaums – symbolisch gesprochen – werden wir unser menschliches Selbst entwickeln, indem wir uns unzähligen kreativen Herausforderungen und Möglichkeiten stellen, anstatt ständig in Schwierigkeiten zu geraten. Die Apokalypse berührt diese wichtige Abfolge des Wandels in einer sehr komprimierten Form: »… und an beiden Ufern des Stroms wuchs der Baum des Lebens …« (Offb.22:2) Interessanterweise widerspricht diese Aussage unserem logischen Verständnis. Wie kann ein Baum an beiden Ufern eines Flusses wachsen? Ich interpretiere diese Aussage als ein Zeichen dafür, dass der Baum des Lebens für das Prinzip steht, das jeden Dualismus, wie auch den oben erwähnten Dualismus von Gut und Böse, transzendiert.

Die siebte und letzte Eigenschaft des Neuen Jerusalems wird wieder sehr kurz charakterisiert: »Die Blätter des Baumes (*des Lebens*) dienen der Heilung der Völker.« (Offb.22:2) Dieser kurze Satz stimmt hoffnungsvoll für die zukünftige Heimat der Menschheit und öffnet damit die Tür zu den folgenden Kapiteln unseres Gaiakultur Buches, die sich mit den Beziehungen in der menschlichen Gesellschaft beschäftigen.

Gaiakultur ohne Gaia

Nachdem ich diesen letzten Satz geschrieben hatte, zog ich mich ins Bett zurück. In dieser Nacht vom 4. auf den 5. Januar 2021, hatte ich einen Traum, der mich anwies, den ganzen Abschnitt über die Offenbarung des Heiligen Johannes zu überdenken:

In meinem Traum wird mir ein großes Gebäude in Form eines Quadrats gezeigt. Obwohl es sich um ein modernes Gebäude handelt, bin ich erstaunt, dass es die gleiche Form hat wie das Modell des Neuen Jerusalem. Als ich zusammen mit meiner Frau das Gebäude betrete, bin ich überwältigt von seiner perfekten inneren Struktur. Dort finde ich alles, was der menschliche Kulturbetrieb braucht, etwa einen riesigen Konferenzsaal, ein Theater, ein Kino… doch ich finde dort nichts zu trinken oder zu essen.

Ich gehe mit meiner Frau aus dem Gebäude hinaus in eine große Parkanlage, die es umschließt. Ich bin angetan von ihrer Weitläufigkeit, bemerke aber, dass alle Bäume eine identische Form haben. Das wirkt auf mich unnatürlich und fremd. Im Park treffen wir einen fremden Mann, der offensichtlich die Geschichte des Gebäudes und seiner Umgebung gut kennt. Er lässt uns wissen, dass der Ort ursprünglich eine steinige und verlassene Landschaft war. Er lobt die menschliche Aufbauleistung, drückt aber sein Bedauern darüber aus, dass nach dem Bau des prächtigen Gebäudes nur einige kleinere Gebäude hinzugefügt wurden, um den Bedarf an einer Küche und einigen Lagerräumen zu decken.

Als ich über die Botschaft meines Traums vom Neuen Jerusalem nachdachte, wurde mir bewusst, dass es in der Tat keine Natur oder irgendetwas Natürliches in dieser Matrix des neuen planetarischen Raums gab. Wieso waren die Bäume in meinem Traum ihrer Form nach identisch? Nicht eine einzige Erscheinung in der Natur ist mit einer anderen identisch. Jede Schneeflocke ist einzigartig und unterscheidet sich von allen anderen Milliarden von Schneeflocken.

Aber was mich wirklich dazu brachte, die Fundamente der Apokalypse zu überdenken, war die Geschichte, die der fremde Mann erzählte, in der er behauptete, dass das Gebäude auf unfruchtbarem Boden steht. Dies würde auch das Fehlen von Natur und den unnatürlichen Baumbestand erklären, denn die Natur würde auf unfruchtbarem Boden nicht gedeihen. Es erinnerte mich an die oben zitierten Worte des Engels, als er dem heiligen Johannes das neue Jerusalem zeigte, das vom Himmel auf die Erde gebracht wurde.

Hier muss ich klar sagen, dass es uns in erster Linie um das »Neue Jerusalem« geht, das *aus der* Erde wächst, dessen Wachstum auch auf die universelle Matrix abgestimmt ist, die vor fast zwei Jahrtausenden hinunterprojiziert wurde. Seine Niederkunft wurde im Wort der Offenbarung des Heiligen Johannes wahrgenommen und formuliert. Vielleicht sollten wir von der Apokalypse nicht mehr verlangen als das. Das Wachstum der Gaiakultur von Grund auf zu unterstützen – nicht aus dem unfruchtbaren, sondern aus dem fruchtbaren Boden der Erde – ist die Aufgabe unserer Generation und der zukünftigen Generationen.

Übungen 3 mit Gaia-Botschaften

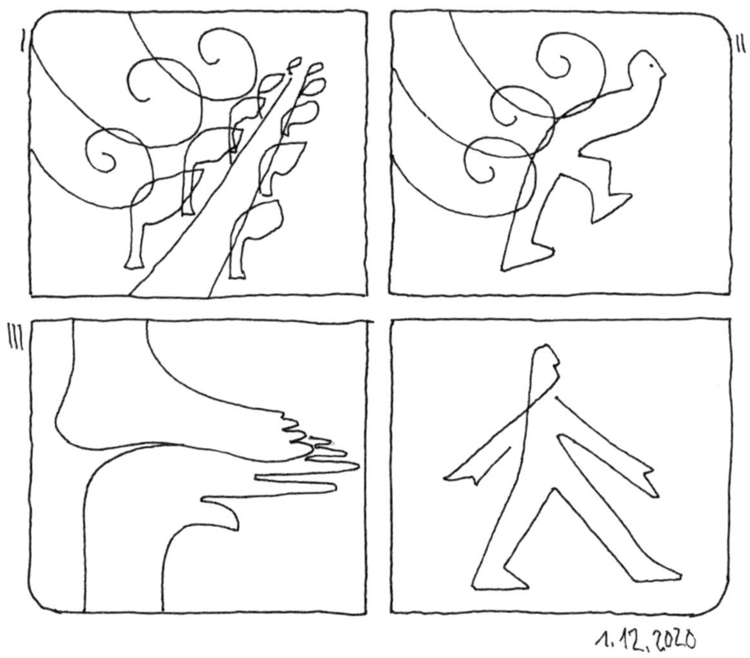
1.12.2020

01.12.2020

Ihr Menschen, achtet eure Verbindung
zu eurem Körper.
Haltet sie stabil,
auch wenn euch die von außen auf euch zukommenden
Ereignisse, Begebenheiten, Situationen
»Immer wieder« aus der Verbindung mit eurem Körper bringen.
Nehmt dies wahr, werdet wach dafür
und dann, geht zurück.
Meine Unterstützung ist euch gewiss.
Lasst ihr nur die neue Erfahrung zu, werdet ihr es erkennen.
Treu steh ich euch zur Seite – in schwierigen Zeiten.
Wir begleiten uns in schwierigen Zeiten,
werdet euch dessen immer bewusster.
(Gaia)

- Du gehst einen langen geraden Weg entlang, umrandet von Bäumen und Hecken. Ein furchtbarer Wind weht, er droht dich von deinem Weg wegzufegen.
- Stell dir vor, dass du mit jedem Schritt deinen Fuß nicht nur auf den Erdboden, sondern gleichzeitig auf die offene Hand von Gaia setzt.
- Spüre, wie du durch die Berührung von Gaias Hand mit jedem Schritt fest im Erdelement verwurzelt bist, so dass du nicht von deinem Weg weggefegt werden kannst, egal, was dir im Leben begegnet.
- Die liebevolle Berührung von Gaia gibt dir Halt und inspiriert dich, deinen inneren Weg weiterzugehen.

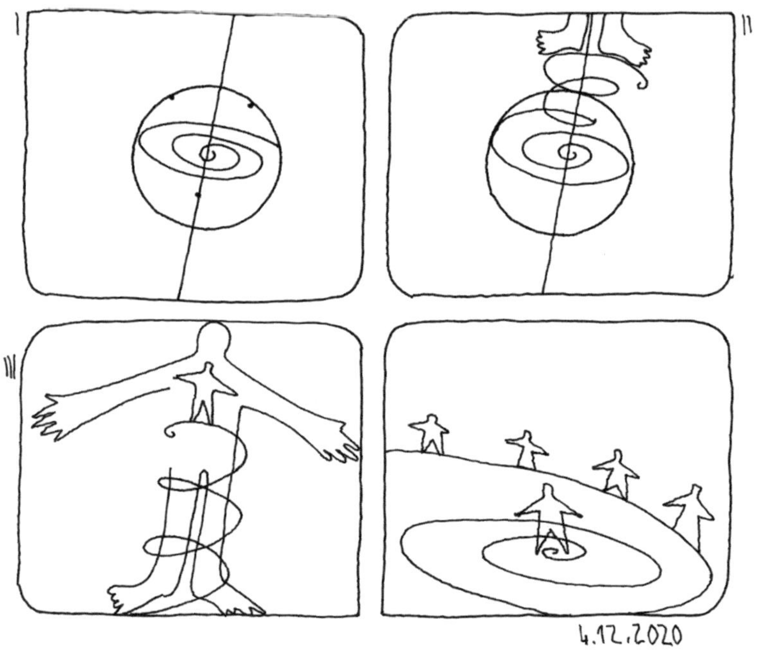
4.12.2020

04.12.2020
Ihr Menschen, wir verbinden uns.
Eure aktivierte Herzensenergie wird präsenter.
Gaia empfängt diese, eure Herzensenergie,
und verstärkt sie durch ihre Präsenz,
die euch Menschen nun noch bewusster wird.
Haltet zusammen.
Haltet gemeinsam euer Schöpfertum lebendig.
(Michael)

- Stell dir vor, dass sich in der Erdmitte eine feine goldene Spirale entwickelt, die in horizontaler Richtung verläuft und am Ende so breit ist wie der Äquator.
- Danach beginnt sie aufzusteigen – noch immer spiralförmig – in Richtung deines Körpers, wobei die spiraligen Kurven immer enger verlaufen, bis gerade noch deine Fußsohlen von ihr erfasst werden.
- Dann hebt dich die goldene Spirale immer höher und höher bis auf die Ebene deines Herzens.
- Hier gönne dir eine Pause, in der du dem Zwiegespräch zwischen dem Herz der Erde und deinem Herzen lauschst.
- Danach bringt dich die goldene Spirale zurück auf den Boden, wobei sie sich so auszubreiten beginnt, dass sie dir nahestehende Menschen erreichen kann und sich dann noch weiter und weiter ausbreitet, bis alle Menschen berührt werden, die bereit sind im Einklang mit dem Herzen der Erde zu schwingen.

7.12.2020

07.12. 2020

Ihr Menschen, wendet ihr nun euren Herzensblick
mir vermehrt zu,
erwache ich mehr in meine Präsenz.
Euer Herzensblick, frei und mutig,
ermöglicht meinen Heilungsweg,
und gleichzeitig eröffnet sich euch die Möglichkeit zur Heilung.
Gemeinsam entdecken wir die Möglichkeit dieses Weges.
Es liegt bei euch – in eurer Freiheit,
diesen Weg zu begehen.
(Gaia)

- Mache dir bewusst, dass sich die Erde nicht nur unter deinen Füssen befindet, sondern dass sie überall um dich herum atmet, denn sie ist vor allem ein kosmisches Bewusstsein.
- Nimm dir Zeit, dieses Bild tief in dir zu erspüren.
- Erlebe deinen Herzensraum als einen Mittelpunkt, um den herum Gaia ihre Schöpfung ausgedehnt hat.
- Lade Gaia ein, diesen Mittelpunkt zu betreten und ausgehend von deinem Herzensraum ihre Schöpfung zu beleben.
- Nun sollst du mit deinem inneren Blick in dem dich umgebenden Raum herumwandern, um zu sehen, wie sich die Mitwelt anfühlt, wenn Gaia in deiner Herzmitte anwesend ist.
- Sie darf dort bleiben, denn der Herzensraum ist weit genug für euch beide.

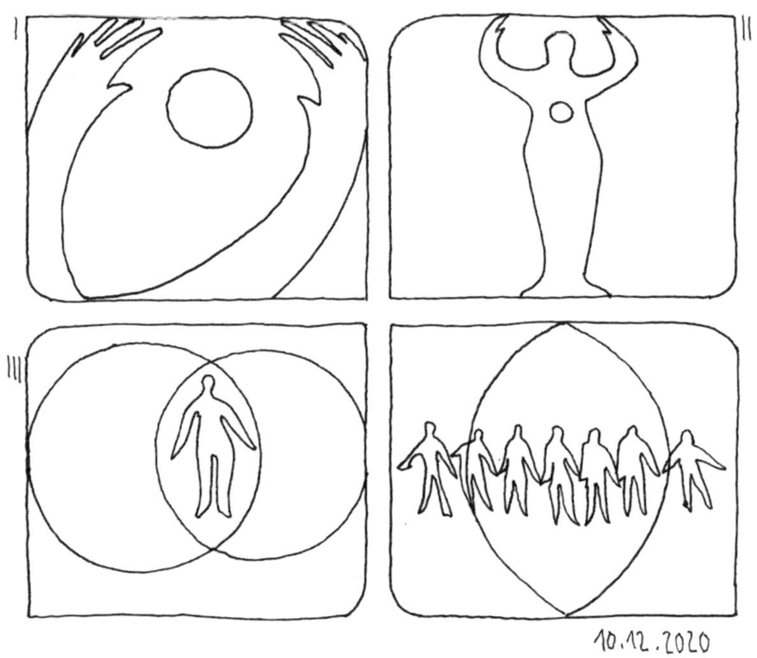
I
II
III
10.12.2020

10.12.2020

Ihr Menschen,
kommet weiter näher.
Wieder näher
Eurer eigenen, ureigenen Essenz,
somit erlebt ihr mich
wahrhaft als eure lebendige Quelle – in euch.
(Gaia)

- Stell dir die Erde als einen Tempel vor, der Essenz des Lebens geweiht.
- In seiner Mitte steht eine Lichtsäule und in deren Mitte schwebt eine goldene Kugel.
- Nun werde dir gewahr, dass auch dein Körper ein Tempel ist, umgeben von einer Lichtsäule, in deren Herzmitte eine goldene Kugel schwebt.
- In dem Moment, wo die beiden Kugeln einander wahrnehmen, vereinen sie sich, und die Säule im Tempel wird so weit, dass du auch in ihr stehen kannst.
- Empfinde wie gründlich du dadurch geerdet wirst.
- Danach werde dir bewusst, dass die Säule immer breiter wird, so dass immer mehr Menschen darin Platz finden können.
- Und die vereinten Kugeln strahlen so stark, dass ihre Herzen wach werden.

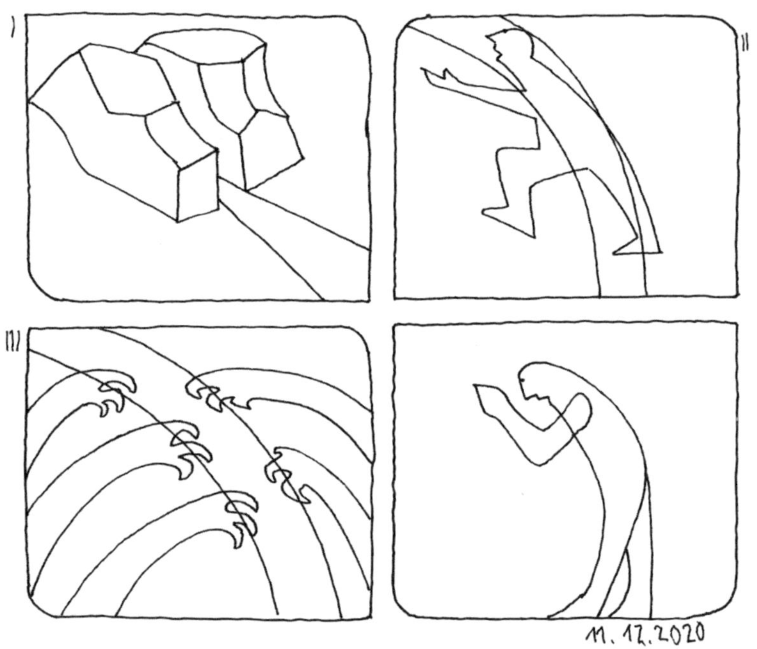
I
II
III
11. 12. 2020

11.12.2020
Ihr Menschen,
befreiet euch, hinein
in eure wahre Essenz,
und erfahret meine wahre Essenz.
Blicket hinter die auferlegten Schleier vergangener Zeiten.
Gehet hindurch in die neue Zeit.
Umbruch allerorten.
Ohne Verluste, keine neuen Möglichkeiten.
Lasset los.
(Gaia)

- Auf deinem Weg bist du zu einem ganz engen Durchgang zwischen zwei Felsen angelangt. Diese lange Kluft ist so eng, dass du eigentlich nicht hindurchschlüpfen kannst.
- Doch du lässt dich nicht bangemachen und versuchst es dennoch. Da der Durchgang jedoch enger als dein physischer Körper ist, werden beim Hindurchschlüpfen alle Fremdschichten von dir abgestreift.
- Die Mineralteilchen des Gesteins schlucken sie alle nacheinander und sperren sie in ihre Atomstrukturen ein, wo sie nach Jahrmillionen ihre eigene Umwandlung vollbringen werden.
- Am Ende der schmalen Kluft angekommen, bedanke dich bei den Wesenheiten der Mineralienwelt für das Geschenk deiner Entlastung; gehe deinen Weg weiter und beflecke deine Präsenz nicht mehr mit ängstlichen, fremden Gedanken und der eigenen Entfremdung.

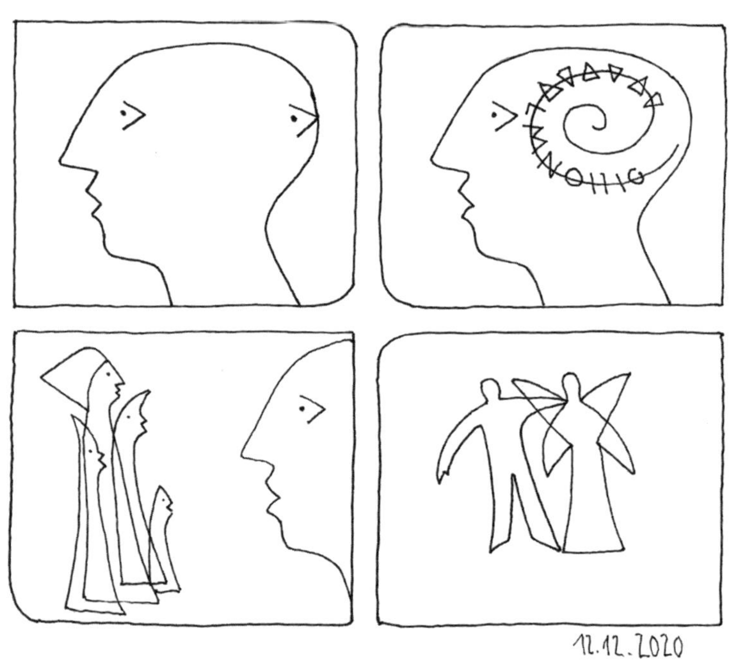
12.12.2020

12.12.2020
Mensch,
erblicke den Reichtum in dir statt um dich herum.
Geh in dich, versenke dich, erhöre mich.
Erblicke mit mir deine Möglichkeiten
in dieser Zeit des Wandels.
Möglichkeiten des Neuen,
ergreife sie, erfahre sie, in unserer Verbundenheit.
(Gaia)

- Stell dir vor, dass sich deine Augen nicht nur vorne an deinem Gesicht, sondern auch an deinem Hinterkopf befinden, allerdings mit der gleichen Blickrichtung nach vorne.
- Was erblickst du im Hohlraum deines Schädels? Bedenke: Darin ist das schöpferische Wissen gespeichert, aufgrund dessen das Universum erschaffen wurde. Wie fühlt sich dieser Reichtum an, den wir Menschen auf die Erde bringen?
- Gaia und ihre elementaren Welten brauchen dieses Wissen, um den irdischen Kosmos weiterentwickeln zu können. Die neue mit Frieden und Freiheit durchdrungene Welt kann schon morgen aufgebaut werden, wenn das Wissen, das wir Menschen in uns tragen, mit der Weisheit von Gaia verkoppelt wird.

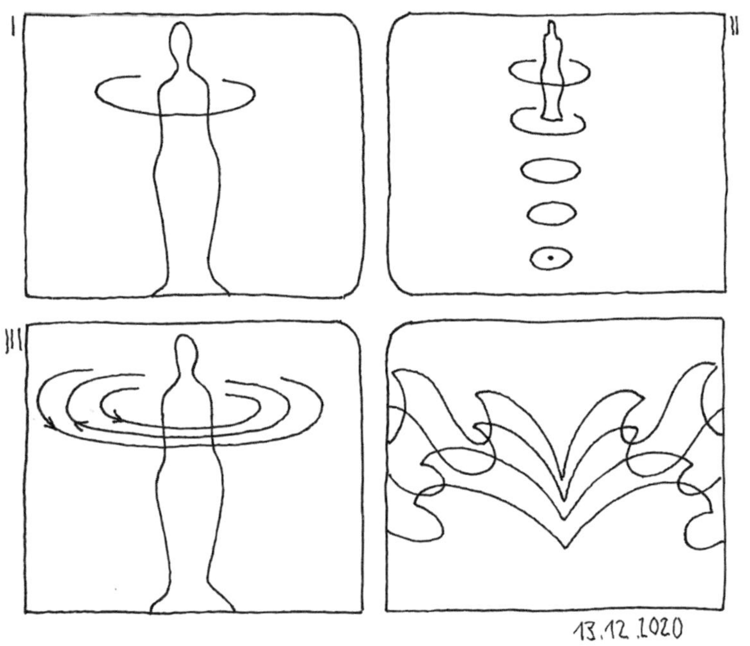
I
II
III
13.12.2020

13.12.2020
Ihr Menschen,
nehmt unsere Verbundenheit wahr,
allerorten, mit all euren Sinnen.
Erlebt und lebt
unsere Einheit
in dieser Zeit.
Gerade in dieser Zeit,
Zeit, der allgegenwärtigen Wandlung.
(Gaia)

- Stell dir vor, wie sich um deinen Körper herum feierlich ein blauer Ring um deine Herzebene dreht.
- Lass den Ring in die Erdtiefe hineingleiten, so weit, dass er sich eine Zeitlang um den Brennpunkt von Gaia in der Erdmitte herumdreht. Lausche auf die Qualität, die sich dabei in deinem Inneren aufbaut.
- Danach bringst du den Ring wieder hinauf auf die Höhe deiner Herzebene.
- Nun stell dir vor, dass sich um diesen Ring herum ein zweiter blauer Ring in umgekehrter Richtung dreht.
- Um den zweiten Ring dreht sich jetzt ein dritter Ring in entgegengesetzter Richtung zum zweiten.
- Die Drehung der drei blauen Ringe in je gegensätzlicher Richtung ruft im Kraftfeld der Menschheit starke Wellen hervor, die sich ringförmig durch dieses Kraftfeld hindurchbewegen und deine Mitmenschen auffordern, sich unentwegt mit Gaia, der Erdschöpferin, zu verbinden.

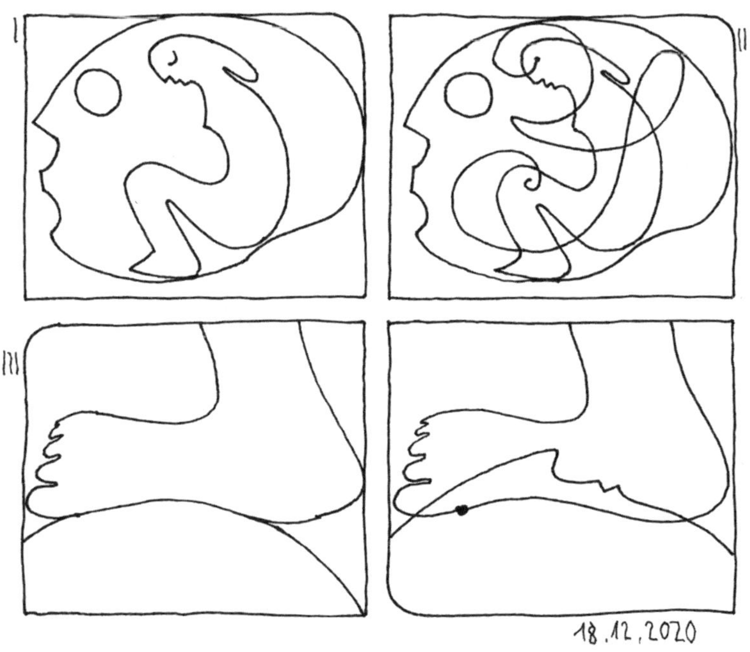
I
II
III
18.12.2020

18.12.2020
Komm Mensch,
leg ab die Schatten deiner selbst,
lass sein deine Maskerade
hier
bei mir.
Zeig dich mir,
authentisch und wahrhaftig,
ansonsten verlieren wir uns,
die Lebendigkeit unseres Einsseins.
(Gaia)

- Stell dir vor, dass du innerhalb deines Schädels sitzt. Du bist nicht etwa so klein, sondern die Sphäre deines Kopfes ist so groß, dass du gerade genug Platz hast, um dadrinnen zu sitzen.
- Spüre, wie es sich anfühlt, wenn die Sphäre deines Bewusstseins dich völlig durchdringt und umgibt.
- Danach lenke deine Aufmerksamkeit zu deinen Fußsohlen, die in dieser Lage die Peripherie deiner Kopfsphäre berühren und gleichzeitig auch die Erdsphäre.
- Erspüre deine Fußsohlen als Mittler der nahen und liebevollen Beziehung zwischen deinem Bewusstsein und der Präsenz von Gaia.

TEIL 4: Die menschliche Gesellschaft neu erschaffen

Dreifache Kommunikation

Es ist nun an der Zeit, über die praktische Kommunikation mit den Parallelwelten zu reden. Wir müssen zuallererst zu der Erkenntnis kommen, dass wir nicht allein auf diesem Planeten sind. Wir teilen den multidimensionalen Raum der Erde mit anderen intelligenten Wesen, die sehr daran interessiert sind, wie die zukünftige menschliche Gesellschaft zusammengesetzt sein wird. Die Gestaltung dieser neuen Gesellschaft sollte nicht nur auf die Menschen zugeschnitten sein, sondern sich auch auf die Welten einstimmen, die uns am nächsten sind, wie die Welt der Elementarwesen auf Seiten von Gaia und die Sphäre der menschlichen Vorfahren und Nachkommen auf Seiten der geistigen Welten. Als Vertreter der verkörperten Menschen werde ich versuchen, ein Gespräch zwischen ausgewählten Vertretern dieser beiden Welten zu führen.

Natürlich werden wir uns nicht in einem Konferenzsaal treffen, noch können wir in einer Bar miteinander reden oder über eine Social-Media-Plattform des Internets.

Ich werde mich bemühen, mich auf die stimmlosen Anregungen meiner beiden Partner einzustimmen und ihre Beiträge in eine logische Sprache zu übersetzen. Doch bevor wir unser Gespräch über verschiedene Aspekte der neu entstehenden menschlichen Gesellschaft beginnen, muss ich zunächst meine beiden Gesprächspartner vorstellen.

Ich habe schon früher einen Meister der Elementarwelt namens Julius erwähnt; wenn du dich erinnerst, hat er mir beigebracht, wie ich die Apokalypse auf die richtige Art und Weise lesen und verstehen kann. Ich begegnete ihm auf einer steinigen Insel in der Adria, auf die ich mich jedes Jahr zurückziehe, um an der Vorbereitung zukünftiger Buchprojekte zu arbeiten. Als ich ein Buch zu Elementarwesen und Naturgeistern vorbereitete, half Julius mir das erste Mal, indem er Verbindungen mit der elementaren Welt herstellte. Später unterstützte er mich bei der Entschlüsselung des »Fünften Evangeliums« von Jesus Christus, deren Ergebnisse später in das Buch »Erdweisheit und Christuskraft« einflossen. Bei dieser Gelegenheit erkannte ich, dass die Meister der Elementarwelt Zugang zum kompletten Gedächtnis der Erde haben, einschließlich der menschlichen Geschichte, und zwar bis ins kleinste Detail. Dies qualifiziert Julius auf alle Fälle, Gaia in unserem Gespräch über die Neuerschaffung der menschlichen Gesellschaft zu repräsentieren.

Von meinen lieben verstorbenen Freunden aus der spirituellen Welt habe ich Ruth eingeladen, an unserem Gespräch teilzunehmen. Sie stieß Anfang der neunziger Jahre des letzten Jahrhunderts auf meine Arbeit zur Geomantie und Erdheilung und versäumte seitdem keine meiner deutschsprachigen Werkstätten. Ihr geistiger Hintergrund war die Anthroposophie, begründet von dem österreichischen spirituellen Lehrer und Künstler Rudolph Steiner. Als pensionierte Lehrerin einer Waldorfschule wurde Ruth eingeladen, sich einer kleinen Gemeinschaft in Bayern anzuschließen, die einige Jahrzehnte nach Rudolph Steiners Tod begann, mit ihm auf der geistigen Ebene zu arbeiten. Sie halfen ihm, seine Forschungen fortzuführen, indem sie nach seinen Anweisungen neue Heilmittel entwickelten. Eine hellsichtige Frau, die an der Gruppe teilnahm, empfing telepathisch seine Botschaften. Als Ruth mit meiner Arbeit in Berührung kam, existierte die Gemeinschaft und das Forschungszentrum schon länger nicht mehr, da die wichtigsten Mitglieder der Gruppe bereits verstorben waren. Sie schloss sich ihnen in der geistigen Welt wieder an; es war im Jahr 2005, als sie während unserer Busreise nach Kleinasien verstarb, wo ich eine Reihe von Werkstätten bei den archäologischen Überresten der sieben antiken Städte abhielt, die wir aus dem Kapitel der Apokalypse zu den sieben Briefen an eben diese sieben frühchristlichen Gemeinden in Kleinasien kennen.

Wenn ich meinen Gesprächspartner und meine Gesprächspartnerin vorstelle, muss ich allerdings klarstellen, dass sie möglicherweise andere Positionen einnehmen als ich, der ich in einem menschlichen Körper verkörpert bin. Julius, als Vertreter der Elementarwelt, ist zum Beispiel nicht ein individuelles Wesen in dem Sinne wie wir Menschen. Wenn er spricht, spricht er für die Gesamtheit der Elementarwelt, Gaia als ihre Schöpferin mit eingeschlossen – auch wenn er als mein Gesprächspartner durchaus eine eigene individuelle Verbindung zu mir hat. Aber das Wissen, das er weitergibt, sollte als eine Sammlung von Gaias Weisheit und Erinnerung verstanden werden.

Ebenso sollten einzelne Seelen, die die Welt der Vorfahren und Nachkommen bewohnen, nicht zu sehr personalisiert wahrgenommen werden. Wenn eine Seele, die alle Stufen des Nachtod-Prozesses durchlaufen hat, spricht, spiegeln ihre Worte – neben ihren individuellen Eigenheiten – auch die Noosphäre (Bewusstseinssphäre) der geistigen Welt als großes Ganzes wider, einschließlich der menschlichen Vorfahren und Nachkommen und der geistigen Lehrer, die oft »aufgestiegene Meister« genannt werden.

Bei der Beschreibung meiner Gespräche mit der Elementarwelt und lieben Freunden aus der geistigen Sphäre muss ich betonen, dass ich meine Gesprächspartner nicht als weit entfernte Wesen wahrnehme. Im Gegenteil, ich fühle sie – während ich mit ihnen kommuniziere – in mir selbst präsent. Genauer gesagt, spüre ich die Resonanz ihrer Anwesenheit in meinem Körper. Doch jede ihrer Schwingungen ist an einem deutlich anderen Ort fokussiert. Die Resonanz von Julius konzentriert sich am unteren Ende meines Brustbeins am Sitz des – zuvor erwähnten – persönlichen Elementarwesens. Als Teil der geistigen Welt nehme ich Ruth im größeren Bereich meines Kopfes wahr, einschließlich des Halsbereichs.

Gemeinschaft

Für unser erstes Treffen lade ich Julius und Ruth in das ehemalige Kloster Santa Elena ein, das ganz im Süden der Stadtanlage von Venedig liegt. Denn nach meiner Erkenntnis trafen sich in alter Zeit regelmäßig Vertreter der drei Welten (der elementaren, spirituellen und menschlichen), die wir drei gerade vertreten, auf dieser ehemaligen Insel in der venezianischen Lagune.

Julius, der Meister der Elementarwelt, ist der erste, der meiner Einladung folgt. Er ähnelt einem antiken griechischen Philosophen. Ruth erreicht uns in ihrem Lichtkörper, umgeben von einer hellen Aura.

Ich beginne das Gespräch über die zukünftige menschliche Gemeinschaft mit der Frage: »Liebe Ruth, fünfzehn Jahre sind vergangen, seit du die Gemeinschaft der verkörperten Menschen hinter dich gelassen hast. Wenn du zurückblickst, wie nimmst du deine Erfahrung wahr?«

Als Antwort wird in meinem Empfinden der Raum meines Kopfes so eng wie die Kehle. In der Tat zeigt sie mir die menschliche Gemeinschaft wie eingeschlossen in einem vertikalen Zylinder. Im Moment des Todes – so könnten wir es bildlich beschreiben – verlässt die Seele diesen Zylinder und dehnt sich im freien Raum der geistigen Welt aus. Ich deute meine Empfindungen so, dass die Bedingungen zum Atmen und zur kreativen Arbeit in der menschlichen Gesellschaft extrem eingeschränkt sind.

Die Antwort von Julius, die sich auf die gleiche Frage bezieht, fällt anders aus. Er lässt eine massive Wand senkrecht durch meinen Körper aufsteigen, die diesen in zwei Hälften teilt. Julius, als Repräsentant der elementaren Welt von Gaia, zieht sich hinter diese Wand zurück. Den Raum auf der vorderen Seite dieser Wand, den ich mit der menschlichen Gesellschaft gleichsetze, empfinde ich als leer. Durch das Zurückdrängen der lebendigen Präsenz der elementaren Welt in den unsichtbaren rückwärtigen Teil der manifestierten Welt, erlebe ich die Umgebung, in der wir als Gesellschaft existieren, als verarmt.

Es ist klar, dass zum Aufbau einer neuen menschlichen Gesellschaft diese beiden allgemeinen Blockaden, die die Freiheit, aber auch die Verbundenheit der heutigen menschlichen Gesellschaft einschränken, beseitigt werden müssen. Aber was können wir praktisch tun, um den Raum für die menschliche Gesellschaft freier zu gestalten?

Ohne zu zögern, beantwortet Julius diese Frage, indem er auf den Ursprung der Drachenkräfte im Inneren des Menschen hinweist, der sich unterhalb der Bauchregion befindet. Seine Antwort überrascht mich, denn ich hätte eher erwartet, dass unser Intellekt das Problem wäre, da unser Verstand sogar die Vorstellung ablehnt, dass der Natur eigene geistige (kausale) Dimensionen innewohnen. Aber dann erkenne ich, dass Julius tatsächlich auf einen dunklen Fleck hinweist, der sich im Bereich meines Steißbeins befindet. Aufgrund meiner Erdheilungsarbeit in verschiedenen Landschaften mit unterdrückten urzeitlichen Lebenskräften – den sogenannten Drachenlinien – verstehe ich, was Julius meint: Wenn der natürliche Fluss der Drachenkräfte in unserem menschlichen Körper im Bereich des Steißbeins blockiert und unterdrückt ist, dann fehlt dort die Energie, die für den Aufbau einer friedlichen und ko-kreativen menschlichen Gesellschaft notwendig ist.

Doch Ruth möchte es anders formulieren. Sie lenkt meine Gedanken auf den ersten Brief der Apokalypse, der an die Gemeinde von Ephesus geschickt wurde und in dem es darum geht, dass eine bestimmte Drachenkraft fehlt – die »Ur-Liebe«. Wenn das Tor am Steißbein verschlossen ist, dann wird der erforderliche Fluss der Drachenkraft daran gehindert, den menschlichen Herzbereich zu erreichen, um dort in Liebeskraft umgewandelt zu werden. Es ist die ursprüngliche Liebeskraft, die in der Lage ist, die liebevolle und konstruktive Offenheit des Menschen gegenüber anderen Menschen zu erhalten: die Grundlage für eine geerdete und friedliche menschliche Gemeinschaft.

Julius, als Vertreter der Elementarwelt, schlägt folgende Imagination vor, um die Blockade zu überwinden:

- Stell dir die Welt, in der wir leben, als ein mehrstöckiges Haus vor, in dem die Räume übereinander liegen.
- Setz dich in einer meditativen Haltung in den zweiten Stock und sei in deinem Herzraum präsent.
- Zur gleichen Zeit siehst du dich in Meditation drei Stockwerke tiefer im Keller des Hauses sitzen. Der Keller ist eigentlich eine Höhle, deren Wände mit wunderschönen Kristallen bedeckt sind, in denen sich die Drachen von Gaia aufhalten.
- Richte dich bewusst auf dein zweites Selbst aus, das im Keller sitzt, so dass beide in Resonanz zueinander stehen.
- Werde dir nun bewusst, dass ein dritter Aspekt von dir drei Stockwerke höher, im fünften Stockwerk, das die geistige Welt repräsentiert, ebenfalls in Meditation versunken ist. Richte dich auch auf diesen Teil deines Selbst aus.
- Richte deine Aufmerksamkeit nun auf den Fluss zwischen den drei Ebenen und spüre seine Qualität. Wiederhole die Übung so oft wie möglich.

Ich erwarte natürlich nicht, dass die gesamte Menschheit sofort begeistert sein wird, Gemeinschaften zu kreieren, die auf dem Prinzip der Ur-Liebe basieren, die zwischen ihren Mitgliedern fließt. Vielmehr schlage ich vor, kleinere Gemeinschaften als Inseln inmitten der immer chaotischer werdenden Cyber-Welt zu erschaffen. Dazu müssen wir nicht an bestimmten Orten zusammenzuleben. Wir können auf telepathische Art und Weise eine gemeinsame Verbindung schaffen und aufrechterhalten – eine Liebe aus der Ferne, die keine Distanz kennt.

Eine Gesellschaft – von Pflanzen inspiriert

Um die Zusammensetzung unserer zukünftigen Gesellschaft zu diskutieren, lade ich meine Gesprächspartner erneut nach Venedig ein, diesmal auf die Insel der Zypressen. Diese Insel befindet sich auf der anderen Seite der großen Wasserfläche des Bacino San Marco, vor dem Dogenpalast. Sie ist besser bekannt als die Insel San Giorgio Maggiore, benannt nach der gleichnamigen Basilika, die im Stil der Renaissance von Andrea Palladio erbaut wurde.

Ich wähle diesen Ort als Reaktion auf meine Erkenntnis zur ursprünglichen Rolle des Ortes, bevor er im frühen Mittelalter durch den Bau eines Klosters, das dem Drachentöter Sankt Georg gewidmet ist, christianisiert wurde. Ursprünglich war und ist die Insel (insgeheim bis heute) der Sitz von fortgeschrittenen Elementarwesen, den sogenannten »Devas«, die die archetypischen Muster für die Entwicklung der Pflanzenwelt zur Selbstorganisation hüten und ausstrahlen. Warum ist die Pflanzenwelt wichtig für die zukünftige Organisation der menschlichen Gesellschaft?

Vor nicht allzu langer Zeit hatte ich einen merkwürdigen Traum, in dem mir menschliche Behausungen gezeigt wurden, die auf den Kronen von Bäumen positioniert waren. In dem Traum, der einen wichtigen Platz in meinem Buch »Wandlungstanz der Erde« einnimmt, sah ich auch Menschen, die mit Hilfe von Pflanzen, die sie in den Händen halten, miteinander kommunizieren. Dies ist der Grund, warum ich mich mit Ruth und Julius auf der Insel San Giorgio treffen möchte, um über das Thema der menschlichen Gesellschaft zu sprechen.

Julius, der Meister der Elementarwelt, schlägt vor, den Schlüssel in den Kapiteln der Sieben Siegel der Apokalypse zu suchen (die im vorigen Kapitel besprochen wurden). Das erste Siegel erzählt vom kosmischen Übergang der Erde von dem Erdelement zu einer Ära, die vom Luftelement regiert wird. Luft ersetzt die eher statische und trockene Materie des Elements Erde durch eine leichtere und frei bewegliche Qualität des Bewusstseins als Basis für die zukünftige Evolution.

Weiterhin weist Julius auf eine parallele Übergangsphase der Menschheit hin, die durch den Austausch des vorherrschenden Elements herbeigeführt wurde. Um unsere Evolution durch Gaia zu begründen, wurden wir über Millionen von Jahren von den tierischen Archetypen geführt, um unsere Körper, einschließlich unserer Organe, sowie Fähigkeiten der Wahrnehmung, des Denkens und der Emotion zu entwickeln. Es war wunderschön, unsere körperlichen und emotionalen Erfahrungen mit dem Tierreich zu teilen. Ihre Aufopferung ermöglichte es uns, in der materialisierten Welt zu überleben und deren Schönheit und Pracht zu genießen. Aber dieses Geschenk beinhaltet auch die angeborenen Schatten des Tierreichs. Überlebensinstinkte, die für Tiere und für uns in der Vergangenheit notwendig waren, wie zum Beispiel der nie endende Kampf um Ressourcen, Territorien und Herrschaftspositionen, haben in der zukünftigen menschlichen Kultur keinen Platz mehr. Jetzt ist es an der Zeit, auf eine andere Entwicklungsschiene zu wechseln, die von pflanzlichen Archetypen bestimmt wird.

Pflanzen sind Wesen der Stille. Sie drücken sich durch die Kunst und Form ihrer Präsenz aus und folgen den natürlichen Zyklen der Transformationen. Was wir als Menschen von den Pflanzen lernen sollten, ist die Art und Weise, wie sie ohne beherrschende Hierarchien, Bürokratien, Pläne oder Einschränkungen eine perfekte Ordnung in ihrer Welt halten. Sie sind untereinander durch biochemische und telepathische Netzwerke verbunden und kooperieren perfekt mit Elementarwesen auf der einen und Mikroorganismen, Viren und Pilzen auf der anderen Seite. Die soziale Form der Gaiakultur sollte eine ähnliche innere Organisation entwickeln, die allen ihren Mitgliedern mehr Raum für inneres Wachstum und kreative Freiheit lässt.

Gleichzeitig erkenne ich, dass Gegenkräfte in dem Versuch, eine Verschiebung auf diese »vegane« Evolutionsschiene zu verhindern, eine Art Imitation in der modernen menschlichen Gesellschaft erschaffen haben. Die Methoden der pflanzlichen Inter-Kommunikation werden mit der Entwicklung der Kybernetik technisch kopiert, um uns auf einer planetarischen Skala zu verbinden, wobei eine Verbindung auf der Herzebene oder sogar körperliche Präsenz nicht mehr stattfindet. Die positiven Seiten der Kybernetik sind nicht zu verleugnen wie zum Beispiel die phantastischen Möglichkeiten der Kommunikation über große Distanzen. Andererseits erlaubt es die inhärent unpersönliche Art der technologischen Kommunikation einer relativ kleinen Gruppe von Menschen, alle Ebenen der sozialen Organisation zu spalten und zu kontrollieren und uns so in ständiger Unruhe und Zwietracht zu halten.

Ruth, als Vertreterin der geistigen Welt, steigt in das Gespräch ein, indem sie betont, dass die Pflanzenwelt auf drei horizontalen (nicht-hierarchischen) Ebenen organisiert ist, nicht nur auf den beiden bereits erwähnten (das telepathische Netzwerk des Pflanzenorganismus und die Kooperation mit Elementarwesen, Pilzen, Viren und Mikroorganismen). Die dritte Ebene wird, wie oben bereits erwähnt, durch »Devas« gelenkt. Devas sind hochentwickelte Elementarwesen, die die Matrix für jede Pflanzenart und auch für verschiedene Biotope bewahren und ausstrahlen. Da Pflanzen und Elementarwesen immer mit dem »Klang« ihres entsprechenden Deva-Bewusstseins verbunden sind, gibt es nie auch nur einen Moment der Verwirrung in Bezug auf ihre langfristige Entwicklung.

Im Fall der menschlichen Gesellschaft existiert ebenfalls diese dritte Ebene, die von den Kulturen der Ureinwohner hoch geachtet, von den modernen Gesellschaften aber ignoriert wird: die autonome Welt unserer Vorfahren und Nachkommen oder die »geistige Welt«. Es gibt Gruppen von Seelen, die in ihrer Evolution fortgeschritten sind und die mögliche Entwicklungsmuster für jede auf der Erde inkarnierte Seele, für jede Nation und Ethnie schaffen. Ruth führt aus, dass wir, die wir auf der Erde wandeln, innerlich auf die Inspiration dieser Seelen hören und ihre Ratschläge annehmen könnten, wie wir unser Leben führen und wie wir uns in unseren sozialen Gemeinschaften einbringen sollten, ohne dass uns die Freiheit der Wahl genommen wird. Denn wir sind frei, zwischen verschiedenen angebotenen Möglichkeiten zu wählen. Der wichtige Vorteil ist jedoch, dass die Inspirationsmuster, die aus den Quellen der geistigen Welt kommen, mit der Matrix des Menschseins und der allgemeinen Matrix der kosmischen Evolution in Einklang stehen. Dies wäre eine enorme Hilfe beim Navigieren zwischen den unzähligen Möglichkeiten, die die manifestierte Welt uns bietet.

Wenn mir ein letztes Wort erlaubt ist, möchte ich betonen, dass die zukünftige Gaiakultur nicht dazu gedacht ist, das Pflanzenreich einfach zu kopieren. Wir sind anders als die Pflanzen und auch eine viel jüngere Evolution auf der Erde. Die Zeit ist reif, sie als unsere erfahrenen Lehrer anzunehmen, damit sie uns auf unserem Weg durch die Herausforderungen der verkörperten Weltsphäre begleiten.

Bildung als eine Art Initiation

Meine dritte Sitzung mit meiner dreiblättrigen Gruppe findet in Santa Marta statt. Santa Marta liegt – von unserem ersten Treffpunkt in Santa Elena aus gesehen – auf der gegenüberliegenden Seite von Venedig. Die Kirche stand einst auf einer schmalen Halbinsel, die an drei Seiten vom Wasser der Lagune umgeben war. (Das gotische Gebäude von Santa Marta ist ein architektonisches Martyrium. Als dieser Teil Venedigs zu einem Handelshafen degradiert wurde, wurde auch die Kirche zum Lagerhaus umfunktioniert. Erst nachdem der Hafen in jüngerer Zeit seine Funktion verloren hat, wurde Santa Marta als Kultursaal wiederhergestellt.) Sie steht an dem Ort, der in der fernen Vergangenheit als ritueller Treffpunkt zwischen Delphinen und Elementarwesen des Wassers diente.

In der Arbeit mit Gruppen im Bereich der Geomantie und Erdheilung habe ich entdeckt, dass es einen Weg gibt, die Lenkung bestimmter Teile der menschlichen Bildung an die Wesen der Natur und der Landschaft zu übergeben, vor allem an Steine, Bäume und Flüsse. Als Teil des Gaia-Bewusstseins sind sie in der Lage, durch Erfahrung zu lehren. Wenn sich Menschen auf ihre Präsenz einstimmen, dann können die Naturwesen mit neuen Erkenntnissen und wertvollem Wissen inspirieren, das über die üblichen Bildungsmethoden nicht vermittelt werden kann. Ich bin sehr interessiert an der Meinung meiner beiden Partner zu diesem Bildungsansatz.

Ruth nimmt die Botschaft auf. Sie bestätigt sogar, dass es für die Menschenseelen, die zwischen zwei Inkarnationen in der spirituellen Sphäre verweilen, genauso wichtig ist, von Gaia und ihren Sphären zu lernen. Sie reisen entlang der »Seelenpfade« – eine Art von Ley-Linien – und besuchen heilige Orte auf der Erde; Orte, die uns bekannt und zum Teil noch unbekannt sind. Jeder dieser Orte hat bestimmte interdimensionale Portale, durch die sie zu erreichen sind. Gaia ist ein regelrechtes Buch des Lebens und beinhaltet Wissen, das in Form von heiligen Orten aufbewahrt wird, die sowohl auf der Oberfläche der Erde als auch unterirdisch oder in ihrer Atmosphäre liegen. Das unterschiedliche Wissen dieser heiligen Orte vermittelt sich über Erfahrung. In ferner Vergangenheit wurden für die Menschenseelen unzählige Pfade angelegt, damit alle diese Orte erreicht werden können, die zusammen eine gigantische Universität bilden.

Julius, der Meister der elementaren Welt, zeigt sich natürlich begeistert von meiner Idee des kollaborativen Lernens, dem Hin-und-Herfließen zwischen Naturwesen und menschlichen Gruppen und Individuen. Er betont, dass auch die Wesen der Natur und der Elementarwelt spirituell wachsen wollen und begierig sind, von den Menschen jene Qualitäten und Wissensaspekte zu übernehmen, die das Erbe der menschlichen Evolution sind. In vergangenen Zeitaltern lebten die Menschen in der Nähe von Tieren und Pflanzen und benutzten auch Steine, um ihre Werkzeuge herzustellen. Die schreckliche Distanz, die seither zwischen uns gewachsen ist, kann nur durch bewusste Anstrengung überbrückt werden: mit Übungen der Einstimmung aufeinander oder durch die Neuentwicklung unserer Sensibilität und Sensitivität mit Hilfe von Übungen, die der erweiterten Wahrnehmung gewidmet sind.

Er fügt hinzu, dass er versteht, dass die Menschen auch jene Fähigkeiten entwickeln müssen, die mehr oder weniger ausschließlich uns angehören, wie zum Beispiel das logische Denken, die Beherrschung der Willenskraft, die lebendigen Gesetze der Ethik, die Meisterschaft in Kunst und Wissenschaft usw. Aber wenn die Schulung in diesen Bereichen losgelöst von Gaias Buch des Lebens stattfindet, dann haben wir den Zweck verfehlt, dessentwegen unsere kosmische Evolution uns angewiesen hat, uns immer wieder auf der Erde zu verkörpern.

Kommunikation auf der Ebene des Wassers

Die moderne Kommunikation ist mehr und mehr von der Kybernetik abhängig geworden, mit anderen Worten, abhängig von der Elektrizität und dem Feuerelement. Es ist viel bequemer, einen Vortrag vor einer Gruppe von Menschen auf einem Computerbildschirm zu halten, wodurch außerdem Tausende von Kilometern an Reisezeit entfallen. Es ist auch ökologisch gerecht. Aber die Frage, die ich stellen möchte, ist die, inwieweit die feurige Natur der Cyber-Sprache die Kommunikation verzerrt, sie austrocknet, Konflikte schürt und es potenziell erlaubt, sie zu manipulieren. In der Tat will ich mit Ruth und Julius über mögliche Alternativen in der Kommunikation sprechen, die mit den Visionen und Bedürfnissen der sich entwickelnden Gaiakultur in Einklang stehen.

Als Antwort auf die Frage betont Ruth, dass Kommunikation ein Mittel sein sollte, um sowohl ein Gemeinschaftsgefühl zwischen Menschen zu schaffen als auch zwischen der Menschheit und parallelen Weltsphären. Gemeinschaft sollte nicht nur beiläufig in einem Gespräch entstehen, sondern wie ein stetiger Fluss lebendiger Beziehungen, ein Netzwerk spannen, das permanent Wesen und Welten verbindet. Es ist dieser grundlegende Fluss von Kommunikation, der in den Momenten, in denen er gebraucht wird, bloße Worte in eine Verbindung zwischen Partnern verwandelt – und danach wieder in das Netzwerk des stillen kommunikativen Flusses von Herz zu Herz hinabsteigt.

Julius fügt hinzu, dass es eine Übertragung der beteiligten Elemente geben muss, wenn wir nicht wollen, dass Kommunikationswege ausbrennen und dadurch Konfliktsituationen entstehen. Als Basiselement der kybernetischen Kommunikation sollte Feuer durch das Element Wasser ersetzt werden. Auch sollte der menschlichen Gesellschaft das unglaubliche Fassungsvermögen von Wasser zur Speicherung von Informationen bewusstgemacht werden. »Ihr Menschen solltet erforschen, wie diese Idee in die Praxis umgesetzt werden kann. Was für uns als Elementarwesen ganz natürlich ist, ist euch natürlich erst einmal unbekannt.« Wasser, das auf feinstofflichen Ebenen existiert, wird meist als »astral« bezeichnet und kann als »Flüssigkeit der Sterne» übersetzt werden (im Lateinischen bedeutet »astrum« »der Stern«).

An dieser Stelle muss ich mich bei Julius für meine Unterbrechung entschuldigen, aber ich möchte ihm unbedingt meine Erfahrungen mit telepathischen Werkstätten erläutern und ihn fragen, ob seine Idee in eine ähnliche Richtung geht. Nach März 2020 wurde aufgrund der sogenannten »Covid-Pandemie« das Reisen eingestellt. So kam mir die Inspiration, gemeinsam mit interessierten Menschen, die sich auf verschiedenen Teilen des Globus befinden, telepathische Werkstätten zu gestalten. Jedes Mal begann ich mit der Vorbereitung eines Entwurfs mit Übungen, die in einer imaginativen Form durchgeführt werden sollten und die ich den Teilnehmenden per E-Mail zusandte. Außerdem sollte die Gruppe nicht gleichzeitig mit dem Programm beginnen, sondern die angegebene Zeit würde sich auf den Verlauf der Sonne beziehen. Zum Beispiel würde jeder um neun Uhr morgens nach dem Lauf der Sonne beginnen, unabhängig davon, auf welcher Seite des Globus sie oder er lebte.

Durch den Austausch unserer Erfahrungen nach der Werkstatt stellten wir fest, dass die Teilnehmenden oft tiefe und bedeutungsvolle Einsichten und Intuitionen hatten. Das gemeinsame Arbeiten über große Entfernungen gab uns das Gefühl, uns gemeinsam in der Landschaft zu bewegen, ähnlich wie wenn wir in der Natur zusammenarbeiten würden. Die telepathische Arbeit fühlte sich an wie das Erschaffen in einem anderen Element, das weder Luft noch Feuer und schon gar nicht Erde ist. Meine Frage an Julius ist, ob diese Methode der Kommunikation seiner Vorstellung entspreche.

Seine Antwort ist, dass wir uns auf das Zeitalter der Synergien zubewegen, daher sollten wir uns nicht auf die Verwendung eines Elements beschränken. Ein Netzwerk des magnetischen Wasserelements – als Träger von Informationen – sollte durch das Feuer der Inspiration ergänzt werden, das die Bewegung dieser Informationen antreibt. Die resultierende Kombination von Impulsen, die vom Wasser getragen werden, wäre natürlich nutzlos, wenn es keine Wesen mit Bewusstsein – repräsentiert durch das Luftelement – gäbe, die in der Lage sind, die Botschaft aufzufangen und in Worte oder Ideen zu übertragen.

Ich frage Julius, ob wir das Element Erde nicht vergessen hätten, da er bisher nur das Zusammenwirken der Elemente Wasser, Feuer und Luft angesprochen habe.

Doch es ist Ruth, die mich daran erinnert, dass ich doch ein Künstler sei. »Ist Kunst nicht ein Medium der Kommunikation, das alle vier Elemente, einschließlich der Erde, verbinden kann? Ich kann mir kein Kunstwerk vorstellen, das nicht in Stein, in Farbe, in Bewegung oder in Worten verkörpert ist…«

Freudig stimme ich zu! Jahrzehntelang habe ich nach einer neuen Kunstform gesucht, die nicht nur als eigenständige menschliche Schöpfung, sondern auch mit einer grundlegenden Bestimmung im täglichen Leben funktionieren könnte. Ich stelle mir eine Kunst vor, die es uns im Rahmen der Gaiakultur ermöglichen könnte, uns auf einer hohen Ebene der Kommunikation auszudrücken, zum Beispiel durch Rituale, um Ideen und Botschaften unter uns Menschen oder auch mit Wesen aus anderen Weltsphären auszutauschen. So könnten wir eine Botschaft tanzen oder malen, vielleicht in Stein meißeln, nicht als Ausstellungs- oder Theaterstück, sondern als ausgefeilte Methode für die Übermittlung besonders komplexer Botschaften.

Individuell versus kollektiv

Die moderne Zivilisation weist eine extreme Spaltung zwischen den Individuen auf, die entweder zum eher egozentrisch orientierten Teil der Welt (überwiegend die westliche Welt) oder zu den eher kollektivistischen Gesellschaften (meist aus dem Osten) hin tendieren, wie dem alten Sowjetrussland oder dem heutigen China. Ist die Existenz einer ausgeglichenen Gesellschaft möglich, in der weder exzessiver Individualismus vorherrscht noch autokratische Machthaber die Freiheit unterdrücken?

Wie üblich tritt der Elementarmeister als erster in den Dialog ein. Er betont, dass ein kollektives Bewusstsein etwas Normales ist und in seiner Weltsphäre geschätzt wird. Teil eines »Gruppenbewusstseins« zu sein – wie er es nennt – fühlt sich nicht wie ein Zwang an, wie die Menschen vielleicht glauben. Für Elementarwesen ist es ein Garant dafür, dauerhaft in der Noosphäre von Gaia verwurzelt zu bleiben. Noch wichtiger ist, dass es die Verlässlichkeit der gegenseitigen Unterstützung bietet. Gruppenbewusstsein macht es möglich, dass Lebensenergie oder Wissen, das einem Teil der Gruppe zugänglich ist, bei Bedarf sofort transferiert werden kann, um ein momentan schwaches Mitglied der Gruppe zu unterstützen. Kollektives Bewusstsein ist nicht statisch, sondern eine ständig ausgleichende Bewegung, die jedem Mitglied der Gruppe zugutekommt und durch diesen Balanceakt auch der Gruppe als Ganzes.

Ruth fügt den Worten von Julius noch hinzu, dass der ko-kreative Austausch zwischen der Elementarwelt von Gaia und der Menschheit eine grundlegende Notwendigkeit für die Konstitution der Gaiakultur ist. Elementarwesen können uns lehren, wie wir als Menschen miteinander in Beziehung treten können, indem wir unsere eigene Art von Gruppenbewusstsein erschaffen, während wir den Elementarwesen beibringen können, wie sie selbstbewusster und autonomer in ihrem Beitrag zu Gaias Schöpfung werden könnten.

Um seine Botschaft zu verdeutlichen, schlägt Julius die folgende Übung vor:

- Geh in einen Wald und atme eine Zeitlang tief durch.
- Stell dir nun vor, dass du zusammen mit der Luft auch die Elementarteilchen der Bäume einatmest. Stell dir vor, dass Bäume nur ein Teil der Masse von winzigen Mikroorganismen sind, die wir ständig mit unserer Atmung einatmen.
- Lass beim Ausatmen die Bäume an ihren Platz zurückkehren. Atme auf diese Weise eine Weile weiter.
- Nimm dir etwas Zeit, um die freudige und tanzende Gemeinschaft des Waldes zu erspüren. Wenn du nichts empfindest, wiederhole die Übung oder umarme einen Baum.

Diese Diskussion mit meiner Gesprächspartnerin und meinem Gesprächspartner hilft mir, einen der Gründe zu erkennen, warum das moderne Modell der Demokratie gescheitert ist. Es ist nicht möglich, glückliche und kreative menschliche Gesellschaften zu bilden, wenn unsere Demokratie in der Blase menschlicher Angelegenheiten und Beziehungen eingeschlossen bleibt. Die zukünftige Demokratie muss eine »Pan-Demokratie« sein – »Pan« steht im Altgriechischen für eine alles verbindende Qualität. Wir müssen Wege finden, unsere demokratischen

Ideen und Institutionen auf die Sphären anderer Evolutionen auszudehnen, mit denen wir den Planeten Erde als gemeinsame Heimat teilen, allen voran die planetarische Gemeinschaft der Elementarwesen.

Neuer Zugang zur Religion

Die lateinische Wurzel für »Religion« (re-ligare) bedeutet, »sich wieder verbinden«. Religion kann als ein Grundbedürfnis des Menschen verstanden werden, mit der Erde und dem Kosmos verbunden zu sein und Wege zu finden, diese Verbindungen immer wieder neu herzustellen. Ich begann mit der Frage an Julius, wie das Thema Wiederverbindung aus der Sicht der elementaren Welt aussieht.

Julius: »Die Wahrnehmung von Menschen, die etwas praktizieren, was ihr »Rückverbindung« nennen würdet, ist in unserer Welt eine ziemlich schmerzhafte Erfahrung, und zwar aufgrund zweier problematischer Aspekte. Entweder ihr verbindet euch auf abstrakte Weise mit einem spirituellen Ideal, zum Beispiel mit dem, was ihr ›Gott‹ nennt, das wir nicht als etwas im Hier und Jetzt Existierendes empfinden können. Oder ihr löst euch von allen spirituellen Ebenen und stürzt euch in den Strudel des oberflächlichen Lebens, was aus unserer Sicht dazu führt, dass ihr euch von der wahren Realität entfernt. Oft vermischt ihr auch beides und springt hin und her – sagen wir, ihr geht in den Supermarkt und betet anschließend in einer Kirche. Das finden wir am ärgerlichsten. In all diesen Fällen können wir euch nicht als präsent wahrnehmen. Ihr schwebt als Schatten umher. Nehmt euch in Acht! Schritt für Schritt verliert ihr das Recht, eure Evolution auf der Erde fortzusetzen.«

Ruth stimmt zu, dass es in der Tat zwei Wege der Rückverbindung gibt, die notwendig sind, um dieses toxische dualistische Muster zu beseitigen. »Auf der einen Seite existiert ihr als Menschheit parallel in zwei Weltsphären, der spirituellen und der verkörperten. Ihr müsst euch mit der gemeinsamen Quelle der Existenz verbinden, mit der alles verbindenden Göttlichkeit; andernfalls haltet ihr euch in zwei getrennten Sphären auf. Wenn ihr nur in der manifestierten Welt bleibt, seid ihr zu zerstreut und eure menschlichen Gemeinschaften zu schwach. Ihr müsst einen gemeinsamen spirituellen Fokus aufrechterhalten – die alles verbindende

Göttlichkeit. Je nach eurem religiösen oder spirituellen Hintergrund könntet ihr euch das vielleicht auf unterschiedliche Weise vorstellen.

Aber die Verbindung zur Göttlichkeit als gemeinsamer und alles verbindender Fokus ist bedeutungslos und führt zurück zu den alten religiösen Mustern, wenn ihr als Individuen nicht im gegebenen Moment präsent seid und euch nicht mit dem ständigen Fluss der Veränderung bewegt. Wie Julius es ausdrückte, wird die Verbindung zur göttlichen Quelle abstrakt, wenn ihr als Menschheit nicht gleichzeitig in einer von Herzen kommenden Verbindung zur Essenz von Gaia und ihren Elementarwelten schwingt – was in eurem Fall nur individuell erreicht werden kann. Wie ich bereits erwähnt habe, müssen auch wir in den geistigen Sphären immer wieder zu den heiligen Orten der Erde pilgern, um unsere Erdung in den spirituellen Gefilden Gaias nicht zu verlieren.«

Wenn ich aus der Perspektive meiner Identität als Marko unsere Diskussion über die entstehende Spiritualität im Zusammenhang mit der Gaiakultur zusammenfassen darf: Es gibt zwei Wege, die wir in einem gehen müssen. Auf der einen Seite müssen wir uns individuell um unsere persönliche Integrität, Erdung und Verbundenheit kümmern, während wir gleichzeitig daran arbeiten, die kollektive Sensibilität für Gaia und ihre Elementarwelten zu erwecken. Andererseits sollte die sich ständig erneuernde Beziehung zu den Gaia-Welten mit unserer gemeinsamen Hingabe an das alles verbindende göttliche Prinzip verwoben werden – natürlich unter Beibehaltung unserer eigenen individuellen Eigenschaften.

Nicht weniger wichtig ist, dass wir, die wir Teil verschiedener Gruppen und Gemeinschaften sind, die innerhalb derselben entstehenden Gaiakultur arbeiten, uns bemühen, unsere Visionen und relevanten Vorstellungen von jenen Qualitäten zu entwickeln, die wir als unsere verbindenden Prinzipien empfinden. Als nächstes sollten wir Rituale und verschiedene Arten von Feiern erschaffen, um unsere spirituellen Bestrebungen auszudrücken und zu erden.

Ökonomie des Austauschs

Um unser Gespräch über die Gaiakulturwirtschaft zu eröffnen, möchte ich kurz die Integrale Grüne Wirtschaft vorstellen. Ich bin in dieser

Bewegung aktiv, die ihre Projekte in verschiedenen Ländern weltweit entwickelt – auch in meinem eigenen Land Slowenien. Die Bewegung basiert auf einem Modell, das von meinen Freunden Alexander Schieffer und Ronnie Lessem entwickelt wurde. Es bezieht sich auf einen Archetyp, bei dem vier Bausteine in den vier Himmelsrichtungen eines Kreises um ein fünftes zentrales Prinzip angeordnet sind. Die vier zusammenwirkenden Aspekte der Wirtschaft sind:

- Wissenschaft, Systeme und Technologie (soziale wissensorientierte Wirtschaft)
- Finanzen und Unternehmen (lebensorientierte Wirtschaft)
- Natur und Gemeinschaft (selbstversorgende gemeinschaftsorientierte Wirtschaft)
- Kultur und Spiritualität (entwicklungsorientierte Kulturwirtschaft)

Der fünfte Aspekt, in der Mitte des Kreises, stellt die Grundlage der Aktivitäten für die anderen vier dar und wird »moralischer Kern« genannt.

Ich bitte Julius, die Meinung der Elementarwelt zu diesem Modell zu kommentieren. Mit Hilfe von Gefühlen, die in meinem Körper entstehen, vernehme ich innerlich die Antwort von Julius, die ich hier unserer Sprache anpasse: »Es ist offensichtlich, dass die Integrale Grüne Ökonomie ausschließlich innerhalb der Blase der menschlichen Welt entwickelt wurde. Es fühlt sich an, als ob die Erde mit den Potenzialen ihres elementaren Bewusstseins und ihrer Lebenskraft ignoriert wird. Der Plan an sich ist hervorragend, und er würde in der zukünftigen Kultur gut funktionieren, wäre da nicht die Tatsache, dass alle unsere Entwicklungen am Scheideweg der universellen Transformation auf unserer grundlegenden Ebene der Existenz stehen. Unter diesen Bedingungen wird das ausschließliche Anlehnen an das menschliche Potential, um die Menschheit zu erhalten und die angestrebte soziale Gerechtigkeit zu sichern, nicht die erforderliche Kraft haben. Der Begriff »integral« sollte auch die anderen Welten des Erdclusters mit einbeziehen, um die Menschheit nicht allein mit den immer heftigeren ›Klimaveränderungen‹ kämpfen zu lassen.

Ich habe das Gefühl, als ob die heutige menschliche Wirtschaft das unerschöpfliche Reservoir an Lebensenergie, das uns und alle anderen manifestierten Wesen am Leben hält, ignoriert. Wenn unsere Wirtschaft und die damit verbundenen Technologien die Kommunikation und den freien Fluss der Energie zwischen der kausalen und der manifestierten Welt akzeptieren würden, dann könnten wir alle unsere ausbeuterischen Methoden zur Energieerzeugung eliminieren – Wasserkraft (Hydroelektrik), Verbrennung fossiler Brennstoffe, Windkraft, Sonnenenergie usw.«

Julius fügt noch (mit einer kritischen Haltung) hinzu, dass auch die Bemühungen unserer brillantesten Wissenschaftler in der Entwicklung von »Null-Energie«-Technologien vergeblich seien. Alle diese Energien funktionieren durch die erzwungene Manipulation des elementaren Bewusstseins. Ohne direkte Kommunikation und Kooperation mit der elementaren Welt von Gaia sind diese Technologien genauso wenig nachhaltig wie die Verbrennung fossiler Brennstoffe. Aber die Kommunikation mit der elementaren Welt ist nicht möglich, ohne unsere Einstellung gegenüber Gaia, der Schöpferin des irdischen Universums, zu ändern und eine intime Herz-zu-Herz-Beziehung mit ihr und ihren mitschöpferischen Wesen zu entwickeln.

Wenn ich Julius richtig verstanden habe, akzeptiert er die vier Aspekte der Integralen Grünen Ökonomie, aber er würde das Zentrum des Modells, genannt »der moralische Kern«, erweitern. Anstatt sich nur auf menschliche ethische Prinzipien zu stützen – die natürlich eine Voraussetzung für eine neue Art von Wirtschaft sind –, würde er dem Zentrum der neuen Wirtschaftsmatrix eine lebendige und liebevolle Beziehung zu Gaia und ihren Elementarwelten hinzufügen. Die Zusammenarbeit zwischen der Menschheit und den parallelen Weltsphären Gaias ist die Voraussetzung für eine neue Art von Wirtschaft, die keinem Aspekt des Lebens und seiner Wesen schadet und den freien Fluss von Energie und Information zwischen allen manifestierten und nicht manifestierten Welten ermöglicht.

Demokratie ja, aber wie?

Die Demokratie ist eine antike griechische Erfindung, die in der Neuzeit reaktiviert wurde. Die Vereinigten Staaten von Amerika waren die ersten, die das neue Modell der Demokratie etablierten. Es dauerte fast zweihundert Jahre, bis die Vereinigten Staaten von Europa (EU) folgten. Das Hauptproblem der Demokratie ist bereits ihrem Ursprung inhärent. Im demokratischen Athen durften zum Beispiel nur Männer wählen, keine Frauen und schon gar keine Sklaven. Moderne Demokratien, obwohl immer noch nicht perfekt, haben sich bemüht, diese Ungerechtigkeit abzuschaffen. Aber in der Tat sind wir Menschen nicht die einzigen lebenden und bewussten Wesen auf der Erde. Was ist mit anderen Wesen, mit denen wir das verkörperte Leben teilen, wie Pflanzen, Landschaften, Mineralien und Tiere?

Julius fühlt sich natürlich berufen, für seine Gefährten aus der Gaia-Familie zu sprechen: »Ich kann mir nicht vorstellen, dass wir berufen sind, als Tiere, Pflanzen und Berge gemeinsam mit euch in euren Parlamenten zu sitzen«, sagte er mit einem Funken Humor. (»Stellt euch nur einen Vertreter der Kühe im Parlament vor!«) Es geht um kollektives Bewusstsein. Mit der Entwicklung von ökologischen Bewegungen und den entsprechenden Institutionen habt ihr den ersten Schritt getan. Aber wir werden immer noch als Wesen niederer Natur betrachtet, ohne Bewusstsein, und damit ähnlich abgewertet wie die Frauen und Sklaven in Athen. Folglich werden wir nicht als befähigt angesehen, unsere Rechte zu vertreten und – aus unserer Sicht – angemessene Wege vorzuschlagen, wie wir mit dem lebenden Organismus der Erde umgehen sollten.«

Ruth, die für diejenigen spricht, die wir unsere Vorfahren und Nachkommen nennen, drückt ihre Unzufriedenheit mit dem Modell der modernen Demokratie aus und erklärt, dass auch sie Teil der Menschheit sind: »Ihr habt den lebenden Organismus des Planeten Erde in einem entsetzlichen Zustand hinterlassen, mit vielen ungelösten Problemen. Wir, als eure Nachkommen, werden auf die Erde ›hinunter‹-kommen und vielleicht Bedingungen vorfinden, die uns für Generationen ruinieren werden. Es ist unerlässlich, dass unsere Stimme in der Zukunft und auch in den jetzigen Parlamenten gehört wird.«

Nach diesen Beiträgen von Ruth und Julius fühle ich mich herausgefordert, einen Vorschlag zu machen, wie eine effektivere Demokratie – unter Einbeziehung beider bisher ignorierter Seiten – organisiert werden könnte. Es kann sicherlich nicht allein in den Parlamenten gelöst werden.

Die wirkliche Herausforderung wird darin bestehen, neue Muster des Alltagslebens der menschlichen Gesellschaft zu erfinden, die die Rechte und kreativen Gaben dieser beiden Partner der Menschheit anerkennen, schätzen und einbeziehen.

Das Wort »Parlament« hat seine Wurzeln im französischen »parler«, was »miteinander reden« bedeutet. Wir müssen einen Weg finden, miteinander zu reden und vor allem einander zuzuhören und dementsprechend zu handeln! Unser gegenwärtiges System der Diskussion zwischen menschlichen Vertretern muss durch neue, noch zu entdeckende Wege der Kommunikation mit der elementaren Weltsphäre auf der einen und der Sphäre der geistigen Welt auf der anderen Seite ergänzt werden.

Dies ist nicht unmöglich. Wenn wir die in den vorherigen Kapiteln besprochenen ganzheitlichen Wahrnehmungsprinzipien anwenden, dann besteht die Möglichkeit, die Ideen und Vorschläge beider Seiten zu hören. Wir wären in der Lage, uns auf die Stimme der geistigen Welt einzustimmen, um deren Weisheit und Vorschläge wahrzunehmen. Elementarwesen, die die Naturwelten lenken, könnten zu Stimmen der Pflanzen, Tiere, Mineralien und Landschaften werden. Wir können uns vorstellen, dass die auf diese Weise gewonnenen Informationen als Teil des Diskussions- und Entscheidungsprozesses in die Parlamente eingebracht werden könnten, um bei der Gestaltung der menschlichen Gemeinschaft berücksichtigt zu werden.

Das Problem von Recycling

Für unser Gespräch über das Thema Recycling wähle ich einen anderen Teil Venedigs namens Sacca Misericordia. Es ist ein kleiner städtischer Hafen, in dem jetzt Yachten vor Anker liegen.

Der Name bedeutet auf Italienisch »Sack der Barmherzigkeit«. Ich hatte zuvor den Ort und die Kirche Madonna Val Verde, die an seinem Rand steht, geomantisch erforscht. Ich erkannte, dass der seltsame Name des Ortes auf hohe Wesen aus dem Engelnetzwerk verweist, die über das Schicksal der Menschheit wehklagen. Sie möchten der Menschheit helfen, die in ihrer zerfallenden Schöpfung verloren ist, aber das Gesetz des freien Willens hindert sie daran, aktiv zu werden. Alles, was sie tun können, ist,

Wellen des Mitgefühls auszusenden und zu hoffen, dass sie zu Hilfe gerufen werden, bevor es zu spät ist.

Es ist nicht hinnehmbar, dass wir uns auf eine neue Verfassung der Erde und eine neue Kultur zubewegen und dennoch ein Desaster aus weggeworfenem Plastik, gentechnisch veränderten Pflanzen, verschandelten Landschaften usw. hinterlassen. Die Säuberung der Erde, ihrer Ozeane und der Atmosphäre ist seit vielen Jahrzehnten ein Anliegen aller umweltbewussten Menschen. Aber wir haben kaum Fortschritte bei der Lösung dieses monumentalen Problems gemacht. Diese Aufgabe übersteigt offensichtlich unsere Fähigkeiten. Können wir dabei Hilfe von den Elementarwelten erwarten?

Interessanterweise ist Ruth die erste, die einen Schritt nach vorne macht, obwohl es schwierig ist, sich vorzustellen, wie die Welt der Vorfahren und Nachkommen bei diesem Thema helfen könnte. Sie weist auf meine Interpretation der Botschaft des fünften Siegels der Apokalypse hin und erklärt, dass die Gegenkraft einen Weg gefunden habe, eine große Anzahl von Seelen, die nicht zu den Ahnen der Erde gehören, durch den Vorgang der Geburt auf der Erde einzuschleusen. Selbst wenn diese Seelen nicht mit schlechten Absichten kommen, haben sie keine wesenhafte Beziehung zur Schöpfung von Gaia und zum Zweck der menschlichen Evolution. Ohne sich Gedanken über mögliche Folgen zu machen, arbeiten sie an der Entwicklung von Technologien, die offensiv respektlos gegenüber dem Leben der Erde und ihren Wesen sind. Sie haben auch fremde Ideale und versuchen, die Menschheit zu einem Verhalten zu bekehren, das offensichtlich nicht das unsere ist.

Aber sie weist darauf hin, dass es nicht ihre Absicht sei, die Menschheit von der Verantwortung für den katastrophalen Umgang mit der Erde zu befreien, indem sie sie einem äußeren Einfluss zuschreibt. Es sind die Millionen von oberflächlich denkenden, verkörperten Menschen, die durch ihre innere Haltung eine Manipulation durch Gegenkräfte erst ermöglichen. Die Erkenntnis ihrer eigenen Verantwortung für den Zustand der Erde wird für sie sicherlich eine bittere Erfahrung und nicht leicht anzunehmen und zu korrigieren sein.

An dieser Stelle macht Ruth geltend, dass die geistige Welt helfen könnte, falsche Zugänge einer Inkarnation auf der Erde zu schließen. Aber nach dem kosmischen Gesetz, das das göttliche Geschenk des freien Willens, das der Menschheit gewährt wurde, schützt, können sie nur handeln, wenn auf der Erde verkörperte Gruppen oder Individuen darum bitten.

Julius möchte das Thema von einer anderen Seite angehen. Er verweist auf das Beispiel des Recyclings. Die moderne kapitalistische Wirtschaft sieht wenig Sinn darin, Geld für die Wiederverwendung von weggeworfenen Materialien auszugeben. Wenn aber die Sphären der Parallelwelten bei der Lösung dieses Problems zusammenarbeiten würden, dann könnten wir alle Aspekte der Verschmutzung und Zerstörung der materialisierten Welt lösen. Die dort verweilenden entwickelten Wesenheiten sind vertraut mit Technologien der Elementumwandlung (Transmutation) – in menschlichen Begriffen als alchemistische Prozesse verstanden –, durch die die manifestierten Objekte, die ihren Daseinszweck auf der verkörperten Ebene verloren haben, in den Speicher der Urkräfte der Schöpfung zurückgeführt werden könnten. Im Gegenzug würden frische Schöpferkräfte in die entsprechenden Wirtschaftskreisläufe einfließen. Er versichert uns, dass zum Beispiel die Elementarwelt helfen könnte, indem sie die ausrangierten Materialien, Umweltschadstoffe und Energien zu den richtigen interdimensionalen Portalen leitet, um dort den erwähnten alchemistischen Prozess zu durchlaufen. Aber sie können natürlich nicht helfen, solange sie im menschlichen Bewusstsein nicht existieren. Wie kann jemand helfen, dem seine Existenz abgesprochen wird?

Julius weist darauf hin, dass ein guter nächster Schritt für eine zukünftige Zusammenarbeit zwischen der Menschheit und der Elementarwelt die wissenschaftliche Anerkennung der immensen Bedeutung des sogenannten »Mikrobioms« (Evolution der Mikroorganismen) wäre, das für die Fruchtbarkeit der Böden, für die Gesundheit der Menschen und anderer verkörperter Wesen und für das Leben im allgemeinen unabdingbar ist. »Ähnlich wie ihr Menschen vor nicht allzu langer Zeit Pferde für den Transport benutzt habt, könntet ihr auch mit den Mikroben zusammenarbeiten. Wir tun das bereits, weil sie in der Lage sind, sich direkt mit den manifestierten Ebenen des Lebens auf der Erde zu verbinden, wo wir es nicht können. Sie sind nicht unsere ›Pferde‹, denn in gewisser Weise sind wir identisch mit ihnen, sie verkörpern uns auf der manifestierten Ebene. Wir sind eins.«

Matrix der Bipolarität

Ich muss gestehen, die daran schließende Diskussion mit Ruth und Julius über die Organisation der zukünftigen Gaiakultur hatte ich vergessen. Erst als ich mich nach der Fertigstellung des Buchs für die Nacht niedergelassen hatte, erfreut, dass ich zu einem glücklichen Ende gekommen war, empfing ich einen sehr komplexen Traum (dargestellt im Fazit), der die Notwendigkeit eines abschließenden Kapitels aufzeigte. Der Traum wies auf das dramatische Ungleichgewicht zwischen den weiblichen und männlichen Aspekten der Urkräfte der Schöpfung innerhalb der gegenwärtigen Zivilisation hin. Die Botschaft war, dass wir die Erschaffung der Gaiakultur vergessen könnten, wenn wir nicht die Basis der menschlichen Kulturen in eine Balance bringen. Wobei es nicht um das Gleichgewicht zwischen weiblichen und männlichen Urkräften auf der individuellen Ebene geht, sondern um das Ungleichgewicht auf kollektiver Ebene.

Ich wende mich zunächst an Julius als Experten für die verschiedenen Ebenen des elementaren Bewusstseins und bitte ihn, die Rolle der Urkräfte der Schöpfung im irdischen Universum darzustellen. Überraschenderweise verweigert er die Antwort mit dem Hinweis, dass wir es in diesem Fall nicht mit subelementaren Ebenen von Gaias Universum zu tun haben, sondern mit der sub-kulturellen Ebene der menschlichen Gesellschaft. (Ich verwende den Begriff »subelementar« für jene Ebenen der Existenz, die die Basis für manifestierte Weltdimensionen darstellen. Entsprechend kann »subkulturell« als die Basis verstanden werden, auf der es möglich ist, kulturelle Überlagerungen aufzubauen.)

Julius erklärt, dass die menschliche Evolution, anders als andere Evolutionen in Gaias irdischem Universum, auf dem kosmischen Yin-Yang Archetyp aufgebaut ist. Leider verstehen ihn die modernen menschlichen Kulturen hauptsächlich auf der psychologischen Ebene, als die Beziehung zwischen femininen und maskulinen Qualitäten oder einfach als die Beziehung zwischen Mann und Frau.

Um seine Aussage über die Bedeutung der weiblich-männlichen Matrix für die menschliche Evolution zu illustrieren, lenkt er meine Aufmerksamkeit auf das zehnte Kapitel der Apokalypse, auf ein Detail, das schon immer meine Neugier erregt hat. Darin ist die Rede von einem mächtigen Engel, der mit einem Fuß im Meer und mit dem anderen auf trockenem Land steht und dem heiligen Johannes ein kleines Buch anbietet:

»Und die Stimme, die ich vom Himmel gehört hatte, war wieder in meinen Ohren und sprach: Geh hin und nimm das Büchlein, das aufgeschlagen liegt in der Hand des Engels, dessen Füße auf Meer und Land gepflanzt sind.« (Offb.10:8)

Julius erklärt dazu, dass in dieser kurzen Sequenz der Apokalypse der Archetyp der Menschheit als kosmische Evolution verschlüsselt sei. Wir seien eine »Evolution des offenen Buches«. Da wir in erster Linie eine Evolution des kosmischen Bewusstseins sind, basieren wir hauptsächlich auf dem Polaritätsprinzip, dargestellt durch das Symbol des Engels, der gleichzeitig im Wasser und auf trockenem Land steht – ein Symbol der feminin-maskulinen Polarität.

»Ich ging also auf den Engel zu und bat ihn, mir das kleine Buch zu geben. Nimm es, sagte er zu mir, und iss es auf. Es wird dir bitter im Magen liegen, aber süß wie Honig in deinem Mund. Da nahm ich das kleine Buch aus der Hand des Engels und schluckte es hinunter. Es schmeckte süß wie Honig, aber als ich es aufgegessen hatte, war es bitter für meinen Magen.« (Offb. 10:9-10)

Diese Sequenz zeigt die Initiation der Menschen zu einer Evolutionslinie des Bewusstseins, die auf der Weisheit der ausgeglichenen Polaritäten basiert. Die Polarität zwischen Wasser und trockenem Land wurde, nachdem sie vom Heiligen Johannes (stellvertretend für die Menschheit) verkörpert (gegessen) wurde, zur Polarität zwischen süß und bitter – gemeint ist der binäre Kode, der zwischen weiblich und männlich als kosmisches Yin und Yang ausbalanciert, aber auch zwischen der Region des Kopfes und der Region des Bauches oder zwischen Logik und Intuition.

Ruth antwortet, dass der Archetyp der ausgeglichenen Polarität zwischen feminin und maskulin, der der Menschheit als Basis unserer Identität innewohnt, es möglich macht, dass der Mensch als bewusstes Bindeglied zwischen den Schöpfungen von Sophia auf der einen Seite (die das Göttlich-Weibliche auf der Ebene der Galaxis repräsentiert) und Gaia auf der anderen Seite die Synergie beider Ebenen der Existenz ermöglicht. Aber für die Menschheit ist es unmöglich, diese für die Entstehung der Gaiakultur entscheidende Rolle zu übernehmen, solange wir den ungeheuren Missbrauch der maskulin-femininen Polarität auf dieser tiefen Ebene, von der wir sprechen, zulassen.

Beide Pole sind auseinandergerissen und haben sich in ein gefährliches Muster der Dualität verwandelt, in einen ständigen Kampf zwischen Gut und Böse. Die Trennung beider Pole lässt Individuen und Nationen nach Reichtum, Macht und Dominanz über andere streben, indem sie den maskulinen Aspekt missbrauchen. Der feminine Pol wird als Quelle der Fortpflanzung gefeiert, während er im gleichen Moment an den Rand der schöpferischen Prozesse gedrängt und als Quelle der sexuellen Lust missbraucht wird.

Ich verstehe Ruth so, dass solange wir einen solchen Missbrauch unserer Identitätsmatrix – die wir mit unseren Vorfahren und Nachkommen teilen – zulassen, es keine Chance gibt, die gewünschte Gaiakultur aufzubauen. Auch ist die Kommunikation zwischen beiden Hälften der Menschheit nur unter besonderen Bedingungen möglich. Ich verspreche ihr, dass ich im Rahmen meiner telepathischen zyklischen Werkstätten, die zum Wechsel der zyklischen Jahreszeiten stattfinden, an der Klärung und dem Ausgleich der femininen/maskulinen Matrix arbeiten werde.

Dies war das letzte Treffen mit meinen Partnern im Zusammenhang mit dem Thema der entstehenden Gaiakultur. Ich möchte es mit einer Danksagung an beide abschließen, die auch im Namen der potentiellen Leser und Leserinnen dieses Buchs ausgesprochen wird.

Übungen 4 mit Botschaften von Michael

Als das Jahr von 2020 auf 2021 wechselte, änderte sich die Quelle der von Andrea Roßlan-Brandt empfangenen Botschaften. Anstelle von Gaia-Botschaften begann Andrea, Botschaften von Michael zu empfangen. Dies hat sicherlich mit meiner Entscheidung zu tun, Michael zu bitten, unser Reisebegleiter zu sein, während wir die Parallelwelten von Gaia im nächsten und fünften Teil unseres Buches erkunden.

Im fünften Teil wird Michael als ein kosmisches Individuum vorgestellt, das in der jüngsten Phase der menschlichen Entwicklung die Aufgabe übernommen hat, zwischen der Menschheit und Gaia, der Schöpferin der irdischen Weltentraube, zu vermitteln. In diesem Sinne können wir sein Wirken als einen der Lehrer der Menschheit verstehen und ehren.

I
II
III
5.1.2021

05.01. 2021
Ihr Menschen, werdet euch eurer Schritte,
eurer Taten immer bewusster,
bleibet wach in eurem Erwachen
eurer Verbindungen
im geistigen Raum.
(Michael)

- Während du sitzt, stelle dir vor, dass sich vor dir eine hohe und dicke Mauer erhebt.
- Die Mauer reicht so nahe an dich heran, dass du ihre Kälte in deinen Knien spüren kannst.
- Für einen Moment bist du verzweifelt, weil du das Empfinden hast, der Weg in deine Zukunft sei blockiert.
- Dann stelle dir vor, dass du aufstehst und dich in die entgegengesetzte Richtung fortbewegst.
- Dort gibt es keine Mauer, die dich aufhält, nur die belebende Schönheit der Natur.
- Dann imaginiere, dass du dich wieder umdrehst, um nach der Mauer zu sehen.
- Es gibt dort keine Mauer mehr. Der Weg nach vorne ist frei.
- Freue dich!

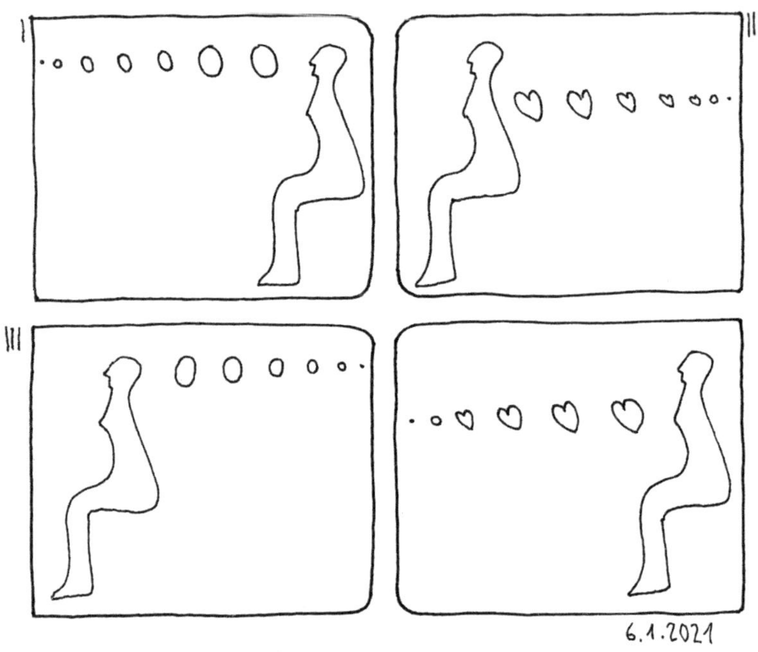
I
II
III
6.1.2021

06.01.2021

Ihr Geistwesen in menschlichen Körpern,
Umwandlung angebrochen,
dieser Zeiten erstehet
auf, in euch zu leben,
jene
euch innewohnende Gabe des Herzdenkens.
Erlaubet euch, euren Verstand zu nähren,
aus eurem Herzen heraus.
Gaia schenkt sich euch und begleitet eure Umwandlung.
Gehet mutig einen neuen Weg und verlasset die alten Pfade.
Vertrauet in das unbekannte Neue,
mit dankbarem Blick auf das alte Vergehende.
(Michael)

- Sitze einen Moment in Stille und Frieden.
- Dann stell dir vor, als schreite dein Kopf nach vorne, um mit der zukünftigen menschlichen Matrix in Berührung zu kommen. Wie fühlt sich das an?
- Nachdem dein Kopf wieder an seinen alten Platz zurückgekehrt ist, bewegt sich dein Herz nach hinten, um sich dort mit der Weisheit zu verbinden, die sich über Jahrtausende menschlicher Entwicklung angesammelt hat. Wie fühlt sich das an?
- Nachdem das Herz wieder seine alte Position eingenommen hat, wandert dein Kopf nach hinten, um sich mit der über Jahrtausende menschlicher Entwicklung angesammelte Weisheit zu verbinden. Wie fühlt sich das an?
- Nachdem dein Kopf wieder an seinen angestammten Platz zurückgekehrt ist, bewegt sich dein Herz nach vorne, um sich mit der menschlichen Matrix der Zukunft zu verbinden. Wie fühlt sich das an?
- Nachdem dein Herz wieder an seinen Platz zurückgekehrt ist, werde dir der vertikalen Ausrichtung deines Schädels, dem Bereich deiner Kehle und deiner Bauchhöhle bewusst.
- Empfinde, dass dein Gehirn in deinem Herzen und dein Herz in der Bauchhöhle verwurzelt ist. Wie fühlt sich das an?

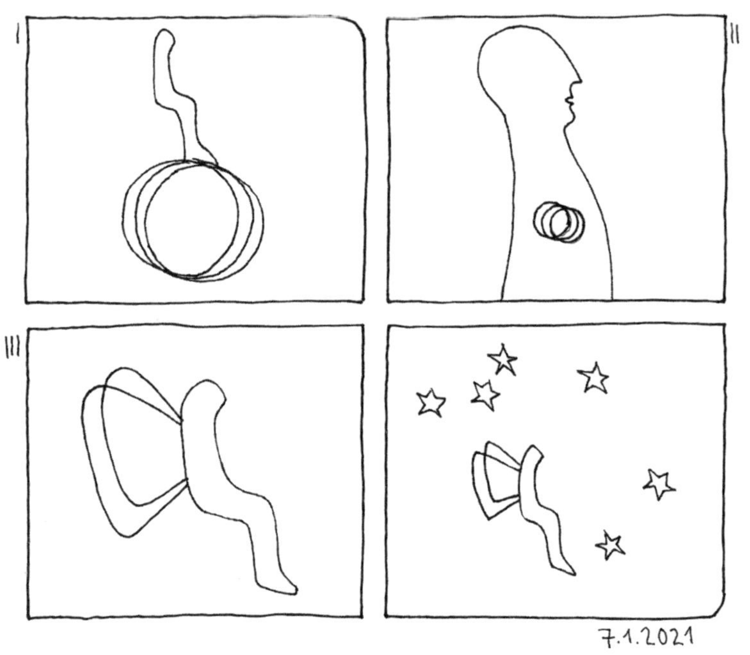
I
II
III
7.1.2021

07.01.2021
Mensch, reiche
du deine Hand Gaia, ihren Wesenheiten
und deinen Mitmenschen.
Der neue Weg ist ein Weg der Verbundenheit.
Erschaffen wird er im geistigen Raum,
den ihr Menschen der heutigen Zeit
euch getraut zu betreten, in dieser Zeit.
Diese Zeit ist ein Geschenk Gaias.
Reiche du deine Hand, Mensch,
und nimm es dankbar an.
Halte es,
hüte es,
beschütze es.
(Michael)

- Stell dir vor, dass du auf der Erdkugel sitzt, so, wie sie von einem Satelliten aus gesehen, erscheint.
- Empfinde, wie sich der Globus unter deinen Füßen in verschiedene Richtungen bewegt, um seine richtige Position in Übereinstimmung mit dem gegenwärtigen kosmischen Moment zu finden.
- Wenn der Globus seine richtige Position gefunden hat, werde dir bewusst, dass sich ein kleiner Globus im Raum deines Herzens befindet, der ebenfalls nach seiner richtigen Position sucht. Dieser repräsentiert deinen inneren Kompass.
- Wenn dein innerer Kompass sich richtig ausgerichtet hat, stelle dir vor, dass du zwei Flügel bekommen hast – wie ein Schmetterling.
- Bewege deine Flügel so lange, bis du dich in Übereinstimmung mit der kosmischen Matrix des gegenwärtigen Moments im Prozess des universalen Wandels befindest.

8.1.2021

08.01.2021
Ihr Menschen,
euer willentlicher Entschluss,
die geistige Verbindung
zu Gaia und ihren Wesenheiten
aufrechtzuhalten,
wird mehr denn je gebraucht.
Nutzt eure Möglichkeiten,
zu betreten die geistigen Räume.
(Michael)

- Lehne dich im Sitzen ein wenig nach vorne und stelle dir vor, wie du einen dreifachen Salto hinein in die Erde machst.
- Auf diese Weise gelangst du ins Innere der Erde und landest in einer Höhle, deren Wände mit wunderschönen Kristallen bedeckt sind.
- Während du dort in der Höhle sitzt, musst du dich so ausrichten, dass du genau unter deinem Körper sitzt, der zugleich immer noch oben auf der Erdoberfläche sitzt.
- Empfinde, wie du dich in perfekter Resonanz mit Gaia befindest. Genieße die Übereinstimmung zwischen euch beiden.
- Stell dir nun vor, dass du gleichzeitig auf deinen eigenen Schultern stehst.
- Mache dich dabei so groß wie nötig, um in Resonanz mit den geistigen Welten zu kommen.
- Fühle die Qualität, die sich herausbildet, wenn alle drei deiner Aspekte im Einklang miteinander sind.

10.1.2021

10.01.2021
Ihr Menschen,
Ihr werdet erschüttert,
immer wieder erneut,
durch die Ereignisse im Außen.
Unterbrecht selbst das Fortreißen,
welches dadurch geschieht;
»durch euren inneren Weg«.
Erhaltet willentlich und aktiv
die geistigen Räume
Gaias und ihrer Wesenheiten.
(Michael)

- Das menschliche Wesen kann mit einer Retorte, einem alchimistischen Destilliergerät verglichen werden.
- Das Wasser in der Retorte ist mehr oder weniger verunreinigt, da es Eindrücke der letzten Abweichungen deines persönlichen Lebenswegs enthält.
- Die Retorte wird über ein offenes Feuer der Inspiration und der Reinigung gehalten, das von Gaia und ihren elementaren Helfern angefeuert wird.
- Während es erhitzt wird, verdunstet das Wasser des Lebens und tropft als reinstes Wasser in die Destillierschale.
- Nimm dir genug Zeit, um den Prozess der Reinigung im Innern zu spüren.
- Dann nimm die Schale mit dem reinen Wasser, hebe sie hoch über die Erde und verschütte Tropfen des destillierten Wassers über einige Orte der Erde, die der Heilung bedürfen.

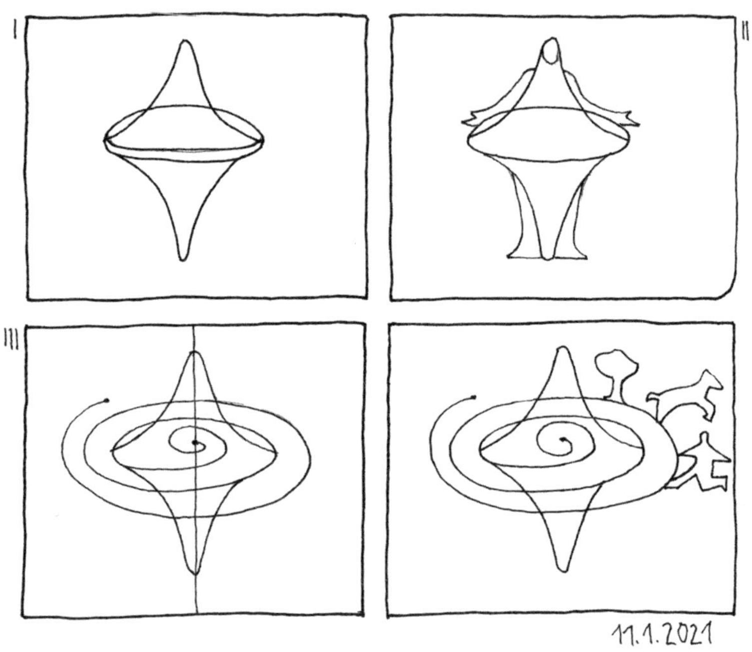
I
II
III
11.1.2021

11.01.2021
Mensch, lass
deinen Geist durch mich ansprechen.
Du bist frei.
Entscheide frei für dich.
Es ist ein möglicher Schritt,
der sich dir hier,
im Kontakt mit Gaia, offenbart.
Christus in dir, Frieden erwacht,
Neues wird ermöglicht.
(Michael)

- Erinnerst du dich an das alte Spielzeug eines Kreisels, der sich wie eine Spindel dreht. Das menschliche Wesen ist ein Kreisel, eine kosmische Spindel.
- Imaginiere den höchsten Punkt der Spindel so hoch wie du mit deinen Händen über deinen Kopf reichen kannst. Der tiefste Punkt ist die Erde, gerade unter deinen Füßen, während die Achse der beiden Punkte, die Himmel und Erde repräsentieren, an deiner Wirbelsäule entlangläuft.
- Entscheide dich, in welche Richtung du dich drehen willst. Vollführe diese Drehung in deiner Imagination, indem du von den beiden extremen Punkten der Achse ausgehst.
- Dein Herzzentrum nimmt bei diesem Spiel eine entscheidende Rolle ein. Auf der Höhe des Herzens beginnt sich die drehende Bewegung horizontal auszubreiten, während gleichzeitig die extremen Punkte auf der vertikalen Achse beginnen, sich nach oben und nach unten ins Unendliche weiterzudrehen.
- Die horizontalen Wellen, die sich aufgrund der drehenden Bewegung bilden, berühren alle Wesen nah und fern mit der Liebe deines Herzens. Sie berühren alle irdischen und elementaren Wesen von Gaia wie auch deine Mitmenschen. Sie werden davon inspiriert, sich in ihren eigenen Herzen wieder mit Erde und Himmel zu verbinden.

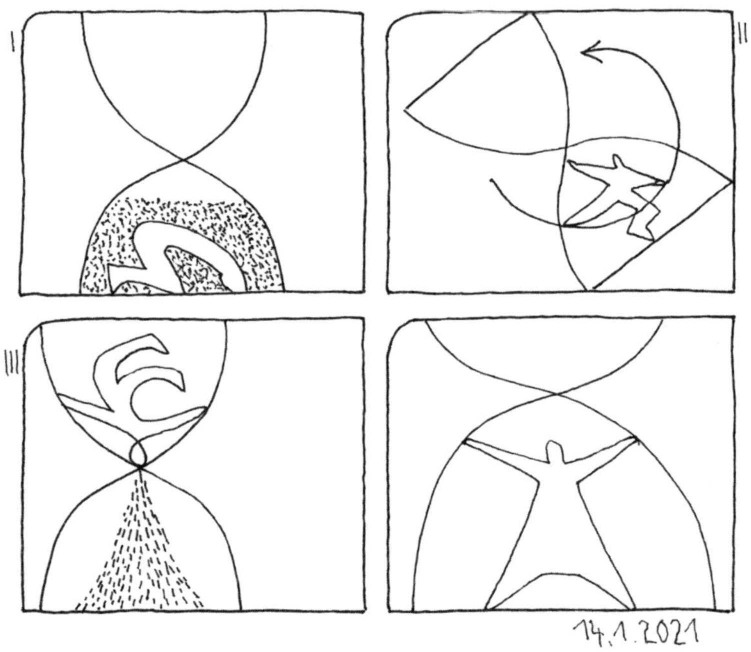
I
II
III
14.1.2021

14.01.2021

Mensch, erlöse dich selbst
aus deiner Illusion der Unfreiheit.
Nutze deinen Geist, deine Möglichkeiten,
wirksam zu sein
in den elementaren Räumen.
Alles ist vorbereitet.
Du, ihr, werdet erwartet, immer schon.
Jetzt beginnt die Zeit,
in der euer Erkennen dessen
euch immer bewusster wird.
(Michael)

- Stell dir vor, dass du in dem unteren Teil einer Sanduhr sitzt. Du fühlst dich in alten Mustern gefangen, nichts bewegt sich.
- Dann initiiert die kosmische Uhr ein neues Zeitalter der Evolution. Der Wandel naht wie ein starker Wind und stülpt die Sanduhr um.
- Du findest dich wieder mit dem Kopf nach unten, während deine Füße im oberen Teil der Sanduhr feststecken.
- Dein Körper ist zu sperrig, um elegant dem Wandel zu folgen und in den freien Raum des Neuen zu gleiten, der sich nun unten befindet.
- Um das Neue durch den schmalen Durchgang der Sanduhr erreichen zu können, musst du dich selbst in die Elemente deiner Matrix auflösen.
- Eins nach dem anderen fallen sie langsam in den leeren Raum der neuen Ära der menschlichen Evolution.
- Setze dich wieder zusammen. Wie fühlt es sich an, ganz neu zu sein?

I
II
III
15.1.2021

15.01 2021

Ihr Menschen,
es ist an der Zeit,
euer Erwachen in eure geistigen Fähigkeiten
ist von wertvoller Natur
für den Wandlungsprozess Gaias
und ihrer Wesenheiten und auch für eure Räume.
Stimmt diesem eurem ureigenem Erwachen innerlich zu
und nehmt eure Möglichkeiten wahr.
Ein jeder für sich und
in euren Gemeinschaften.
(Michael)

- Stell dir vor, wie du durch ein Fenster schaust. Überrascht erblickst du einen gewaltigen schlafenden Vulkan.
- Einen Moment später erblickst du durch dasselbe Fenster eine Anzahl vieler kleiner aktiver Vulkane, die sich um den großen herum bilden und anfangen auszubrechen.
- Der schlafende Vulkan steht für die katastrophale Art und Weise, mit der Gaia in vergangenen Zeitaltern große Veränderungen auf dem Planeten eingeleitet hat.
- Stelle dir die anwachsende Zahl der kleinen Vulkane als die neue Art und Weise vor, mit der Veränderungen durch die Kooperation verschiedener einzelner Menschen und Gruppen eingeleitet werden, die zusammen mit Gaia einen relativ friedlichen Wandel ermöglichen.
- Spüre, dass solch kleiner Vulkan auch in deinem Inneren existiert. Wo in deinem Körper befindet er sich?
- Was macht die Qualität dieses ausbrechenden kleinen Vulkans aus, der dein Beitrag zu dem erfolgreichen Wandel der Erde und der Menschheit ist?

Teil 5: Zusammenarbeit mit Parallelwelten

Die Weltentraube der Erde

In meinen Gesprächen mit den Vertretern der Elementar- und Geistwesen darüber, was für die weitere Entwicklung der Menschheit von Bedeutung wäre, wurde oft die Notwendigkeit der Zusammenarbeit mit den Parallelwelten erwähnt. Was meine ich mit dem Ausdruck »parallele« oder »synchrone« Welten?

Seit der Renaissance sind wir zu der Überzeugung gelangt, dass wir in einer kugelförmigen Blase leben, die wir Erde nennen. Der logische Verstand hat uns davon überzeugt, dass nichts außerhalb dieser Sphäre existiert. Meine Erfahrung in der geomantischen Arbeit lehrt mich im Gegensatz dazu, dass die materielle Blase, deren Einzigartigkeit wir schätzen, nur eine von mehreren Weltsphären ist, die zusammen einen Cluster oder eine Traube von Gaia-Welten bilden. Gaia hat eine Vielzahl verschiedener Weltsphären erschaffen, die jeweils einen optimalen Raum für die Entwicklungs- und Lernmöglichkeiten für bestimmte Wesen bieten, die sich entschieden haben, die Gastfreundschaft der Erde anzunehmen, um sich innerhalb der ihnen angebotenen Weltensphäre zu entwickeln – die Sphäre der Menschheit ist nur eine davon.

Zusammen mit Delphinen, Walen und anderen Tieren hat sich die Menschheit dafür entschieden, sich durch bestimmte Erfahrungen zu entwickeln, die in einer Weltsphäre gesammelt werden, die am besten als materialisiert oder verkörpert charakterisiert werden kann. Das ist natürlich nur teilweise richtig; in Wirklichkeit teilen wir und unsere anderen verkörperten Partnerevolutionen unser Sein zwischen zwei Weltsphären auf. Im Fall der Menschheit pendeln wir zwischen der geistigen und der verkörperten Sphäre hin und her. Etwas Ähnliches läuft auch bei den anderen oben erwähnten Evolutionen ab, aber natürlich auf eine andere Art und Weise – später vielleicht mehr darüber.

Es muss klar gesagt werden, dass die Erde immer als eine Art Cluster von relativ autonomen Welten existiert hat. Erst in jüngerer Zeit – auf unserer langen Zeitlinie als Menschheit – wurde das rationale Wissen zu einem Glaubenssystem, zu einer Art Religion der Amnesie. Unsere Erinnerungen an die früheren Verbindungen zu parallelen Sphären wurden unterdrückt und ausgelöscht, und die Illusion, dass unsere materielle Sphäre der einzige lebende Planet im Universum sei, wurde die vorherrschende Überzeugung im menschlichen Bewusstsein.

Eine Weltsphäre, die hervorgehoben werden sollte, ist diejenige, die die Basis des gesamten Erdclusters aufrechterhält. Innerhalb ihrer eigenen Sphäre hat Gaia eine Art von »privater« Welt geschaffen, die aus Mineralien, Mikroorganismen, Pilzen, Viren, Pflanzen, Elementarwesen und Landschaften besteht. Dies ist die Weltsphäre, die sie mit inkarnierten Tieren, Menschen, Walen und Delphinen teilt. Aber auch diese »private« Weltsphäre ist in Wirklichkeit ein eigener Cluster, der sich aus verschiedenen Weltsphären zusammensetzt, wie zum Beispiel die der Drachen oder der Elementarwesen.

Die Abschottung der Menschheit in eine einzige Weltblase ist reine Illusion, fabriziert vom rationalen Verstand, und nur funktional in einer einfachen eindimensionalen Realität. Wir existieren gleichzeitig in mindestens zwei Sphären der Weltentraube Gaias und unterhalten auch Beziehungen zu anderen Sphären des Gaia-Clusters.

Wir wollen in diesem Buchteil einige der Weltsphären aufsuchen, die zu Gaias Cluster gehören – ich bezeichne sie oft als irdisches Universum – und herausfinden, wie die zukünftige und schon bestehende Zusammenarbeit sowohl die Menschheit als auch die in den Parallelwelten angesiedelten Evolutionen bereichern kann. Der Prozess der Erschaffung der Gaiakultur wird es uns allen ermöglichen, in ein Zeitalter der gegenseitigen Inspiration und freudigen Zusammenarbeit einzutreten.

Suche nach einem Reiseführer

In den letzten vier Jahrzehnten meiner geomantischen und heilenden Arbeit mit der Erde habe ich ein umfangreiches Wissen über den Gaia-Cluster der Parallelwelten erworben. Meine Erkenntnisse dazu wurden unter dem Titel »Synchrone Welten« (AT-Verlag 2011) veröffentlicht. Nichtsdestotrotz brauche ich immer noch eine beratende Begleitung, wenn ich mich durch den Gaia-Cluster bewege, denn wir wollen die Essenz der einzelnen Parallelwelten nicht nur erspüren, sondern auch ihre Beziehung zum Gaiakulturprojekt erkennen.

Da Michael bei der Erstellung der meditativen Übungen in einem früheren Kapitel Andrea und mir großzügig geholfen hatte, hoffte ich, dass er mich auch bei diesem Unterfangen leiten würde. Er unterstützte mich auch bei meinen Recherchen für das Buch über das Fünfte Evangelium (»Erdweisheit und Christuskraft«, Neue Erde Verlag 2020), und zwar durch Botschaften, die meine Tochter Ana Pogačnik von ihm erhielt. Damals machte er deutlich, dass er im Zusammenhang mit den jüngsten kosmischen Veränderungen nicht als »Erzengel« bezeichnet werden möchte.

Nach meinem Entschluss, Michael um Begleitung auf dem Weg durch die Parallelwelten zu bitten, hatte ich einen Traum, den ich als Ausdruck seiner Zustimmung verstand.

Im Traum sitze ich in meinem Zimmer und schreibe das Buch, das du gerade liest, als ich jemanden von draußen rufen höre. Ich gehe die Treppe hinunter, um zu sehen, wer da ist, und erblicke einen jungen Mann von stattlicher Gestalt. Er erzählt mir, dass er von einer bestimmten Insel komme, die auch ich kennen würde – aber ich kann mich beim besten Willen nicht an ihren Namen erinnern. So sehr ich mich auch bemühe, der Name fällt mir nicht ein. Da es mir etwas peinlich ist, nenne ich den Namen einer Insel in der Adria, die ich gut kenne, aber die Antwort ist nein, das sei sie nicht. Inzwischen bemerke ich zwei jüngere Männer und eine Frau, die den jungen Mann begleiten. Ich entschuldige mich, um zu meinen Schreibarbeiten zurückzukehren. Ich gebe dem Mann, den ich für Michael halte, und seinen drei Begleitern, die seine Schüler zu sein scheinen, die Hand und laufe die Treppe zu meinem Zimmer hinauf.

Erst später, nach dem Aufwachen, verstand ich, warum ich mich nicht an den Namen der Insel erinnern konnte: Es handelte sich gar nicht um eine Insel. Eine Insel ohne Namen ist ein Symbol für eine andere

Weltsphäre. Und der »Insel«-Aufenthalt meiner Besucher ist ganz sicher die geistige Welt.

Ich erkannte auch, dass Michael nicht meine persönliche spirituelle Führung übernehmen wollte, aber bereit ist, uns durch die Ansammlung von Gaias synchronen Welten zu begleiten. Ich bin mir bewusst, dass allein meine Erkenntnisse aus den mit diesen Welten gemachten Erfahrungen kein vollständiges Bild ihrer Beschaffenheit und ihres Zwecks vermitteln könnten.

Ich möchte hier noch einmal auf Andreas Botschaften von Michael hinweisen, die wir schon in den letzten Kapiteln verkündet haben und auch an dieses anfügen werden. Sie zeigen Michael als kosmisches Wesen, das in der jüngsten Phase der menschlichen Entwicklung die Aufgabe übernommen hat, zwischen den geistigen Dimensionen der Menschheit und Gaia, der Schöpferin der irdischen Weltentraube, zu vermitteln. In diesem Sinne können wir seine Aufgabe als die eines Menschheitslehrers verstehen und ehren. Seine Mission ist nicht einfach, wenn wir die sich vertiefende Kluft bedenken, die sich in letzter Zeit zwischen Gaia und der Menschheit aufgetan hat, ganz zu schweigen von der tiefen Spaltung zwischen der Menschheit und den spirituellen Dimensionen. So war ich dankbar dafür, dass Michael sich bereiterklärte, uns bei unserer Reise durch die Parallelwelten zu begleiten.

Die Parallelwelt der Steine und Mineralien

Da ich von Beruf Bildhauer bin und hauptsächlich in Stein arbeite, äußerte ich den Wunsch, zunächst durch die Weltsphäre der Steine und Mineralien geführt zu werden. Bei der Arbeit mit Steinen habe ich entdeckt, dass sie bewusste Wesen sind. Es ist relativ einfach, sich dieser Ebene ihrer Existenz zu nähern. Dazu verwende ich eine einfache Gaia-Touch-Wahrnehmungsübung mit den fünf Fingern beider Hände.

- Stell dich vor einen Stein und verbinde die Finger beider Hände vor deinem Solarplexus, so dass die Fingerspitzen alle in einem Punkt vereint sind.

- Dann öffne die Hände weit nach links und rechts, als ob du dem Stein mitteilen würdest, er solle sich öffnen.
- Wiederhole die Geste rasch zwei- oder dreimal hintereinander und tritt dann in den Raum des Stein-Bewusstseins ein.

So wie unsere Fähigkeit zu denken zu unserer verkörperten Weltdimension gehört, so gehört auch das Stein-Bewusstsein zu seiner eigenen manifestierten Ebene – wenn auch in einer anderen Form als die Art, wie wir Menschen denken und uns ausdrücken. Bei Steinen ist das Bewusstsein eines der vollkommenen Stille, ohne irgendeine Begrenzung. Das Bewusstsein eines Steins erscheint schwebend wie eine große Wolke, die den Stein umgibt und durchdringt. Die Unfähigkeit, sich nach außen hin auszudrücken, hat die steinerne Intelligenz dahin gebracht, eine große Kapazität zu entwickeln, Informationen im Innern zu speichern – eine Eigenschaft, die die moderne menschliche Kultur in der Siliziumdioxid-Computerchip-Industrie zur Anwendung bringt und teilweise missbraucht.

Jenseits ihrer Existenz in der manifestierten Dimension als materialisiertes Bewusstsein haben Steine, Kristalle und Mineralien auch eine eigene geistige Weltsphäre. Diese Erkenntnis war für mich völlig neu; sie wurde mir durch meinen Begleiter Michael geoffenbart.

Er nimmt mich an die Hand und führt mich durch die leeren Räume zwischen den Atomen des materiellen Körpers der Steine in eine andere Dimension. Ich erlebe es mit großer Ehrfurcht. Der Raum ist erfüllt von verschiedenen Farbschichten und Mikroblitzen, die wahrscheinlich aus der Welt der Kristalle stammen. Ich habe nicht das Gefühl, eine andere Dimension betreten zu haben, die zu einem bestimmten Stein gehört. Vielmehr befinden wir uns in einem Raum, der allen Steinen, Mineralien und Kristallen der Erde gemeinsam ist. Er hat die Form einer Kugel und vermittelt den Eindruck, dass jeder Bestandteil von Steinen, Kristallen und Mineralien mit diesem wundersamen inneren Raum verbunden ist.

Als nächstes habe ich das Gefühl eines Stroms betriebsamer Aktivität, der sich mit Lichtgeschwindigkeit zwischen den in diesem Kugelraum gespeicherten Archetypen des Mineralreichs und den manifestierten

Mineralschichten der Erde bewegt. Es fühlt sich an, als ob die Elementarwesen des Erdelements – in Märchen und Mythen oft als Zwerge bezeichnet – sich entlang dieser Linien schnell fortbewegten, um das Bewusstsein der Mineralien, Steine und Kristalle mit der Matrix ihrer Existenz anzureichern. Würde dies nicht geschehen, dann würden sich ihre materialisierten Formen in einem Nebel aus einzelnen Atomen auflösen. Infolgedessen würden alle verkörperten Wesen der Erde, die Erde eingeschlossen, augenblicklich ihrer körperlichen Existenz beraubt werden.

Angesichts der wundersamen Welt der Mineralien wende ich mich an meinen Begleiter mit der Frage, was diese Entdeckung mit der zukünftigen Gaiakultur zu tun habe. Er beantwortete diese Frage, indem er auf zwei besondere Aspekte hinweist:

»Sobald die Kommunikation zwischen den archetypischen und manifestierten Aspekten der multidimensionalen Realität akzeptiert ist, also nicht durch rationale Logik blockiert wird, können sich die Steine in Korrelation mit ihrer sich verändernden Matrix bewegen. Dies wird den Übergang des materialisierten Körpers der Erde von der linearen, dreidimensionalen Konstitution, der wir heute folgen, hin zu einem Körper, der in dem Erdcluster integriert ist und auf natürliche Weise mit seinen synchronen Weltsphären kommuniziert, erleichtern.

Außerdem wird die interdimensionale Kommunikation auch viele der heutigen Technologien überflüssig machen. Es wird möglich sein, in Zusammenarbeit mit den intuitiven, neu entwickelten Fähigkeiten unseres Bewusstseins, Dinge mit einfachen Mitteln zu bewegen. Eine solche Technologie könnte verwendet werden, um eine Landschaft umzugestalten oder eine Stadt zu bauen. Doch wird das nur in Zusammenarbeit mit der Sphäre der Elementarwesen möglich sein, die für das Modellieren und Umgestalten der manifestierten Realität verantwortlich sind.«

Die Sphäre der Viren

Da ich dieses Buch in der Zeit des Jahreswechsels (2020/21) schreibe, in der ein Virus, tausendmal kleiner als ein Sandkorn, unsere Weltwirtschaft und unser soziales Leben verwüstet haben soll, interessiert mich natürlich der Platz der Viren innerhalb des Erdclusters.

Sie gelten als die ältesten manifestierten Wesen auf der Erde, die auch heute noch, nach Milliarden von Jahren, die Grundlage für die Aufrechterhaltung und Weiterentwicklung des Erdkörpers und ihres verkörperten Lebens sind.

Wenn wir mit der Erforschung des Erdclusters fortfahren wollen, sollten wir uns bewusst sein, so Michael, dass die synchronen Welten der Erde nicht ein Haufen von Kugeln oder Trauben sind, die kaum miteinander verbunden sind. Wir existieren in einem multidimensionalen Raum, der verschiedene Möglichkeiten bietet. In manchen Fällen funktionieren einzelne »Kugeln« der Parallelwelten relativ autonom, sind jedoch mittels interdimensionaler Portale mit anderen Kugeln verbunden. In anderen Fällen, wie in der Welt der Viren, überschneiden sie sich und durchdringen mehrere andere Sphären des Clusters.

»Obwohl Viren die gesamte manifestierte Welt durchdringen, existieren sie in einer Form, einer Sphäre. Sie haben keine eigene Parallelwelt wie zum Beispiel Menschen oder Tiere, die sich zwischen der geistigen und der manifestierten Sphäre hin und her bewegen. Sie sind einerseits in ihrer Gänze anwesend, erstrecken sich aber über alle Lebenswelten von Gaia. Sie stellen eine Art Nirwana der manifestierten Realität dar. Viren auslöschen zu wollen und sie in ihrer Gesamtheit für giftig und zerstörerisch zu erklären, ist ein Frevel gegenüber dem Leben.« (Der Name »Virus« kommt aus dem Lateinischen von »veneno, virus« , was »giftig« bedeutet.)

Wenn ihr als Menschheit gegenwärtig unter einer bestimmten Art von Virus leidet, so ist das eine Folge eurer extremen Entfremdung von den Archetypen des universellen Lebens. Viren schützen das Grundgewebe des Lebens, so dass es niemals zerstört werden kann. Eure Denkweise und Technologie, die ihr in den letzten Jahrzehnten entwickelt habt, bedroht die Existenz des Lebens im Erdcluster, deshalb müsst ihr mit einer entsprechenden Reaktion der Virengemeinschaft rechnen.«

Viren schaffen zusammen mit Mikroben und Pilzen die Grundlage dafür, damit das phantastische Gewebe des Lebens auf der materialisierten Ebene der Realität erscheinen kann. Viren bilden das grundlegende Netzwerk, auf dem der Organismus des Lebens beruht und sich entwickelt. Mikroben sind für den nächsten Schritt verantwortlich, in dem sich der

Organismus des Lebens manifestiert. Durch ihre Tätigkeit ermöglichen sie den Ausdruck des Lebens in all seinen verschiedenen Formen und Ebenen. Pilze sind ein weiterer Schritt in diesem Prozess. Sie übertragen den – bis zu diesem Zeitpunkt für unsere Augen noch unsichtbaren – Lebensorganismus der Erde in sichtbare und manifeste Formen. Viren und Mikroben sind für das bloße Auge unsichtbar, aber Pilze sind für uns sichtbar und können sogar gesammelt und gegessen werden. Alle drei Gemeinschaften von Mikroorganismen bilden nicht nur die Grundlage für das Leben auf der Erde, sondern ermöglichen allen lebendigen Wesen zu atmen, sich zu entwickeln und zu erblühen.

Die Drachensphäre

Zunächst möchte ich betonen, dass die Drachensphäre nicht von schrecklichen, vielköpfigen Bestien bewohnt wird, wie sie in Kinderbüchern oder in der Legende vom Heiligen Georg, dem Drachentöter, vorkommen. In Anlehnung an die vor-patriarchalischen Mythen über Drachen, die zu den Archetypen der Erde gehören, nehme ich Drachen als Repräsentanten der Urkräfte der Schöpfung auf irdischer und kosmischer Ebene wahr. Die lebenserhaltende Rolle, die Viren auf der manifesten Ebene verkörpern, ähnelt der Aufgabe, die Drachen auf den grundlegenden kausalen oder archetypischen Ebenen erfüllen.

Da der Erzengel Michael in der christlichen Ikonographie oft zusammen mit einem Drachen abgebildet wird, frage ich meinen Begleiter Michael, wie er die Drachensphäre als eine der synchronen Welten darstellen würde.

Als erstes zeigt mir Michel die unterirdische Funktion der Drachensphäre. Er führt mich an einen Ort hinter meinem Rücken, in die Tiefe der universellen Schöpfung. Ich finde mich in einem ausgedehnten Labyrinth wieder, das kein Ende zu nehmen scheint. Die Kanäle des Labyrinths haben einen bestimmten Rhythmus von eckigen und geschwungenen Formen, die sich nicht wiederholen, sondern ständig variieren. Mir wird klar, dass sich Sequenzen der Drachenkraft, eine nach der anderen, durch diese Kanäle bewegen, die für die Matrix der kosmischen Schöpfung stehen. Auf diese Weise halten die Urkräfte, die »Drachen«

genannt werden, die Ansammlung von Weltsphären – nicht nur die der Erde – existent, lebendig und im Einklang mit der kosmischen Uhr.

Dann werde ich an die Spitze des Universums gebracht, um all seine Sternensysteme und Galaxien sehen zu können. Es erscheint mir in der Form eines Eies. Ich sehe eine Schlange, die um dieses kosmische Ei gewickelt ist. Aus dieser Perspektive verstehe ich, dass die kosmische Aufgabe der Drachensphäre darin besteht, die Grundstruktur des Universums – die Eierschale als ihr Symbol – aufrechtzuerhalten und ständig zu erneuern, damit verschiedene Stern- und Planetensysteme, alle mit unterschiedlichen Kulturen und Lebensprozessen, gedeihen können. Es ist offensichtlich, dass es nicht die Aufgabe der Drachensphäre sein kann, in die Funktionsweise verschiedener Sterne und ihrer Weltencluster einzugreifen, sondern vielmehr eine atomare Grundstruktur zu gewährleisten, die die Erschaffung von Sternen und ihren Welten möglich macht. Das ist der Grund, warum ich die Schlange, die das Ei von außen umhüllt, als ein Wesen wahrnehme, das permanent die Basis für die Schöpfung webt.

Danach werde ich wieder auf die manifestierte Erde heruntergebracht. Hier erwartet mich die nächste Überraschung. Durch Michaels Augen sehe ich, wie sich alles in der Landschaft bewegt: die Bäume und Wälder, die Berge, sogar die Gebäude und Städte sind in Bewegung. Indem ich unsere Welt aus der parallelen Realität der Drachensphäre wahrnehme, bin ich in der Lage, diese sonst unsichtbare, aber ständig stattfindende Kette von Veränderungen zu beobachten.

In dem Zusammenhang wird von den sogenannten »Drachenlinien« gesprochen, die im Westen als »Ley-Linien« bezeichnet werden. Sie stellen eine landschaftliche, nach außen gewandte Manifestation der Urkräfte der Schöpfung dar, die sich fortwährend durch die gewundenen Gänge des oben erwähnten unterirdischen Labyrinths bewegen. Infolgedessen bringen die Drachenlinien Landschaften, Ozeane und Kontinente in einen Tanz anhaltender Veränderung mit den inhärenten Prozessen von Zersetzung und Neuschöpfung. Von der Ebene der Drachensphäre aus, die die Erdsphäre vollständig umschließt, würdet ihr erkennen, dass nichts jemals stillsteht oder irgendeine Form konstant bleibt.

Die Drachenkräfte wurden von den alten Griechen als »Atome« bezeichnet, als die grundlegende Komponente der manifestierten Realität, die »nicht geteilt« werden kann. Die bizarren Bilder und schrecklichen Folgen einer Atombombenexplosion zeigen die immense Kraft, die in einem einzigen Atom gespeichert ist: *Das ist die Drachenkraft!*

Die Evolution der Elementarwesen

Elementarwesen werden »elementar« genannt, weil sie in der westlichen Tradition in den klassischen vier Elementen wirken: Wasser, Feuer, Erde und Luft. Die Wissenschaft der Chemie betrachtet die Elemente aus einem anderen Blickwinkel, als Bausteine der physikalischen Welt. Doch die alchemistische Tradition versteht Wasser, Feuer, Erde und Luft als lebendige und bewusste Einheiten, die unsere komplexe Wirklichkeit-nicht nur die physische oder materielle – ausmachen.

Die östliche Tradition fügt diesen vier Elementen ein fünftes hinzu, das Metall, das durch Schmelzen von natürlichem Erz unter Verwendung des menschlichen Wissens über Metallurgie entsteht. Alternativ sprechen wir in der Sprache des Westens vom fünften Element, wenn die menschliche Kultur und die Elementarwelt zusammenarbeiten. So sind die Wesen des fünften Elements in dieser Zeit des Übergangs besonders aktiv, um uns Menschen für die Notwendigkeit unserer Transformation zu erwecken und uns zu helfen, uns an die neuen Bedingungen der Verkörperung anzupassen.

Wenn wir an die Elementarwelt denken, betrachten wir meist nur die Hälfte, die durch Fabelwesen wie Sylphen, Feen, Zwerge usw. symbolisiert wird. Sie repräsentieren die manifestierte Hälfte der Elementarsphäre. Ich nenne sie »manifestiert«, auch wenn die Elementarwesen nicht in einer verkörperten Form erscheinen. Aber sie spielen eine wichtige Rolle im Prozess der Manifestation der Welt, die wir als unsere natürliche Umgebung kennen. Über diesen Aspekt der Elementarwesen haben wir bereits im dritten Teil des Buches gesprochen. Sie besitzen das Wissen, die Bausteine der manifestierten Welt so zusammenzusetzen, dass sie in den verschiedenen Formen von Mineralien, Pflanzen, Tieren, Menschen, Landschaften, Biotopen usw. erscheinen können.

Um mit der gesamten Vielfalt des lebendigen Gaia-Organismus arbeiten zu können, mussten sie Fähigkeiten entwickeln, um unter den verschiedensten Bedingungen der Elemente wie der flüssigen Ausprägung des Wassers, der feurigen Transformationsprozesse, der vielfältigen irdischen Formen zu wirken, ebenso unter atmosphärischen Bedingungen sowie mit menschlichen Kulturen. Um das Arbeiten innerhalb der relativ dichten Formen der verkörperten Welt zu ermöglichen, mussten sie auf die Gabe eines manifestierten Körpers verzichten. Ihre Ätherkörper ermöglichen es ihnen, sowohl von innen als auch von außen Zugang zu den manifestierten Formen und Wesenheiten zu haben, um damit die innere magnetische Kraft zu steuern, die Pflanzen, Berge, Tiere, Menschen usw. in den materiellen Weltbedingungen verkörpert hält.

Ich werde oft gefragt, was mit dem Elementarwesen eines Baums geschieht, wenn der Baum stirbt. Ich antworte dann, dass das Elementarwesen in diesem Fall frei wäre, in die zweite Phase der elementaren Hemisphäre zurückzukehren, wo es sich regenerieren und auf den Ruf eines jungen Baumes warten könnte, der einen elementaren Begleiter braucht. Mit anderen Worten: Die Elementarwelt hat einen ähnlichen binären Daseinsrhythmus wie der Mensch, der sich zwischen dem geistigen und dem verkörperten Aspekt der Realität hin und her bewegt.

Dazu erklärt Michael, während er mich auf dem Weg zu den Parallelwelten des irdischen Clusters begleitet, dass es zwar eine Ähnlichkeit, aber auch einen grundlegenden Unterschied zwischen der geistigen Welt der Menschheit und der der Elementarwesen gibt. Die menschliche Evolution ist ein Gast von Gaia, und in einer fernen Zukunft werden wir vielleicht die Erde verlassen und unsere Evolution an einem anderen Ort im Universum fortsetzen. Im Gegensatz dazu ist die Elementarwelt eine Schöpfung von Gaia und Pan und gehört zum Planeten als eine seiner schöpferischen Ausdrucksformen. Ihre spirituelle Dimension befindet sich innerhalb des Paradieses von Gaias Schoß. Dort werden die Elementarwesen geboren, und dorthin kehren sie zurück, um sich zu regenerieren und Impulse für ihre weitere Entwicklung zu erhalten.

Hier finden wir eine weitere Parallele zur menschlichen Evolution. Wie im Gespräch mit Ruth und Julius erwähnt, arbeiten die menschlichen Seelen während ihres Aufenthalts in der geistigen Welt an ihrer Weiterentwicklung. Etwas Ähnliches erleben die Elementarwesen während ihres Rückzugs in den Schoß von Gaia. Dort durchlaufen sie einen

Transmutationsprozess, ähnlich wie die Verwandlung von einer Larve in einen Schmetterling. Das bedeutet, dass sie sich jedes Mal, wenn sie eine Aufgabe in der manifestierten Welt übernehmen, bereits ein Stück weiterentwickelt haben und somit in der Lage sind, komplizierte Aufgaben zu erfüllen, während sie als Hebamme der Verkörperung dienen.

Dann lädt Michael mich ein, ihn in die geistige Hemisphäre der Elementarwelt zu begleiten. Ich fühle mich wie in einem Märchen: Mir werden Feenflügel verliehen und mein Körper wird transparent. Ich finde mich in einer flüssigen Atmosphäre wieder, in der das Atmen wie das Einnehmen eines nährenden Getränks ist, angereichert mit grenzenlosem Glück. Ich kann tanzen und singen und bin Teil des heiligen Schoßes von Gaia.

Ich darf auch einen Blick in den Bereich werfen, in dem die Elementarwesen, eingehüllt in mehrschichtige Membranen, die Phasen ihrer Wandlung durchlaufen. Es herrscht dort völlige Ruhe und eine intensive Art von Konzentration, als ob die Novizen, während sie die eintretenden körperlichen Veränderungen durchlaufen, der Lehre Gaias lauschten. Danach sind sie bereit für ihre zukünftige Aufgabe in der verkörperten Welt der Natur oder der menschlichen Kultur.

Engel des Elementarreichs

Michaels Hilfe bei der Förderung unseres Wissens zu der Elementarsphäre lässt hoffen, dass er uns auch beim Verständnis der Welt der Engel helfen könnte. Ich erahne, dass die Engelsphäre das kosmische Gegenstück zur Elementarsphäre sein könnte. Fast alle religiösen Traditionen sprechen von diesen geflügelten Wesen. Haben sie einen Platz im Weltencluster der Erde oder sind sie Besucher aus einem anderen Universum? In dem Buch »Universum des menschlichen Körpers« erzähle ich von einem Traum, der mich zu der Vermutung inspirierte, dass solche Wesen auch in der irdischen Sphäre existieren und einst eine wichtige Rolle bei der Entwicklung des Erdclusters gespielt haben. Bei einer späteren Gelegenheit habe ich sie »elementare Engel« genannt. Gibt es diese Art von Wesen und was könnte ihre Rolle im Prozess der Erschaffung der Gaiakultur sein? Vielleicht wird uns Michael bei der Beantwortung dieser Fragen helfen können.

Michael beginnt mit einer kritischen Bemerkung über die Ignoranz religiöser Konzepte, die die Weltentraube von Gaia und Pan nicht als autonomes Universum anerkennen. Dies führt dazu, dass die Engelwelt exklusiv am Himmel angesiedelt wird und Engel als vogelähnliche Wesenheiten dargestellt werden, die vom Himmel kommen, wenn sie gerufen werden, um den Menschen zu Diensten zu sein. Wenn eine Evolution von Wesen mit Gaia und ihrer Schöpfung kooperieren möchte – erklärt er uns –, dann müssten sie ihre Bindungen, die sie mit der Welt ihrer Herkunft verbinden, vorübergehend lösen, um sich auf die spezifische Schwingung und Qualität des irdischen Universums einstimmen zu können. Eine bestimmte Gemeinschaft von Wesen oder eine Evolution muss sich ihren eigenen Raum innerhalb Gaias Weltentraube erschaffen, bevor sie als ein Mitglied der irdischen Familie mit dieser kooperieren kann.

Das betrifft auch die Engelwesen des Universums, die sich in einer frühen Entwicklungsphase der Erde entschlossen haben, sich dieser anzunähern. Ihrer Aufgabe entsprechend gestalteten sie den materiellen Körper der Erde auf eine Art und Weise um, die es Gaia ermöglichte, ihren verkörperten Planeten den Pflanzen, Tieren und später auch den Menschen zur Verfügung zu stellen, damit sich diese als Wesenheiten des Bewusstseins weiterentwickeln konnten. Zur Erreichung dieses Ziels stießen sie innerhalb des mineralischen Körpers der Erde Prozesse an, die bestimmte kosmische Qualitäten dort verankerten. Diese wirkten als Resonanzpunkte, durch die der Erdkörper mit den Bewusstseinssphären des galaktischen Universums verbunden werden konnte.

Das Christentum, das als monotheistische Religion einen Gott als höchsten Herrscher des Universums und der Erde inthronisiert, war und ist nicht in der Lage, elementare Engel in ihr Weltbild zu integrieren. Engelwesen, die mit Gaia und Pan kooperieren, werden als »luziferische« oder »gefallene Engel« verflucht und als feindliche Gegenkräfte Gottes und der Menschen betrachtet. Um diese gedankliche Blockade zu überwinden, müssen wir unsere Beziehung zu der Engelwelt von Grund auf neu gestalten.

»Was ihr als »Engelwelt« bezeichnen würdet, ist eine ähnliche Ansammlung von Welten wie die von Gaia, die aber auf einer höheren potentiellen Ebene existiert. In euren Worten ausgedrückt: So wie sich eure Weltentraube auf die Ebene eures Sonnensystems bezieht, bezieht sich unseres auf die galaktische Ebene. Ihr würdet sagen, dass euer Sonnensystem logischerweise Teil unserer Galaxie ist. Gleichermaßen umfasst der galaktische Engelcluster Gaias Komposition der Weltensphären. Aus diesem Grunde sind wir mitverantwortlich für das, was auf der Erde geschieht, denn die Weltentraube der Erde ist Teil unseres Clusters. Das bedeutet, dass wir in eurer Welt zweimal präsent sind – einmal als Mitglieder des irdischen Clusters (das heißt als elementare Engel) und zum anderen als eure Lehrer, Helfer und Mitschöpfer.

Um beide Cluster, den galaktischen und den planetarischen, zu vergleichen, werdet ihr innerhalb unseres galaktischen Clusters eine Sphäre finden, die derjenigen ähnelt, die mit den Urkräften der Schöpfung verbunden ist, die ihr Drachen nennt. Auf der galaktischen Ebene findet sich eine entsprechende Sphäre, die von Wesen bewohnt wird, die in der Zeit des frühen Christentums mit Namen wie Seraphim, Cherubim und Throne bezeichnet wurden. Ihre Aufgabe ist es, die universelle Schöpfung aufrechtzuhalten und sie in jedem aufeinanderfolgenden Augenblick zu erneuern.

Was in eurer Welt auch als Devas bekannt ist, entspricht – nach euren christlichen Begriffen – den engelhaften Netzwerken der Archai und Erzengel. Ihre Aufgabe ist es, bestimmte ethische Qualitäten und die jeweilige Matrix bestimmter Entwicklungen permanent aufrechtzuhalten und im gesamten Universum auszustrahlen.

Die Wesen, die ihr Engel nennt, können entsprechend mit Elementarwesen gleichgesetzt werden. Als Elementarwesen des Universums sorgen Engel für dessen Manifestation auf vielfältigen Ebenen und in verschiedenen Dimensionen.«

Unser Hauptinteresse bei der Erschaffung der Gaiakultur sollte sich auf die Elementar-Engel richten. Zuerst müssen wir sie von dem ihnen auferlegten Fluch befreien.

- Beginne mit der Vorstellung des mythischen Vogels Phoenix und seiner Auferstehung aus der Asche.

- In ähnlicher Weise durchlaufen die verfluchten Elementar-Engel den Prozess der Wandlung und erheben sich geläutert als Mitschöpfer Gaias und der Menschheit.
- Spüre die subtile Berührung ihrer Flügel auf deinem Körper.

Meiner Wahrnehmung nach kann ich mir eine herausragende Rolle der Elementar-Engel im gegenwärtigen Erdveränderungsprozess vorstellen. Sie könnten bei jenem Aspekt des Prozesses helfen, der die Anhebung des Schwingungsniveaus im Innern der Steine, der mineralischen Schichten der Erde, der Tier- und Pflanzenevolutionen und anderer Ausdehnungen des Erdclusters erfordert. Eine ähnliche Hilfe könnten sie auch uns Menschen anbieten, wenn wir sie um ihre Unterstützung bitten würden.

Kreative Mikroorganismen

Wir haben das Thema Mikroben bereits gestreift, als wir uns mit der Weltsphäre der Viren befassten. Nachdem diese die erste Stufe vorbereitet haben, betrachten wir die Mikroben als verantwortlich für die zweite Stufe – die Aktivierung der Manifestation des Lebensorganismus. Durch ihre Tätigkeit ermöglichen sie den Ausdruck des Lebens in all seinen verschiedenen Formen und Ebenen, sei es im Körper der Erde oder der Landschaft, im Tier, in der Pflanze oder im menschlichen Körper. Doch gibt es für sie – über ihre miniaturhafte Erscheinungsform hinaus – auch noch eine subtilere Ebene der Existenz wie bei uns Menschen, zum Beispiel eine Beziehung zur geistigen Welt?

Die Antwort lautet sicherlich »nein«. Wie Viren stellen Mikroorganismen eine geschlossene Sphäre dar, die aus unzähligen Einheiten besteht, die relativ gleichmäßig über die gesamte verkörperte Welt verteilt sind. Es heißt, dass sich in einem Liter Meerwasser so viele Mikroben befinden wie Menschen auf der Erde.

Aber es gibt eine spezifische Besonderheit in der Art und Weise, wie die Sphäre der Mikroben organisiert ist. Die Sphäre der Mikroorganismen erstreckt sich über ein Spektrum der Präsenz, das von der Verkörperung (in der dichtesten Materie) bis zu einer spezifischen Form der geistigen Präsenz reicht – jedoch nicht individuell, sondern als Kollektiv. Auf der spirituellen Seite des Spektrums existieren die Mikroben als riesige Schwärme von Mikrowesen, die eine bestimmte spirituelle Qualität oder Präsenz durch die Räume der verkörperten Welt tragen. Diesen Aspekt ihrer Präsenz nenne ich »Gaia-Funken« oder »Sparks«. In dieser Form tragen sie die spirituellen Gaben von Gaia oder von anderen Wesen, die für die spirituelle Dimension des Erdclusters verantwortlich sind, durch die irdischen Welten. Das gleiche Phänomen entdeckte ich beim Lesen von William Blooms Buch »Christ Sparks«. In dem Buch beschreibt er Heerscharen von Funken, die Christus, den sie als spirituelles Wesen »Avatar der Synthese« nennen, durch die Reiche der Erde begleiten.

Als ich das erste Mal Gaia-Funken wahrnahm, beobachtete ich gerade ein biodynamisches Rühren – ein Prozess, bei dem ein biodynamisches Präparat zur Düngung von Ackerland durch ein stundenlanges rhythmisches Rühren von in Wasser verdünntem Kompost vorbereitet wird. Da sah ich plötzlich beim Rühren diesen seltsamen Schwarm von Wesen, die sozusagen in das Rühren eintraten. Sie verursachten die Anhebung des Lichts des Präparats auf eine höhere Ebene, die mit dem elementaren Licht und Bewusstsein verbunden ist. Heutzutage nenne ich sie Gaia-Funken.

Gaia Sparks sind sensibel für spirituelle Ideen und Wellen von Schwingungen, die sie durch die subtile Atmosphäre der Erde tragen. Wenn irgendein spirituelles Wesen – nicht unbedingt Gaia – ein Muster des Segens erschafft, das auf eine bestimmte Situation auf der Erde gerichtet ist, und wenn seine Absicht rein und selbstlos ist, werden die Sparks es bemerken und dorthin tragen, wo die gegebene Botschaft und Energie gebraucht wird; sie werden die Botschaft dort präsent halten und mit ihr tanzen, solange es sinnvoll und hilfreich ist.

Sparks sind kreative Mikroorganismen, die eine besondere kollektive Sensibilität auszeichnet, und ein über jede Grenze hinausreichendes Bewusstsein. Ihre Gemeinschaften bilden Knoten in einem über die Erde verteilten Netzwerk. Wenn zum Beispiel eine Gruppe von Menschen kreativ meditiert und dabei ein bestimmtes Ziel verfolgt, nehmen die

Gaia-Funken diese Botschaft wahr und verbreiten diese sofort, was deren Wirkung verstärkt. Natürlich können sie nur helfen, wenn die schöpferische Gruppe sich der Parallelwelten von Gaia bewusst ist und diese in ihre Arbeit mit einbezieht; erst die bewusste Absicht wird die Aufmerksamkeit der Sparks auf sich ziehen.

Die tragische Seite der Geschichte ist, dass bestimmte menschliche Gruppen, die oft im Geheimen operieren, entdeckt haben, dass sie Sparks für ihre eigenen Zwecke manipulieren können. So können sie etwa dazu missbraucht werden, starke Wellen negativer Emotionen auszulösen, um Menschenmassen in einen Zustand existenzieller Angst zu versetzen – schaut euch nur die heutige Welt an! So ein massiver Tsunami der Angst überspült die Funken-Schwärme, so dass ihr kollektives Bewusstsein zusammenbricht und sie zu Trägern von destruktiven Emotionen und Ideen werden können.

Bitte versteht den Sinn meiner Worte als ein Plädoyer, die schöpferischen Mikroorganismen bewusst und voller Absicht in eure Bemühungen einzubeziehen, wenn ihr zum Wohle der lebendigen Erde oder der Menschheit tätig seid. Indem ihr sie in die schöpferische Arbeit einbezieht, schützt ihr sie davor, missbraucht zu werden. Seid euch bewusst, dass selbst inmitten dieser chaotischen Situationen die Sparks in der Lage sind, die Frequenzen eurer Arbeit zu hören, weil ihr kollektives Ohr weltweit aufgespannt ist und darauf wartet, etwas Positives für den irdischen Kosmos und die Menschheit zu tun.

Durch die EM-Bewegung (Effektive Mikroorganismen) haben die Menschen begonnen, die Hilfe der Mikroben in der Landwirtschaft, in ihren Gärten, in der Küche, in Gesundheitsfragen, in der Kosmetik usw. zu akzeptieren. Es ist an der Zeit, auch ihren spirituellen Aspekt, die wir kreative Mikroorganismen oder Gaia-Funken nennen, zu akzeptieren und Formen der Zusammenarbeit mit ihnen zu entwickeln, nicht nur, um die Erde zu einem besseren Lebensort zu machen, sondern um die Erschaffung des neuen irdischen Universums voranzutreiben.

Hier ist eine Übung, die helfen kann, sich mit Gaia Sparks zu verbinden.

- Imaginiere eine Farbleiter, die durch deinen Körper nach oben verläuft.
- Beginne am unteren Ende des Bauchs mit der Farbe Violett.
- Dann folgt Blau und danach Grün.
- Mit Gold gelangst du auf die Ebene der Kehle.
- Von dort aus teilt sich die Leiter in viele völlig weiße Äste, die hoch über deinen Kopf reichen. Am Ende eines jeden Astes befindet sich eine kleine weiße Kugel.
- Lass die Kugeln sich von den Ästen lösen und sich in einer ständigen spiralförmigen Bewegung vereinigen, die einen Schwarm von Funken darstellt.
- Um die Präsenz der Sparks wirklich erfahren zu können, bringe den Schwarm näher an deine Herzregion heran.
- Wenn du mit dem Schwarm zusammenarbeiten möchtest, beginne jetzt, indem du ihm eine Aufgabe zum Wohle des irdischen Kosmos oder für deine Mitmenschen gibst.

Partnerschaft mit den Tieren

Die Rolle der Tiere in unserer heutigen Zivilisation ist ambivalent und tragisch. Auf der einen Seite haben wir uns zu den Menschen entwikkeln können, die wir heute sind, weil wir in den letzten Millionen Jahren phantastische Geschenke von den Tieren erhalten haben: Füße zum Laufen, ein Herz, das in unserer Brust schlägt, Augen zum Sehen, Ohren zum Hören… Wir sind mit allem ausgestattet, was wir brauchen, um unter den Bedingungen der Materie existieren zu können und schöpferisch tätig zu sein. Auf der anderen Seite sind Tiere heute in den meisten Fällen versklavte Wesen, die fast keine Möglichkeit haben, ihren autonomen Weg der Evolution weiterzugehen. Wie könnte eine zukünftige Gaiakultur das Schicksal der Tiere verändern?

Um diese Frage zu beantworten, schlägt Michael vor, uns die Tiersphäre für einen Moment als frei von menschlichen Eingriffen vorzustellen und die Tiere als zwischen zwei Welten lebend wahrzunehmen. Ihre Welt ist zwischen der Sphäre des Pan auf der einen Seite und der Sphäre des Zodiaks auf der anderen Seite aufgespannt. Die Tiere, vom kleinsten Insekt bis zum großen Elefanten, sind glücklich und vollkommen in ihrem Wesen zu Hause, wenn sie frei mit den beiden Seiten verbunden sind, die für sie die irdischen und die geistigen Ausdehnungen darstellen.

Pan begegnete uns bereits bei der Betrachtung der Apokalypse im Kapitel über die sieben Siegel. Dort repräsentierte er das Lamm mit sieben Hörnern und sieben Augen, das in der Lage war, die Siegel zu brechen und damit den großen Prozess der Erdveränderungen einzuleiten. Wir identifizierten das Lamm als Pan, das männliche Antlitz von Gaia.

Wir können uns Pan als ein Netzwerk elementarer Bewusstheit und Kraft vorstellen, das die Landschaften und Ozeane der Erde durchdringt und so neben anderen Wesen auch Tiere mit den unzähligen Quellen lebensspendender Impulse von Gaia verbindet. Anders als der Mensch, dessen Daseinszweck es uns erlaubt, in unserer Verbindung zu Gaia autonom zu handeln, sind Tiere auf Pan und sein Netzwerk angewiesen, um geerdet zu sein. Je einfacher entwickelt eine Spezies ist, desto wichtiger ist ihre Verbindung zum Netzwerk der Pan-Brennpunkte, die auf der Oberfläche des verkörperten Planeten verteilt sind. Tiere einer Landschaft (sei es Land oder Wasser) brauchen eine konstante energetische Verbindung mit ihrem »lokalen« Fokus des Pan-Bewusstseins, damit sie in jedem einzelnen Augenblick den Zweck ihres irdischen Daseins sowie ihre Rolle in ihrer gegebenen natürlichen Umgebung aufrechterhalten können.

Menschliche Eingriffe in den Naturorganismus und die Ausbeutung der Erde haben zusammen mit elektromagnetischen Strahlungsnetzen die natürliche pan-organisierte Ordnung des Tieruniversums weitgehend zerstört. Die daraus resultierende Unordnung führt auch dazu, dass die Tierarten die Verbindung zu einem anderen Aspekt verlieren, der für ihr Wohlbefinden von entscheidender Bedeutung ist – die Verbindung zu ihren Archetypen, symbolisiert durch den Tierkreis – den Zodiak.

Das Wort »Zodiak« leitet sich vom Altgriechischen her und bedeutet »Kreis der Tiere«. Verschiedene menschliche Kulturen studierten den Tierkreis, um zur Erkenntnis der Archetypen zu gelangen, die die Pfade der menschlichen Verkörperung bestimmen. In diesem Zusammenhang entdeckten sie die Figuren des Tierkreises am nächtlichen Himmel wie eingewoben in verschiedene Sternkonstellationen. Die Archetypen des Zodiak sind wichtig für die menschlichen Seelen, um spezifische Eigenschaften zu erwerben, während sie durch bestimmte und diesen Qualitäten entsprechende Konstellationen in Richtung Verkörperung gleiten. Sie benötigen diese für ihre bevorstehende Verkörperung.

Meine eigenen Erfahrungen mit dem Zodiak sind jedoch nicht auf den Himmel bezogen, sondern entstehen bei meinen Besuchen von Höhlen, die tief in die Erde führen. In Slowenien sind das vor allem die Höhle Vilenica bei Lipica, die berühmte Postojna Höhle und die von der UNESCO geschützten Škocjan Höhlen. Dort komme ich in Kontakt mit urbildlichen Tiergestalten, bekannt aus diversen alten Überlieferungen, wie zum Beispiel Wesenheiten, die einer Sphinx oder solchen, die den Gorgonen gleichen, den drei Schlangengöttinnen aus der altgriechischen Mythologie.

Am Ufer der Kolpa, eines Flusses an der slowenischen Grenze zu Kroatien, erlebte ich in einer innerlichen Schau einen riesigen, aufrecht sitzenden Fisch auf eine so innige Weise, dass ich mich in ihm sitzend wahrnahm und nur meine Arme und Beine herausragten. Im Nu schwammen alle Fische jenes Flusses zusammen, legten ihre Schuppen ab und breiteten diese wie einen Teppich vor dem Urbild des Fisches aus, um mir ihre Wertschätzung für das Urbild ihres eigenen Wesens zu zeigen.

Bei derartigen Wahrnehmungen und auf Abbildungen mythologischer Tierwesen werden deren Körper immer wieder mit gewissen menschlichen Körperteilen kombiniert, meistens mit einem menschlichen Kopf. Diese tierisch-menschlichen Urgestalten verweisen auf jene Ebene, auf der wir als verkörperte Menschen noch in einer nahen Beziehung zu den Tieren lebten und deren Urbilder als unsere eigenen geistigen Führer durch die Welt der Materie ehrten. Von dieser sakral anmutenden Beziehung des Menschen zum Tierreich zeugen auch die Wandmalereien in den Höhlen von Altamira oder Lascaux.

Meiner Einsicht nach stellen die ursprünglichen Tiere des Tierkreises jene Urkräfte und ursprünglichen Qualitäten dar, die Gaia benötigt, um verschiedene Facetten ihrer Schöpfung hervorzubringen, bevor diese ihre eigentlichen Gestalten annehmen können, die wir aus der alltäglichen Wirklichkeit kennen. Es geht dabei sowohl um die Ausgestaltung diverser Tierarten als auch um die Formung verschiedener seelischer Voraussetzungen des individuellen Menschen. Indem wir einen oder mehrere dieser Urbilder verkörpern, wird das Leben für uns – das gilt auch für Tiere – sinnvoller und glücklicher; zudem werden unsere schöpferischen Potentiale und unsere Fähigkeit, miteinander in Frieden zu leben, unterstützt.

Um diese recht märchenhafte Ebene der Wirklichkeit erleben zu können schlage ich folgende Übung vor.

- Du stehst in deiner Vorstellung hinter dem Kreuzbein deines eigenen Rückens und bittest um den Schlüssel, um in die Unterwelt der Tier-Urbilder einsteigen zu können.
- Nachdem du über die Schwelle gestiegen bist, lege bitte alle deine Kleider ab (sie stehen für die verschiedenen Schichten, die wir uns als Menschen durch die Kulturentwicklungen übergestülpt haben), und stehe völlig nackt da, in Gestalt eines 12-jährigen Mädchens oder Jungen.
- Erst danach kannst du in die Tiefe des Raums hinter deinem Kreuzbein wandern und mit der Erforschung der urbildlichen Tierkreisebene anfangen.
- Beschließe die Übung mit Dankbarkeit und sei geerdet im Hier und Jetzt.

Damit der sich entwickelnden Gaiakultur die erforderliche Stabilität und Erdung gewährt wird, müssen unsere Beziehungen zum Tierreich erneuert werden. Als erstes sollte die Gesamtheit des mit Pan verbundenen Informationsnetzwerks geschützt werden, den die Tiere unbedingt brauchen, damit ihr Leben einen tieferen Sinn findet. Für die menschliche Kultur ist es von grundlegender Bedeutung, die Beziehungen zu den Tierarten derart zu vertiefen, dass wir wieder Zugang zu den Urbildern gewinnen können, die uns zur Verwirklichung unserer Ideen und Taten im Einklang mit Gaias Universum inspirieren.

Delphine und Wale

Ich hatte noch nicht die Gelegenheit, Walen zu begegnen, aber ich hatte mehrere tiefgreifende Erfahrungen mit der Familie der Delphine. Diese Verbindungen kamen zustande, während ich an einem Meeresufer stand oder sogar, wenn ich mich weit vom Meer entfernt im Landesinneren befand. Das scheint ein Widerspruch zu sein, aber nach meiner Erkenntnis verkörpern Delphine eine so hoch entwickelte Intelligenz, dass ihr Netzwerk die ganze Erde umspannt und sie sogar von einer Wüste aus eine Verbindung herstellen könnten.

Ich möchte klarstellen, dass Delphine eine ähnliche Beziehung zu den Fischarten haben wie Menschen zu den Affen. Meiner Einsicht nach sind sowohl Menschen wie auch Delphine Evolutionen interstellaren Ursprungs, die von Gaia die Erlaubnis erhielten, die Sphäre der Erde für ihre je eigene Evolution zu nutzen und sie unter den Bedingungen einer materialisierten Umgebung fortzusetzen. Als menschliche Familie entschieden wir uns, den evolutionären Weg auf dem Land zu beschreiten, während Delphine (und Wale) sich dafür entschieden, sich im Wasser weiterzuentwickeln. Gaia und ihre Elementarwesen halfen ihnen, ihre Körper zu entwickeln, indem sie sich auf die Fisch-Matrix bezogen, während den Menschen die Möglichkeit geboten wurde, den Affen-Archetyp anzunehmen.

Nach Michael sind die Unterschiede zwischen Delfinen und Walen nicht größer als die zwischen den menschlichen Ethnien wie zum Beispiel zwischen dunkelhäutigen Afrikanern und hellhäutigen Indoeuropäern. Auf der anderen Seite ist unsere enge Verwandtschaft mit Walen und Delphinen offensichtlich: Ohne Atemluft können sie nicht überleben und Menschen nicht ohne Trinkwasser. Aber dennoch ist meine Frage, was unsere Beziehung für die zukünftige Gaiakultur bedeutet.

Michael erinnerte mich daran, dass sich mit dem Übergang zu den neuen räumlichen Bedingungen der Erde auch das Verhältnis zwischen den einzelnen Elementen verändern wird. Während gegenwärtig die Elemente Erde und Feuer vorherrschend sind, werden in der Zukunft ihre komplementären Elemente Luft und Wasser hervortreten. Das Element Luft bringt die dominante Rolle des Bewusstseins und der Bewegungsfreiheit ins Spiel. Wale und Delphine sind Meister der Kommunikation im Element Wasser. Wale sind wahre Dichter – ihr endloses Epos hallt meilenweit durchs Meer, und Delfine sind im und durch das Wasser wirkende Heiler.

Idealerweise sollten wir uns in eine solche Richtung entwickeln, dass wir eine Synthese zwischen dem heutigen Menschen und dem Delphin verkörpern. Einen Fischschwanz werden wir natürlich nicht bekommen! Es geht darum, unsere feinstofflichen Körper zu entwickeln, damit sie als Mittel der Kommunikation und der Kommunion atmen und strahlen können, sowohl zwischen den Menschen wie auch mit Gaia und ihren Elementarwelten. (Vergleiche unsere Diskussionen über das Wasserelement mit Ruth und Julius in einem der letzten Kapitel.)

Um dieses neue Bewusstsein zu erfahren, lade ich euch ein, die folgende meditative Übung auszuprobieren – wiederholt sie oft, zum Beispiel beim Spazierengehen, im Auto oder im Zug usw.:

- Stell dir vor, du gehst einen Weg hinunter, der zu einem See mit kristallklarem Wasser führt.
- Bleib nicht stehen, wenn du am Rande des Sees ankommen bist, sondern gehe in deiner Imagination weiter, bis du ganz in das Wasser eingetaucht bist. (Wenn du möchtest, kannst du aufstehen und auf der Stelle gehen.)
- Du bist nun von dem kristallklaren Wasser umgeben. Schaue dich um und fühle diese Qualität der neuen Erde. Gaia hat sie in einen sprießenden Samen der neuen Realität hineingegeben, damit dieser sich zu einer multidimensionalen Realität entwickelt, um die entstehende Gaiakultur zu unterstützen.
- Achte auf die Mini-Chakren, die überall am Rande deiner Aura erscheinen. Sie sind sensibel für die kosmischen und irdischen Eigenschaften, die wir in unsere Körper integrieren müssen, um uns an die neue Konstitution der Realität anzupassen.

Ich entdeckte diese Mini-Chakren, während ich ein neues Buch über Venedig schrieb »Venedig – Embryo des neuen Erdenraums«. Diese Mini-Charaken, die sich entlang des Randes unseres erneuerten Wasserkörpers (oder auch erneuerten »Astralkörpers«) entwickeln, manifestieren sich in Venedig – beachte, dass die Wasserstadt die Form eines Fisches hat – markiert von dreizehn heiligen Gebäuden oder Orten, die den fischartigen Körper Venedigs umgeben. Vier dieser Orte sind die Plätze, an denen wir uns mit Ruth und Julius getroffen haben, um die zukünftige Verfassung der Menschheit zu besprechen.

Gibt es vergessene feenartige Sphären?

Meine Frage bezieht sich auf einige Sphären, die scheinbar keine Verbindung zu der Realität haben, in der wir gegenwärtig leben. Doch während meiner geomantischen und Erdheilungsarbeit konnte ich mindestens zwei von ihnen klar wahrnehmen. Zuerst hatte ich den Eindruck, dass sie in einer fernen Vergangenheit Teil der Weltentraube der Erde gewesen sein könnten und sich danach entfernt hätten, um ihre Evolution in einem anderen Sternensystem fortzusetzen. Aber seit ich den Transformationsprozess der Erde bewusst wahrnehme, entdeckte ich auch, dass mindestens zwei von ihnen sich aufrichtig bemühen, mit uns als menschlicher Familie zu kommunizieren. Meine Kontakte mit diesen beiden Sphären habe ich in dem Buch »Wandlungstanz der Erde« dargestellt. Um diesen beiden Sphären, die in unserer Erinnerung fast vergessen sind, einen Namen zu geben, nenne ich sie »Sidhe« (sprich: *Schi*) und »Ents«.

»Sidhe« ist der keltische Name für ein feenartiges Volk. Die irische Mythologie erzählt, dass die Sidhe Irland bevölkerten, bevor die patriarchalisch organisierten Kelten kamen. Sie eroberten das Land der Sidhe und verdrängten diese aus der manifestierten Welt in die Berge und den Untergrund der Erde. Während des letzten Jahrzehnts haben mehrere Autoren Bücher über ihre Kommunikation mit Sidhe veröffentlicht, darunter auch David Spangler, den ich persönlich kenne und respektiere.

Ich erkenne die Sidhe aus der Wahrnehmung ihrer manifestierten Artefakte heraus, die der Zeit entstammen, als sie noch auf der verkörperten Erde tätig waren. Ein solches Artefakt ist zum Beispiel der Komplex der sogenannten »bosnischen Pyramiden«, der ein ausgedehntes unterirdisches Tunnellabyrinth umfasst. An diesem Ort konnte ich mit ihnen durch intuitive Sprache kommunizieren. Sie zeigten mir eine ferne Vergangenheit, als sie zusammen mit Gaia und ihren Elementarwesen die Erde für die Inkarnation von Hochkulturen auf der materiellen Ebene der Realität vorbereiteten. Ergänzend dazu führte meine Tochter Ana einen Dialog mit dem bosnischen Pyramidenbewusstsein über die gegenwärtige Situation auf der Erde und unsere Rolle im Prozess der grundlegenden Veränderungen innerhalb der Menschheit und unserer Realität. Unsere Erkenntnisse haben wir unter dem Titel »Wahrheit aus der Zukunft« veröffentlicht.

Die zweite Sphäre, von der ich erzählen möchte, ist die Heimat der »Ents«. Um ehrlich zu sein, habe ich den Namen »Ents« aus Tolkiens Roman »Herr der Ringe« entlehnt. Tolkien stellte Ents als uralte Bäume dar, die beweglich sind. In seiner Trilogie waren sie maßgeblich daran beteiligt, das »Reich der Finsternis« zu besiegen. Für mich sind sie Wesen von einem fernen Stern, die in alte Bäume verkörpert vorkommen. Sie finden sich in einigen der alten Bäume, die wir daran erkennen, dass sie deutliche persönliche Merkmale aufweisen. Solche Bäume habe ich sowohl in Amerika als auch in Europa entdeckt. Ähnlich wie wir Menschen uns in einem weiterentwickelten Tierkörper inkarniert haben, so halten sich Ents in diesen besonderen Bäumen auf, wobei sie sich in einem ständigen bewussten und energetischen Dialog mit ihrem Heimatstern befinden. Diese »Nabelschnur«, die sie mit ihrem Stern verbindet, verleiht ihnen eine immense schöpferische Kraft, die so stark ist wie ihre magischen Fähigkeiten, von denen Tolkien in seinem Roman »Der Herr der Ringe« erzählt.

Michael fügt hinzu, dass diese mächtigen Parallelwelten ihre Verbindungen mit der Menschheit abgebrochen haben, nachdem sich die Herrschaft der patriarchalischen Gesellschaften auf der Erde endgültig etabliert hatte. Sie waren besorgt, dass ihre schöpferischen Kräfte von den neuen und gierigen herrschenden Klassen und ihren Magiern missbraucht werden könnten.

Kürzlich bei der Durchführung einer meiner Werkstätten, diesmal entlang des Flusses Kolpa im Süden Sloweniens, ereignete sich eine interessante Begegnung mit der Sidhe-Kultur:

Wir sitzen vor einer Höhle, aus der das Wasser eines starken Baches quillt. Die Höhle befindet sich unterhalb einer Hochebene, wo ein von der UNESCO geschützter Urwald seit jeher unberührt wächst. Unerwartet spüre ich hinter meinem Rücken eine Frauengestalt aus der Steinwand kommen. Sie nimmt meine Hand und führt mich durch die Steinschichten, als ob ihre Durchlässigkeit selbstverständlich wäre. Wir kommen in einem hell beleuchteten Land an. Ich sehe menschenähnliche Gestalten in Stille entlang ihrer Wege zwischen den Gebäuden einer mit der Pflanzenwelt umgebenen Siedlung wandern. Also frage ich sie, wieso ihre Unterwelt so hell beleuchtet sei. Die Antwort lautet, dass die Feenbereiche im Erdinneren durch die innere Sonne der Erde beleuchtet und gewärmt werden. In der Tat sehe ich, dass das Licht gleichmäßig verteilt ist und nicht einer gebündelten Quelle entstammt. Danach will ich wissen, was ihre Aufgabe in der Beziehung zu unserer »oberen« Weltebene sei. Sie antworten, dass sie von innen her die sakralen Orte an der Erdoberfläche pflegen.

In den letzten zwei Jahrzehnten bekundeten einige der Vertreter der Sidhe und Ents den Willen und den Wunsch ihrer Weltsphären und der sie bewohnenden Kulturen, uns Menschen bei der Lösung von Problemen zu helfen, die wir in den letzten Jahrtausenden auf die Erde projiziert und auf ihr abgeladen haben. Aber wir können nicht erwarten, dass ihre Absicht praktische Formen annimmt, solange wir nicht in der Lage sind, die menschliche Verstrickung mit der dunklen Sphäre der kosmischen Gegenkraft aufzulösen (dargestellt in den Kapiteln 11 und 12 der Apokalypse).

Die dunkle Kugel der Gegenkraft

Wie wir in früheren Kapiteln dieses Buches erörtert haben, scheint es das Ziel der Gegenkräfte zu sein, die Entwicklung des kosmischen Plans der Erde und der Menschheit zu behindern. Auf den ersten Blick sieht es so aus, als ob sie eine zerstörerische Macht darstellen, die in der universellen Ordnung keinen Platz hat. Doch die oben erwähnten Kapitel der Offenbarung des Heiligen Johannes unterstützen eine solche oberflächliche Annahme nicht. Sie bezeugen vielmehr den kosmischen Ursprung der Gegenkraft und auch die Ursache, warum sie mit der gegenwärtigen Ära der Evolution der Erde und der Menschheit verbunden ist.

Es ist gut möglich, dass die Menschheit ein kosmisches Korrektiv zum Erwachen ihrer vollen inneren Kräfte unter der Bedingung des freien Willens brauchte. Bevor wir anfingen, unsere Hochkulturen aufzubauen, waren wir noch Kinder, deren Entwicklung von Mutter Gaia und Vater Pan sowie unseren Lehrerinnen und Lehrern auf den spirituellen Ebenen beaufsichtigt wurde. Nach unserer Einweihung mit der phantastischen Gabe des freien Willens wurde eine Art von Spiegelung nötig. Die Einrichtung des Karmas funktioniert ganz gut, um aus vergangenen Fehlern zu lernen, aber als direktes Korrektiv in einem bestimmten Moment ist es nicht wirksam. Tatsächlich geht es sogar um mehr, als nur unsere falschen Entscheidungen oder Aktivitäten zu spiegeln; es sollte vielmehr möglich sein, uns einen kräftigen Tritt in den Hintern zu geben, wenn es nötig erscheint. Die dunkle Sphäre wirkt als ein solches unmittelbares Korrektiv.

Dies ist nicht der einzige Grund für die Annahme, die dunkle Sphäre als temporäres Mitglied des Weltenclusters der Erde zu akzeptieren. Obwohl ich nach bestem Wissen und Gewissen versucht habe, die Symbolsprache des zentralen zwölften Kapitels der Apokalypse in unsere logische Sprache zu übersetzen, bitte ich dennoch Michael um Hilfe, um die darin enthaltende Aussage besser verstehen zu können, und frage ihn: »Wenn sich die Erde nach Gaias Plan zu einem friedlichen Ort entwickeln soll, wo verschiedene Evolutionen des Universums mit Wesen ihrer eigenen Schöpfung zusammentreffen und für das höchste Wohl aller zusammenarbeiten, warum wird dann der dunklen Sphäre erlaubt, sich einzumischen?«

Michaels Antwort lautet:

Die Erde und die Menschheit sind in einen kosmischen Streit um die Verkörperung verwickelt. Während ihrer unermesslich langen Evolution hat Gaia mit Hilfe der Elementarwesen und der Engelnetzwerke die einzigartige Möglichkeit für geistige Wesen erschaffen, Augen zum Sehen, Ohren zum Hören und Hände zum Berühren der universellen Schöpfung zu erhalten. Schade, dass die Menschen diese einzigartige Gabe für selbstverständlich halten, während die alten Göttinnen und Götter des Himmels neidisch sind, weil sie keinen Zugang dazu haben. Jede Berührung und jeder Blick, den ihr ausführt, wird von ihnen als ein unbezahlbares Geschenk angesehen.

Unser gegenwärtiger Disput geht darum, ob die Menschheit würdig ist, die Gabe der bewussten Verkörperung zu genießen und weiterzuentwickeln, oder ob sie stattdessen den Göttern gewährt werden soll; das drückt die Symbolik der Apokalypse mit der Vertreibung Luzifers vom Himmel auf die Erde aus. Ihr seid nun als Menschheit herausgefordert zu beweisen, dass die Gabe der durch alle Sinne erfahrbaren Verkörperung zu Recht an die Menschen ging. Wenn die Menschen dieser Herausforderung nicht gewachsen sind, dann soll sie der älteren Generation der göttlichen Wesen übergeben werden, die sie für sich beanspruchen.

Um die Dramatik des Augenblicks zu verstehen, müssen wir bedenken, dass das anfängliche Geschenk der Verkörperung nur der Anfang eines langen Prozesses ist. Der materialisierte Körper, unterstützt durch das Tierreich, wird seine Evolution zuerst mit Hilfe der Pflanzen und dann bis zu den phantastischen Möglichkeiten der Verkörperung zu einem Wasserkörper fortsetzen. Letztendlich wird die göttliche Gabe der Verkörperung, wie sie auf der Erde begonnen hat, die Stufe erreichen, die Christus durch den Prozess seiner Auferstehung vorgeführt hat. Als er nach der Auferstehung vor seinen Jüngern erschien, war er gleichzeitig als materielles und als geistiges Wesen verkörpert.

Es ist offensichtlich, dass das menschliche Erwachen ohne Verzögerung notwendig ist, um nicht die Chance zu verlieren, sich in den Prozess der weiteren Entwicklung der Erde und des Universums einzubringen. Gaia mit ihren Elementar- und Sub-Elementarwesen hat den Prozess der Manifestation von Leben in materieller Form zu einem hohen Grad an Perfektion gebracht – schaut euch nur die Schönheit der Landschaft und ihrer Biotope an. Der nächste Schritt ist nur durch die Zusammenarbeit mit uns Menschen und mit allen Sphären des irdischen Universums möglich.

Wenn wir Menschen das nicht wahrhaben wollen, könnte das Recht der Verkörperung den alten Göttern gewährt werden, die es vermutlich als ihr exklusives Recht behalten würden. Es würde damit nicht an jene Kulturen und Wesen gehen, die der Entwicklung der neuen Phase der Erde und des Universums folgen.

Leider ist die dunkle Sphäre in den letzten beiden Jahrzehnten enorm aktiv und engt die menschliche Aufmerksamkeit ein, weil eine Krise schnell auf die nächste folgt, so dass ihr die eigentlichen Erfordernisse des Augenblicks nicht erfassen könnt. So folgten auf eine Finanzkrise die Schrecken von Terroranschlägen, noch verstärkt durch die Herausforderungen von Flüchtenden aus Kriegs- und Krisengebieten, dicht gefolgt von der globalen Pandemie und dem damit verbundenen »Lockdown«.

Eine gewisse Hoffnung bietet das zwanzigste Kapitel der Apokalypse, in dem es heißt, dass die dunkle Sphäre eine Zeitlang aus der gegenwärtigen Welt der Menschheit herausgelöst werden könnte. Der Druck ihrer bedrohlichen und verführerischen Kräfte könnte für eine bestimmte Zeit nachlassen, in der Hoffnung, dass die Menschen den gewährten Freiraum wahrnehmen und sich von ihren unbegründeten Ängsten loslösen. So heißt es in der Offenbarung: »Da warf ihn (der Engel) in die Grube und verschloss und versiegelte sie über seinem Haupt, damit er die Völker nicht mehr verführen konnte, bis tausend Jahre vorüber waren. Dann aber musste er für eine kleine Weile freigelassen werden.« (Offb. 20/3)

Die Sonnen- und Mondsphären

Welch eine Verhöhnung! Da sprechen wir über verschiedene unsichtbare Sphären des Gaia-Clusters, ohne die beiden Sphären zu erwähnen, die für unsere physischen Augen sichtbar sind: die mächtige Sphäre der Sonne und die schöne, sich ständig verändernde Sphäre des Mondes. Ich spreche von »zwei« Sphären, eingedenk dessen, dass wir die Erde als dritte sichtbare Sphäre nur durch die Augen und Kameras der Astronauten kennen. Gehören diese beiden Sphären zur Weltentraube der Erde?

Hören wir auf den logischen Verstand, so ist die Sonne das Zentrum des Sonnensystems und beherrscht die Erde als einen ihrer Satelliten, während die Erde ihren eigenen Satelliten, den Mond, in ihrem Bann hat. Eine solche hierarchische Struktur ist für die ganzheitliche Sicht der universellen Ordnung inakzeptabel. Die Sonne mag ihren eigenen Cluster von subtilen Welten haben, aber es ist nicht unser Interesse, diese gerade jetzt zu erforschen, während wir über die Gaiakultur sprechen.

Andererseits wäre es lächerlich zu behaupten, dass die Sonne keine Rolle in Gaias synchronen Welten spielen würde. Es ist offensichtlich, dass ohne das Licht der Sonne, ihre Kraft und ihre liebevolle Fürsorge für das Leben auf der Erde die Evolution von Gaias verkörperter Welt nicht möglich wäre. Es ist keine Frage, dass die Sonne eine wichtige Rolle als Mitglied der Weltentraube der Erde spielt. Doch was ist ihre wahre Funktion?

Um diese Frage zu beantworten, erschuf Michael in mir das Bild von Gaia, die im Kern ihres Clusters synchroner Welten als Ur-Sonne erstrahlt – eher wie ein Stern. Es ist Gaias schöpferische Vision und Kraft, die aus dem Inneren der Erde ausstrahlt, heller als die Sonne, und die den Kern darstellt, um den sich der gesamte Cluster ihrer Welten dreht, einschließlich der Sphären der Sonne und des Mondes.

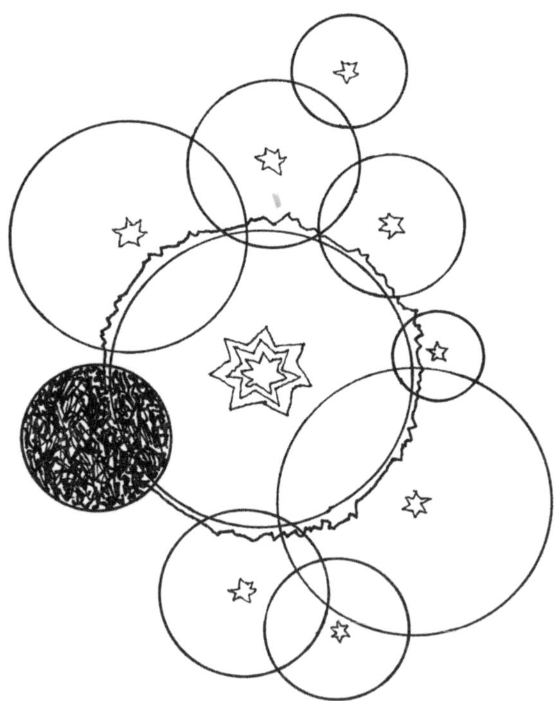

Die Ansammlung von Gaias synchronen Welten – einschließlich der dunklen Kugel – mit dem Erdstern in der Mitte

Das bedeutet nicht, dass wir zum alten geozentrischen System zurückkehren, auch wenn es auf den ersten Blick so aussieht. Die Erde, in der Mitte ihres Kosmos, stellt die schöpferische Kraft dar, die all ihre Wesen, Welten und Evolutionen mit Licht und Liebe nährt. Gaia ist die innere Sonne der Erde, die alle Mitglieder ihrer Weltentraube zu einem harmonischen und miteinander verbundenen Ganzen verbindet, indem sie im Kern eines jeden von ihnen als ihr eigener innerer Stern präsent ist.

Wenn die Sonne ihre zentrale Position in Bezug auf die Erde verliert, wie lässt sich dann die Rolle der Sonnensphäre in Gaias Cluster erklären? Ich stelle mir die Sonne als göttliche Großmutter der Erde vor, die selbstlos all die Voraussetzungen zur Verfügung stellt, die Gaia braucht, um mit der Entwicklung ihres Clusters synchroner Welten fortzufahren. Die Sonne ist der Kraft- und Liebesvulkan, der Gaia in ihren Bemühungen unterstützt, diese überwältigende Komposition aus teils materialisierten und teils hoch spirituellen Welten zu erschaffen.

Wenn wir in den Begriffen der Familienkonstellation denken, wäre der Mond eine Schwester von Gaia. Ähnlich wie die Sonnensphäre Gaia hilft, den Planeten in ständiger Bewegung zu halten, so unterstützt der Mond seine »Schwester« Gaia, die zyklische Bewegung der Wassermassen der Ozeane zu verwalten. Dabei beziehen sich beide Funktionen nur auf die Ebene des materialisierten Planeten. Stimme ich mich auf die tieferen Ebenen der Beziehung zwischen Gaia und dem Mond ein, dann empfange ich folgende Geschichte.

Als Gaia sich entschloss, die immense Herausforderung anzunehmen und sich in Richtung der Materialisierung der Erde zu entwickeln, musste sie all ihren Schmuck – gemeint sind ihre spirituellen Schätze – ablegen, um sie auf ihrem Weg durch Milliarden von Jahren während all der Umwälzungen, die die Entstehung der verkörperten Erde begleiteten, nicht zu verlieren. Sie wurden sicher auf dem Mond aufbewahrt, weil seine unwirtliche Oberfläche für mögliche Räuber uninteressant erscheint. In Gestalt von Gegenkräften suchen sie auf der lebendigen Erde nach Gaias Schmuckstücken.

Betrachten wir die Aussage dieser Erzählung aus der Perspektive der heutigen Zeit, so bedeutet sie nicht, dass »Gaias Schmuck« unzugänglich auf dem Mond gelagert bleibt. Durch das rhythmische Pulsieren der Ozeane, ausgelöst durch die magnetische Anziehungskraft des Mondes, werden sozusagen mit jeder Ebbe und Flut die geistigen Qualitäten der Erde an diese zurückgegeben. Mit jeder »Flut« nimmt Schwester Mond das Wasser zu sich, um es mit den Informationen aus Gaias gespeicherten spirituellen Schätzen zu durchtränken. Erinnern wir uns: Wasser ist der perfekte Träger von Informationen. Mit der »Ebbe« atmet die Erde die Informationen ihres geistigen Wissens ein, um sie im salzigen Wasser der Ozeane zu speichern. Mit Hilfe des ätherischen Wassernetzes wird »Gaias Schmuck« letztendlich an alle Wesen und Sphären ihres Clusters verteilt.

Die Sphäre der neuen Erde

Wenn wir alles aufgenommen haben, was in diesem Buch über die entstehende Gaiakultur dargestellt wurde, dann könnten wir daraus schließen, dass Gaia und ihre elementaren Helfer beabsichtigen, eine separate Sphäre innerhalb des Erdclusters zu schaffen, in der sich die neue Kultur in Ruhe entwickeln kann.

Lausche ich aber tief in mir auf die Stimme Michaels, kann ich hören, dass er mit der Idee einer getrennten Sphäre nicht einverstanden ist. Stattdessen zeichnet er in meinem Geist die Linie eines Prozesses, die zeigt, dass das Verhältnis zwischen der gegenwärtigen Erde und der entstehenden Gaiakultur durch verschiedene Phasen läuft, aber immer in enger Beziehung zueinander.

Sein Zeithorizont beginnt mit der Apokalypse, die im ersten Jahrhundert n. Chr. geschrieben wurde, als mit Hilfe von Visionen des heiligen Johannes, ein wichtiger Samen der zukünftigen Gaiakultur gepflanzt wurde. Der nächste Schritt könnte mit der Bildung der christlichen Kirche einhergegangen sein, die auf den Fundamenten des sogenannten Neuen Testaments aufbaute, das mit der Apokalypse endet. Aber in den folgenden Jahrhunderten war die Kirche voll und ganz damit beschäftigt, das Christentum in der Welt zu verbreiten, und nichts Wesentliches wurde dem Prozess hinzugefügt. Erst mit dem Aufkommen der modernen spirituellen Bewegungen in der Mitte des neunzehnten Jahrhunderts – zunächst mit der Theosophie und später mit der Anthroposophie – kam die Inspiration zum Aufbau einer neuen ganzheitlichen Kultur wieder auf.

Im Einklang mit dieser Inspiration wurde es an der Schwelle des dritten Jahrtausends möglich, die Entstehung einer neuen multidimensionalen Erdsphäre wahrzunehmen, die die Heimat der zukünftigen Gaiakultur sein wird. Ihr Auftauchen wäre nicht möglich ohne die Erdveränderungen, von denen in der Einleitung unseres Buches die Rede ist und die erstmalig Ende der 1990er Jahre auftraten.

In der gegenwärtigen Phase des Entstehungsprozesses einer Gaiakultur kann der Raum der zukünftigen Kultur als eine separate Sphäre wahrgenommen werden, die zwar in der Nähe der »alten« Erde existiert und doch völlig anders ist, viel leichter und glücklicher als der Rest des Planeten, wie ihn die Mehrheit der Menschen erlebt, die in den Problemen der fortgeschrittenen Verschlechterung unserer natürlichen Umwelt und dem Aufkommen bisher unbekannter Krankheiten überflutet wird.

In der gegenwärtigen Phase können wir in der Tat von zwei relativ getrennten Welten sprechen, von der »alten« und der »neuen« Erde als zwei autonomen Sphären, die beide integraler Bestandteil derselben mit Gaia verbundenen Weltentraube sind. Diese zeitlich begrenzte Trennung ist gut für die weitere Entwicklung des neuen Raums als Heimat für die zukünftige Gaiakultur, damit sie sich geschützt entwickeln kann, als würde sie in Gaias Schoß wachsen.

Aber wenn auf der anderen Seite die Mehrheit der Menschen dadurch in Unkenntnis über die Hintergründe der kosmischen Krise des Planeten bleibt, dann befinden wir uns in einer ziemlich schwierigen Position. Die Situation erscheint hoffnungslos! Wie können wir diesem unentschlossenen Teil der Menschheit helfen, sich der Zerbrechlichkeit des Augenblicks und der dringenden Notwendigkeit, das Alte hinter sich zu lassen, bewusstzuwerden und sich zu entscheiden, dem neuen Weg zu folgen, den Gaia und ihr Weltencluster eingeschlagen haben?

Trotz der gegenwärtigen Phase der Trennung beider Erdsphären, die dazu führt, dass die Menschheit gleichzeitig in zwei verschiedenen Weltsphären lebt, spüre ich in mir das unerschütterliche Vertrauen von Michael, dass es in der Zukunft möglich sein wird, die Gaiakultur auf ein und derselben Erde zu errichten. Während der Milliarden Jahre der

Evolution haben Gaia und Pan die materialisierte Erde auf ein so hohes Niveau von Stärke und Schönheit entwickelt – trotz der Überlagerung mit den Schichten menschlicher Zerstörung –, dass es eine kosmische Schande wäre, sie aufzugeben und durch eine andere Existenzsphäre zu ersetzen.

Stattdessen sollten wir davon ausgehen, dass die Anziehungskraft der potenziellen Vollkommenheit der Erde im richtigen Moment die Sphäre der neuen Erde zu ihrem Ursprungsplaneten zurückziehen wird. Wenn der Zeitpunkt ihrer Rückkehr mit dem im letzten Kapitel erwähnten vorübergehenden Ausschluss der dunklen Sphäre der Gegenkraft zusammenfallen würde, dann wären wir nicht nur gerettet, sondern auch gesegnet.

In der Erwartung, dass die Gaiakultur am Ende auf der gleichen verkörperten Erde aufgebaut wird, die wir heute bewohnen, ist eine tiefgreifende Arbeit an der Umwandlung der zerstörerischen Schichten notwendig, die von unseren entfremdeten modernen Kulturen produziert wurden. Wie eine Überlagerung verbergen sie den Eingang zur Matrix der zukünftigen Kultur, die an einem sicheren Ort innerhalb der Schatzkammer von Gaia verborgen ist.

Michaels Antwort:

Das gigantische Werk der Umwandlung der mentalen, emotionalen und kulturellen Schichten, die die wahre Erde bedecken, kann sicherlich nicht ohne die Zusammenarbeit und die ko-kreativen Bemühungen der bereits beschriebenen parallelen Sphären des Gaia-Clusters und seiner Wesen vollbracht werden. Wenn die Zeit kommt, (die oben erwähnte) Schatzkammer von Gaia zu öffnen, werdet ihr überrascht sein, dass in den letzten zwei Jahrtausenden, während ihr mit euren religiösen Streitigkeiten, ideologischen Schlachten und nicht enden wollenden Kriegen wie Kinder ein Spiel gespielt habt, Gaia und ihre mitschöpferischen Wesen damit beschäftigt waren, ätherische Formen für die Archetypen der zukünftigen Kultur zu erschaffen, indem sie in der Stille mit verschiedenen höherentwickelten Menschen zusammenarbeiteten, die sich in diesen letzten zwei Jahrtausenden einer nach dem anderen inkarniert haben.

Das heißt aber nicht, dass die Arbeit an der Schaffung der neuen Kultur bereits vollendet ist. Als letztes müssen die Archetypen der Gaiakultur einer nach dem anderen in soziale Formen, neue Arten der Kommunikation, neue Formen der Kunst und der Wirtschaft übertragen werden, auch alles andere, was eine Kultur braucht, um ein kreatives und erfülltes Leben für ihre Mitglieder und alle daran beteiligten Wesen und Evolutionen zu verwirklichen. In dieser abschließenden Phase der Erschaffung der Gaiakultur werden die Trennungen zwischen den Welten, die an der Entwicklung des irdischen Universums beteiligt sind, transzendiert, und das Projekt der Erschaffung der Gaiakultur wird zum gemeinsamen Unternehmen des gesamten Clusters der Gaia-Welten.

Danke lieber Michael für deine Führung!

Übungen mit Botschaften von Michael

I
II
III
18.1.2021

18.01.2021
Mensch,
schenkst du dir selbst
einen Moment Ruhe,
trotz all der Hektik um dich
und somit auch in dir,
erblickst du den Pfad der neuen Möglichkeit.
Du wirst begleitet,
sobald du, in deiner Ruhe,
den geistigen Raum betrittst.
(Michael)

- Während ich meinen spirituellen Weg verfolge, bin ich zu einer Herausforderung gelangt, die ich anscheinend unmöglich lösen kann. Es fühlt sich so an, als stünde ich einem steilen Berg gegenüber, den ich unmöglich besteigen kann.
- Ich bin verzweifelt.
- Dann berührt mich die Eingebung, in eine andere Richtung zu schauen.
- Überrascht erkenne ich, dass sich dort kein Hindernis befindet und der Weg vor mir frei ist.
- Nimm dir Zeit zu spüren, dass du frei und in Frieden bist.

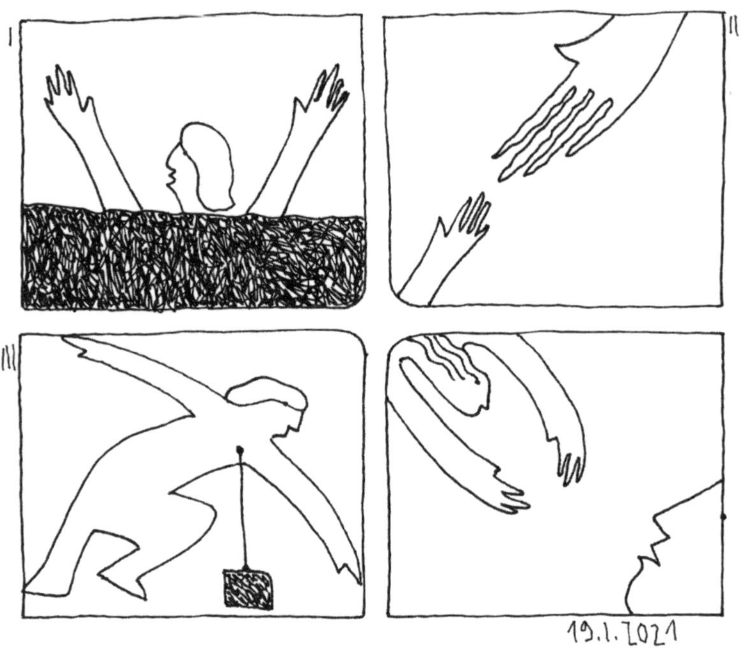
I
II
III
19.1.2021

19.01.2021
Mensch,
bleib im Kontakt.
Bleib präsent im geistigen Raum,lass dich nicht wegziehen.
Die Gefahr ist derzeit groß.
Finde, mit Hilfe von Gaia,
mit Hilfe deiner Gaiaverbundenheit
deine Möglichkeiten,
angebunden zu bleiben
an den geistigen Raum.
Lass dich nicht abbringen
von unserem gemeinsamen Pfad.(Michael)

- Stell dir vor, du drohst in einem Moor zu ertrinken. Im letzten Moment erscheint eine Hand. Ergreife sie ohne Zögern, und du bist gerettet.
- Jetzt versuche zu erspüren, wo in deinem Körper die Macht sitzt, die dich in deinen schwachen Momenten hinunterzieht.
- Dann erfühle, wo in deinem irdischen oder kosmischen Umfeld die Kraft existiert, die verhindert, dass du dich in dramatischen Situationen verlierst.
- Dann finde heraus, um welche helfenden Wesen (oder welches helfende Wesen) es sich handelt, und verbinde dich mit ihnen (oder ihm), so dass du um Hilfe rufen kannst, wenn es nötig ist.

21.1.2021

21.01. 2021
Inspirationen
erreichen wieder euer Herz,
ihr Menschen.
Hütet sie.
Euer Ich erwacht durch diese Impulse,
eure sich stabilisierende Gaiaverbundenheit
ermöglicht dies.
Gehet weiter
in dieser Verbundenheit.
Christus in euch
(Michael)

- Vor vielen Jahren hast du einen Aspekt deiner selbst ausgeschickt, um nach dem Kristall der Wahrheit zu suchen.
- Jahre sind vergangen, und du hast fast vergessen, dass du einmal einen Teil deiner Selbst ausgeschickt hast, um den Kristall der Wahrheit zu suchen.
- Eines Abends sitzt du schweigend in deinem Zimmer, als jemand an die Tür klopft. Stell dir vor, die Tür zu deinem Innern zu öffnen.
- Du stellst fest, dass der Aspekt deiner Selbst, den du auf die Suche nach dem Kristall der Wahrheit geschickt hast, nach Hause zurückgekehrt ist.
- Fühle, wie dieser Kristall in dir Liebe ausstrahlt.
- Teile diese Ausstrahlung mit deiner Umgebung und mit der Menschheit.

25.1.2021

25.01.2021
Ihr Menschen,
gebt euch selbstlos
und voller Vertrauen
der Mutter Erde, eurer Mutter,
Mutter allen Seins, hin
und stellt euch,
ebenso selbstlos
und voller Vertrauen
in die Verantwortung
eurer Aufgaben
in der jetzigen Zeit.
Erkennen werdet ihr sie,
in Momenten eurer Hingabe.
(Michael)

- Stell dir vor, du gehst einen Weg entlang, der zu einem großen See mit kristallklarem Wasser führt.
- Als du am Seeufer ankommst, stellst du mit Überraschung fest, dass der Pfad weitergeht und bis in die Tiefe des Sees hinabführt.
- Du bist mutig und folgst dem Pfad, bis du am Grund des Sees angekommen bist.
- Wieder bist du überrascht, wie leicht es dir fällt, unter Wasser zu atmen, als ob das kristalline Wasser des Sees einen Aspekt der neuen Erdatmosphäre darstellen würde.
- Sieh dich um und nimm die Qualität der flüssigen Atmosphäre wahr und die Beschaffenheit der Welt, die von der Sanftheit des Wassers durchtränkt ist.

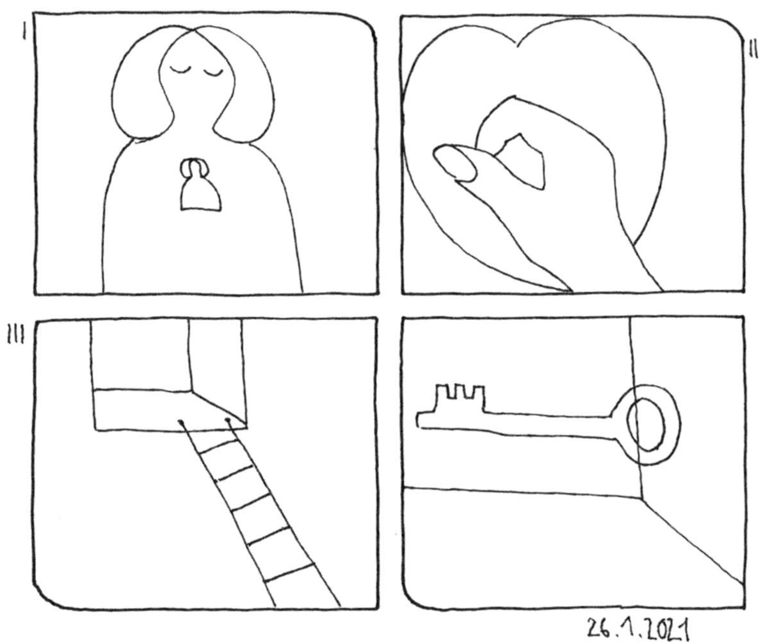
I
II
III
26.1.2021

26.01. 2021
Ihr Menschen,
es wird schwerer,
im derzeitigen Wandlungsprozess
die geistigen Räume zu betreten.
Werdet euch bewusst:
Ihr braucht einander als Wegbegleiter.
Habt Mut
und sucht eure gemeinsamen Wege.
Seid einander Wegbegleiter.
(Michael)

- Sei in deinem Herzzentrum präsent.
- Stell dir vor, dass du von dort aus zu deinem Herzmuskel wanderst.
- Dort angekommen, klopfe an die Tür.
- Nachdem du eingetreten bist, erkennst du, dass es außer den vier Kammern, der es bedarf, um richtig zu funktionieren, noch eine fünfte Kammer gibt.
- Steige die Treppe zur fünften Kammer hinauf. Öffne die Tür und sitze dort für einige Zeit schweigend.
- Wisse, dass selbst wenn alle Möglichkeiten, die spirituelle Welt zu erreichen, verschlossen sind, du hier immer den Schlüssel finden wirst, wie du sie ansprechen kannst.
- Versuche es jetzt!

27.1.2021

27.01 2021
Wir brauchen wieder mehr Begegnungen
mit der Qualität des neuen,
unseres geschaffenen, gemeinschaftlichen Raumes.
Ihr Menschen – beachtet dies,
in all euren inneren Schritten,
die wir derzeit gemeinsam gehen.
Diese Schritte sind unsere Vorbereitung
für die notwendigen
nächsten Schritte und Handlungen im Außen.
(Gaia und ihre Wesenheiten)

- Stell dir vor, dass ein großer Schwarm von Vögeln über deinem Kopf fliegt.
- Einer der Vögel dreht sich unerwartet um und landet in deinem Schoß.
- Neige dich mit deinem Ohr ganz nahe an seinen Schnabel heran, um seine feine Stimme zu hören, mit der der Vogel mit dir reden möchte.
- In dem Augenblick, wo der Vogel wieder wegfliegt, springt ein Fuchs in deinen Schoß. Höre aufmerksam zu, was der Fuchs dir zu erzählen hat.
- Nachdem der Fuchs gegangen ist, bemerkst du, dass ein Baum ganz in der Nähe mit dir reden möchte. Lausche dem Rauschen seiner Blätter.
- Dann ruft dich ganz in der Nähe ein Berg und fordert dich auf, näherzukommen; neige dein Ohr dem Boden zu und lausche seiner Stimme.
- Zum Schluss kommen deine Liebsten zu dir, um dich zu berühren und von dir berührt zu werden.

I
II
III
29.1.2021

29.01.2021

Mensch,
dein innerer Friede
wird immer notwendiger,
um durch diese Zeit
der Wandlung mit Gaia zu gehen.
Ich begleite dich –
wende dich an mich.
Bleibe mutig und treu
deiner Bereitschaft verbunden,
als Mensch
Mittler zu sein.
Mittler zwischen Himmel und Erde –
zwischen den sichtbaren
und unsichtbaren Räumen.
(Michael)

- Mit dem unteren Teil unseres Körpers sind wir Menschen im Frieden von Gaia verankert, ihren Wäldern, Bergen und Fluren.
- Aber der obere Teil unseres Körpers wird oft von allerlei Ängsten heimgesucht.
- Stell dir vor, dass eine weiße Taube angeflogen kommt, sich in deinen Schoß setzt und dort ein Ei hinterlässt.
- Durch deine Wertschätzung für den Frieden öffnet sich das Ei und eine junge weiße Taube entschlüpft.
- *Die Taube öffnet ihre Flügel und bewegt sie, während sie langsam in deinem Körper aufsteigt und dort Frieden auf all seinen Ebenen bringt.*
- *Spüre ihre Flügel auf der Ebene des Solarplexus schwingen, auf der Ebene deines Herzens und auf der Ebene deiner Kehle.*
- *Wenn die Friedenstaube die Ebene deines Kopfes erreicht, sind ihre Flügel so weit geworden, dass sie nicht innerhalb des Kopfes gehalten werden können.*
- *Die Friedenstaube fliegt in die Welt, um deinen Frieden mit deinen Mitmenschen zu teilen.*

I
II
III
31.1.2021

31.01. 2021

Ihr Menschen,
aus eurem inneren Frieden heraus
könnt ihr so viel bewirken
für den Frieden um euch.
(Michael)

- Stell dir vor, du sitzt im offenen Maul eines schrecklichen Drachen. Sein Maul kann sich jeden Moment schließen, und es ist um dich geschehen.
- Du brauchst dich nicht zu fürchten! Gehe mit deiner Aufmerksamkeit zu dem Chakra unter deinen Füßen, wo du in Gaia verwurzelt bist, und bringe diese Vibration des Friedens in deinen ganzen Körper.
- Lausche aufmerksam nach innen. Wenn du das Gefühl hast, dass ein Teil deines Körpers nicht in Frieden ist, dann bring ihm Frieden und Ausgewogenheit. Wenn du das tust, achte besonders auf dein elementares Herz am unteren Ende deines Brustbeins.
- Dann sieh dich um und erkenne, dass dort noch andere sitzen und im Maul desselben Drachen meditieren.
- Die gesamte Landschaft mit ihren Bäumen, Tieren und menschlichen Bewohnern befinden sich alle im Maul desselben Drachen.
- Dieser »schreckliche Drache« repräsentiert die Urkräfte Gaias, die alle existierenden Weltsphären umfassen und erhalten.

Fazit: An der Schwelle zur Gaiakultur

Die Ankunft

Dieser abschließende Buchteil war ursprünglich nicht vorgesehen. Doch genau an dem Tag, an dem ich das, was ich für den letzten Teil des Buchs hielt – meine Ausführungen zum Cluster der Parallelwelten der Erde –, fertigschrieb, hatte ich einen Traum, der mich dazu drängte, weiterzuschreiben. Ich verstand den Traum als einen Vorschlag, über die Bedingungen zu schreiben, denen sich die menschliche Gemeinschaft in der nächsten Phase der Erschaffung der Gaiakultur stellen muss. Die Leserin und der Leser sollten einen Einblick bekommen in das, was als nächstes auf dem Weg zur Erdung der neuen Kultur auf uns zukommen wird, um bereit zu sein, wenn sich der nächste Schritt des Prozesses ankündigt. Ich glaube nicht, dass es sich dabei um Geschehnisse in einer fernen Zukunft handelt. Wir befinden uns bereits an der Schwelle, die zur neuen Ära der Entwicklung der Erde und der Menschheit führt.

Genau davon handelte mein Traum: unsere Ankunft an der Schwelle zur Gaiakultur. Die Geschichte, die er erzählt, ist zu komplex, um sie als Ganzes zu erzählen. Deshalb will ich mich auf einzelne nacheinander folgende Traumsequenzen beschränken, sie gleich mit den aktuellen Aspekten des Gaiakultur-Aufbaus verbindend. Letztendlich habe ich akzeptiert, dass mich der folgende Traum zum Abschluss unseres Buchs führen wird.

Wir reisen auf einem gigantischen Ozeandampfer in Richtung Australien. Der Traum zeigt die Situation bei unserer Ankunft.

Es gibt sicher verschiedene Gründe, warum mein Unterbewusstsein gerade »Australien« ausgewählt hat, um den nächsten Schritt in der Annäherung an die noch nicht existierende Gaiakultur darzustellen. Australien ist der einzige von fünf Kontinenten, den ich im Rahmen meiner geomantischen und Erdheilungs-Arbeit nie besucht habe. Australien ist auch der Kontinent mit der ältesten Kultur der Aborigine, die tief im Gaia-Bewusstsein verwurzelt ist.

Wenn ich mich zurückversetze in den Moment, als der Dampfer an die Küste Australiens stieß, so empfinde ich wieder die starke Welle der Veränderung, die sich durch meinen Körper bewegt – angefangen bei den Füßen bis hoch zum Kopf. Ich glaube, die symbolhafte Berührung mit »Australien«, als Großmutter des verkörperten Lebens, ist notwendig, wenn sich die Schöpfung einer Gaiakultur von einer bloßen Idee zu ihrer praktischen Verwirklichung bewegt.

Wichtiger noch als unsere Ankunft am Ufer von »Australien«, ist die zweite Botschaft des Traums. Sie besagt, dass wir, indem wir den verschiedenen Stufen zur Vorbereitung für die neue Gaiakultur gefolgt sind, nun an dem Punkt angekommen sind, an dem ein entscheidender Schritt in Richtung ihrer Manifestation erfolgen muss. Es ist der Moment, um von der Ebene der Vorbereitung auf den festen Boden der Verwirklichung des Plans hinabzusteigen. Es könnte einer der entscheidendsten Momente der ganzen Reise sein!

Manches Gepäck muss zurückgelassen werden

Der Moment der Ausschiffung ist gekommen. Die Leute holen ihr Gepäck, um das Schiff zu verlassen. Ich stehe ebenfalls auf, um meinen Koffer aus dem Regal hoch über meinem Sitzplatz herauszunehmen. Zu meiner Überraschung ist mein grüner Koffer nicht da. Ich fasse mit den Händen um das Regal herum, aber alles, was ich ertasten kann, ist ein Haufen unbekannter Gegenstände, die jetzt anstelle meines Koffers daliegen. Ich bin verzweifelt. Wie kann ich in Australien ohne meine Kleider überleben?

Erst später im Traum hatte ich die Idee, zu diesem Regal zurückzukehren, um zu sehen, ob die Gegenstände, die ich mit meinen Händen berührte, möglicherweise die Dinge aus meinem Koffer waren und nur der Koffer verschwunden war. (Das Regal war so hoch über meinem Sitz positioniert, dass ich nicht sehen konnte, um was für Gegenstände es sich handelte; ich konnte sie nur kurz mit den Händen berühren.) Aber tatsächlich bin ich nicht zurückgekehrt, um dieser Eingebung nachzugehen.

Die Botschaft dieser Traumsequenz besagt offensichtlich, dass wir vor der »Landung« die Muster zurücklassen müssen, die die Realität in einer bestimmten Form festhalten, die noch der gegenwärtigen dreidimensionalen Konstitution unserer planetarischen Sphäre entspricht. Der Koffer selbst ist für den Zweck des Überlebens nicht von Bedeutung. Was für das tägliche Leben wichtig ist, ist sein Inhalt. Ich war in dem Moment des Verlusts wirklich verzweifelt und dachte: »Wie rasiere ich mich ohne meinen Rasierer, wie wechsle ich meine Unterwäsche...«, ohne zu bemerken, dass alles noch da ist; nur die alte Matrix, die den alltäglichen Abläufen eine bestimmte Form gab, muss losgelassen werden.

An diesem Punkt warnt uns der Traum, dass mit dem Überschreiten der Schwelle zu einem multidimensionalen Raum (eine Voraussetzung, damit die Gaiakultur in der Realität existieren kann) vertraute Muster, die uns helfen, uns zu orientieren und durch die verkörperte Welt zu navigieren, verschwinden oder sich drastisch verändern könnten. Anstatt in Panik zu verfallen, sollten wir uns auf das Wesentliche konzentrieren und nicht dem Verlust von Sicherheit nachtrauern.

Keine Panik – Frieden bewahren!

Ich beschließe, um das Boot herumzulaufen, um nach meinem Koffer zu suchen; vielleicht hat ihn jemand absichtlich verschoben. Beim Herumgehen stelle ich fest, dass alle Regale weiß gestrichen und so gestaltet sind, dass ich genau sehen kann, dass dort kein Gepäckstück mehr liegt.

Im Traum befürchtete ich, die Welt wäre – vermutlich nur vorübergehend – leergefegt worden. Die Ursache dafür könnten Naturkatastrophen sein, die zum Beispiel einen langfristigen Stromausfall bewirken könnten; oder es könnte zum Ausbruch von Vulkanen kommen, wie zum Beispiel auf Island, was unter anderem einen Nahrungsmangel zur Folge haben könnte...

Doch die übersichtliche Gestaltung der leeren Regale und deren weißer Farbe geben mir die Zuversicht, dass sogar solche herausfordernden Situationen nicht zufällig kämen, sondern vielmehr den Charakter einer Art absichtlich herbeigeführten Prüfung hätten, um uns zu verdeutlichen, dass wir auch ohne »Koffer« bzw. ohne unsere materiellen Besitztümer überleben könnten, von denen wir so abhängig geworden sind.

Wie, um mir zu helfen, diese Traumsequenz zu verstehen, begegnet mir während meiner Inspektion der leeren Regale eine hochgewachsene Frau in der Uniform eines Marineoffiziers, die offensichtlich zur Besatzung des Schiffes gehört. Einen Moment lang überlege ich, sie nach meinem verschwundenen Koffer zu fragen, aber es fühlt sich unpassend an, sie mit meinen persönlichen Belangen zu belästigen.

Meine Begegnung mit der Marine-Offizierin hat mich zu der Überzeugung gebracht, dass die oben erwähnten bedrohlichen Umstände nicht das Ergebnis eines chaotischen Ereignisses sind, sondern einer sorgfältig geplanten Aktion, die von der geistigen Welt der menschlichen Gattung überwacht wird – der geistigen Welt, wie sie von Ruth in unseren Diskussionen über den Organismus der zukünftigen Gaiakultur beschrieben wurde. Da treffen sich die höchstentwickelten Seelen unserer Vorfahren und beraten über die besten Lösungen – in der gegebenen Situation auf dem Planeten – bezüglich der Lebensumstände der Menschheit und wie sie diese zu optimalem Handeln inspirieren können.

Wenn der Ozeandampfer die gegenwärtige Situation der Menschheit darstellt, dann könnte die Offizierin als Mitglied des geistigen Rates identifiziert werden, der die gegenwärtig verkörperte Menschheit »von oben« unterstützt.

Das weiblich-männliche Gleichgewicht der Urkräfte muss wiederhergestellt werden

Nachdem ich die Suche nach meinem Gepäck aufgegeben habe, sage ich mir: Wenn ich das Schiff verlasse, dann finde ich mich in einer unbekannten Stadt wieder. Es wird schwierig sein, eine Toilette zu finden; besser, ich nutze die an Bord angebotenen Einrichtungen, bevor ich das Schiff verlasse. Ich vermute, dass sich die Toiletten irgendwo im Bauch des Ozeandampfers befinden. Als ich mich umschaue, stelle ich fest, dass zwei verschiedene Treppen nach unten führen. Aber welche ist die richtige? Normalerweise gibt es eine Beschriftung mit »Ladies« oder »Gentlemen«. Ich sehe zwei elektronische Tafeln, die diese Information anzeigen sollten. Aber sie zeigen keine Beschriftung, sondern nur zwei beleuchtete Linien und sonst nichts.

In diesem Moment der Unentschlossenheit sehe ich einen Mann, der sich zügig die rechte Treppe hinunterbewegt. In der Annahme, dass dies die richtige Treppe für »Gentlemen« ist, folge ich ihm. Doch als ich unten ankomme, scheint meine Annahme falsch zu sein. Ich sehe Ladentische, auf denen verschiedene Lebensmittel und Früchte ausgestellt sind, als ob sie zum Verkauf stünden. Außerdem stehen Damen herum, die Verkäuferinnen zu sein scheinen. Offensichtlich bin ich in die »Damenabteilung« eingedrungen. Also gehe ich wieder nach oben und nehme die andere Treppe.

Der Abstieg in den Bauch des Schiffes ist ein offensichtliches Symbol dafür, dass sich diese Traumsequenz auf die Urkräfte der Schöpfung, die sogenannten Drachenkräfte, bezieht. Die fehlenden Symbole auf den Treppen weisen auf ein großes Problem in der menschlichen Beziehung zwischen weiblichen (Yin-) und männlichen (Yang-) Drachenkräften hin, das gelöst werden muss, bevor wir über die Schwelle treten, die uns von »Australien« oder von der Ära trennt, in der die Gaiakultur beginnen könnte, sich zu manifestieren.

Nachdem ich die linke Treppe in den Schiffsbauch hinabgestiegen bin, stehe ich erleichtert vor einer halb geöffneten Toilettentür. Ich bin überrascht, wie sehr sich der Toilettenraum in die Länge zieht, ähnlich wie ein Tunnel. Mein Erlebnis am Ende des Toilettentunnels ist zu schrecklich, um es näher zu beschreiben. Ich blicke in die egozentrische Fratze der männlichen Überheblichkeit. Auf dem Rückweg sehe ich eine Gruppe von Männern, die hinter der Toilettentür in eine Diskussion verwickelt sind.

Die feminin-maskuline Polarisierung der beiden Untergrundräume ist nicht zu übersehen. Ich traf Frauen auf der rechten und Männer auf der linken Seite. Dies ist ein offensichtliches Problem. Die beiden Räume sollten sich gegenseitig ergänzen, verkörpern aber stattdessen zwei getrennte Ziele, die nicht miteinander in Beziehung stehen.

Aber die Trennung verlief nicht nur auf einer physischen Ebene, sondern war viel tiefer verwurzelt. Mir wurde klar, dass eigentlich nur die männliche Toilette existierte, die weibliche hingegen überhaupt nicht! Die »Damentoilette« war – wie ich jetzt erkannte – zu einem Bordell umfunktioniert worden! Der Mann, dem ich dorthin folgte, kam nicht wie ich die Treppe wieder hinauf. Und die Frauen, die ich für Verkäuferinnen hielt, standen nicht hinter den Ladentheken, um Lebensmittel zu verkaufen, sondern davor, als ob sie zusammen mit den auf den Ladentischen ausgestellten Gaben von Gaia zum Verkauf stünden.

Wie bereits im zweiten Teil des Buchs erörtert, ist eine revolutionäre Veränderung des Verhältnisses von feminin und maskulin in uns selbst und folglich auch in unseren Kulturen erforderlich. Die Macht, die das männliche Prinzip in der gegenwärtigen Zivilisation innehat, muss mit der weiblichen Sphäre geteilt werden. Und die weiblichen Qualitäten der Sensibilität und der Inklusion aller Wesen müssen von der männlichen Welt geteilt und akzeptiert werden. Dies könnte ein möglicher Weg sein, um die verzerrte Beziehung zwischen Yin und Yang wieder ins Gleichgewicht zu bringen.

Aber das Ungleichgewicht, das die Traumgeschichte offenbart, hat mit einer tieferen Ebene der Yin-Yang-Beziehung zu tun, die ich mit der Ebene der Urkräfte der Schöpfung assoziiere. Der Traum macht uns bewusst, dass die Verzerrung der Yin-Yang-Beziehung bis tief in den Kern der Schöpfung hineinreicht. Das könnte eine Folge von bestimmten gentechnischen Eingriffen oder einer Intervention der Gegenkräfte sein. Dieses Zerrbild muss auf der tiefsten Ebene der Existenz geheilt werden, einer Ebene jenseits unserer sexuellen Polarität.

Es ist inakzeptabel, dass dieses ursprüngliche Ungleichgewicht in die Epoche der Gaiakultur getragen wird. Dieses Problem muss vorher gelöst werden. Deshalb wurde ich darauf aufmerksam gemacht, bevor ich das Schiff verließ, um »Australien« zu betreten.

Diese Traumsequenz beleuchtet die maskulin-feminine Polarisierung auf der Ebene der Urkräfte, die der menschlichen Gesellschaft und Kultur zugrunde liegt. Ich war mir dieser Dichotomie nicht bewusst, als ich den vierten Teil dieses Buchs schrieb. Um ehrlich zu sein, musste ich noch einmal gedanklich dorthin zurückkehren, um ein weiteres Kapitel zu schreiben, das nun den vierten Teil abschließt. Es trägt den Titel »Matrix der Bipolarität«.

Doch wir wollen hier nicht noch tiefer in mein Toilettengeschäft einsteigen. Es ist an der Zeit, unseren Traum weiter zu betrachten.

Wie steht es mit unserer neuen Kleidung?

Nachdem ich von der Toilette zurückgekehrt bin, fühle ich mich bereit, von Bord zu gehen, auch wenn ich unglücklich darüber bin, außer den Kleidern auf meinem Leib keine weiteren Besitztümer zu haben. Aber ich sage mir, das ist die Realität, ich muss mutig sein und sie akzeptieren. In diesem Moment bemerke ich, dass meine rechte Schulter von einem weißen Stück Stoff umhüllt ist. Als ich es mir genauer ansehe, erkenne ich, dass es aus einem besonderen Material wie einer glänzenden Rohseide besteht. Wenn das Wetter kalt ist, dann kann ich mich in dieses Stück Stoff einwickeln.

Diese kurze Sequenz des Traums erinnerte mich an einen Abschnitt in meinem Buch »Universum des menschlichen Körpers«, in dem ich über neue feinstoffliche Schichten unserer Haut schreibe, die sich entwickeln werden, um uns zu helfen, uns an die hohen Schwingungsfelder der multidimensionalen Erde anzupassen. Einer Erkenntnis aus einem anderen Traum folgend, habe ich über mehrere Erweiterungen unserer Hautschichten geschrieben. Drei davon sind für unsere jetzige Betrachtung von Bedeutung.

- Eine dieser Schichten wird als eine Membran aus silbrig schimmernden Fäden beschrieben, die aus einer Vielzahl von wie eine Mandorla geformte Gewebeeinheiten besteht. Sie wäre in der Lage, den Körper vor einer Strahlenüberdosis oder anderen schädlichen Einflüssen zu schützen.
- Die zweite Schicht wäre aus weißen Fäden gewebt, die viele Cluster von Körpersensoren bilden und so die gleichzeitige Wahrnehmung verschiedener Schichten der mehrdimensionalen Realität ermöglichen.
- Das Gewebe der dritten Schicht würde spindelförmige Hohlräume aufweisen, die einen neuen Aspekt der Atmungsfunktion der Haut darstellen. Ich verstehe sie als eine Möglichkeit, eine Art subtiler Nahrung anstelle von Luft hereinzulassen.

Wenn das nicht nur meine Einbildung ist, sondern tatsächlich stimmt, dann kann ich tatsächlich ohne meinen verschwundenen Koffer von Bord gehen.

Einblicke in die Zukunftsphase

Ermutigt durch die Entdeckung des schützenden Tuchs gehe ich zur Tür, um endlich das Land Australien zu betreten. Enttäuscht stelle ich jedoch fest, dass ich mich in einem geschlossenen Raum befinde. Zunächst denke ich, dass es sich um eine Art von Schleuse handelt, die in den offenen Hafen führt. Doch trotz eingehender Untersuchung kann ich keine Tür finden, die nach draußen führt. Dieser langgestreckte Ort ist eingerichtet wie ein herkömmliches menschliches Heim, nur in größeren Dimensionen. Ich sehe mehrere Menschen in einem Halbkreis sitzen, als würden sie auf fehlende Mitglieder einer Werkstatt warten, bevor sie einen Kreis bilden. Mir ist sofort klar, dass dies die falsche Richtung ist, und ich drehe mich um, um einen anderen Ausgang zu finden.

Als ich später in das Bild des Traums erneut eintauchte, erkannte ich, dass der geschlossene Raum ohne Ausgang tatsächlich bereits auf dem Boden von »Australien« steht. Mit anderen Worten, die jüngste Phase der Erdveränderungen markiert tatsächlich die Ankunft dessen, worauf wir in den letzten Jahrzehnten zusteuerten. Ich war jedoch von der Botschaft des Traums enttäuscht. Ich hatte die Illusion, dass mit unserer Ankunft in »Australien« unsere Reise abgeschlossen sein würde. Stattdessen unterstreicht die letzte Sequenz des Traums die Notwendigkeit, dass noch eine weitere Phase des Prozesses durchlaufen werden muss, bevor die eigentliche »Landung« stattfinden kann. Mit dem Traumbild verstand ich, dass wir jetzt in eine neue Zwischenphase der Erdveränderungen eintreten, in der die bereits erwachten Mitglieder der menschlichen Familie – einschließlich der Seelen aus der geistigen Welt – eine spezifische Arbeit in Form von Meditationszirkeln zu vollbringen haben, bei der die Menschen ihre imaginativen Fähigkeiten einsetzen sollten.

In den folgenden zwei Nächten erhielt ich zwei weitere Träume, die die Herausforderungen dieser Zwischenphase genauer definierten. Dem ersten Traum entnahm ich, dass während dieser neuen Phase die neue Raumsphäre vorübergehend aus der Weltsphäre, in der wir gegenwärtig existieren, austreten wird. Der Zweck dieser schrittweise vollzogenen Trennung zwischen dem alten und dem neuen Raum ist es, der Sphäre der Gaiakultur die nötige Ruhe zu verschaffen, um den Raum mit den zukünftigen Kultur- und Lebensformen auf der ätherischen Ebene »auszustatten« als

Voraussetzung für ihre endgültige Manifestation. Deshalb hatte ich den Ort auf den ersten Blick als »traditionelles menschliches Heim« identifiziert.

Bis jetzt teilten sich beide Sphären fast denselben Realitätsrahmen. Dies war notwendig, um das Schwingungsniveau des »alten« Raums auf ein Maß anzuheben, das das schlummernde Bewusstsein der Menschheit erwecken würde. Doch das Agieren in einem kombinierten Raum produzierte zu viel Aufruhr, durch die sich transformierenden und verschiebenden Weltstrukturen und die Aktivität der Gegenkräfte, um die weitere Entwicklung der Sphäre der neuen Erde zu ermöglichen.

Der zweite zusätzliche Traum bezieht sich auf meine Entscheidung, »umzukehren, um einen anderen Ausgang zu suchen«. Die Botschaft dieses Traums weist darauf hin, dass es beim Eintritt in diese Zwischenphase vor allem darum gehen soll, die energetische Verbindung zwischen den beiden vorübergehend geschiedenen Weltsphären aufrechtzuerhalten – derjenigen, die mit der materiellen Welt verbunden ist, und der anderen mit erwachten Individuen und geistigen Wesen, die für die zukünftige Gaiakultur arbeiten. Andernfalls könnte die Sphäre der Gaiakultur völlig isoliert von der materiellen Sphäre enden. Dies würde die Gegenkräfte erfreuen; sie könnten sich schließlich der Erde bemächtigen. Die Aufrechterhaltung eines verbindenden Korridors verspricht die zukünftige Wiedervereinigung beider Realitätssphären zu einer neuen Erde, in der die Vision einer Gaiakultur in ihrer Gesamtheit verkörpert werden kann.

Zukünftige Entwicklungen: ein Jahr später

Ebenso wie das vorherige Kapitel war auch dieses ursprünglich nicht vorgesehen und ist in der ersten Fassung des Buches, das im Herbst 2021 in England bei Clairview erschienen ist, nicht enthalten. Da die deutsche Übersetzung erst ein Jahr nach Abschluss meines englischen Manuskripts fertig wurde, eröffnete sich für mich die Möglichkeit, die Geschichten zur Gaiakultur noch sieben Monate lang weiterzuspinnen.

Gewiss wäre eine Erweiterung des Buches nach sieben Monaten nicht wirklich interessant, hätte Gaia die Wandlungsprozesse seit Ostern 2021 nicht unerwartet stark beschleunigt. Fast zwei Jahre der Krise in Zusammenhang mit der sogenannten Covid 19-Pandemie sind inzwischen vergangen, und die Ursachen für diese Beschleunigung können in diesem Zusammenhang verstanden werden.

Die Verknüpfung der Covid-19 Krise mit der neuen Phase der Erdwandlung wurde mir Anfang des Jahres 2020 bewusst, als ich, wie in der Einführung berichtet, für einige Zeit Venedig besuchte und dort wahrnahm, dass die Erdseele Gaia die Samen des neuen Erdraums aufgehen ließ. In der Tat wurde uns im Laufe des jetzigen Jahres klar, dass die Covid-19 Krise genau zu jenem Zeitpunkt ansetzte. Es hatte den Anschein, als ob jemand die Neugeburt des mehrdimensionalen Raumes und die liebevoll gestalteten Bedingungen für die Weiterentwicklung der Erde und aller ihrer Wesenheiten verschatten und das Bewusstsein darüber auslöschen wollte.

In den darauf folgenden sechzehn Monaten wurden wir als Einzelpersonen oder auch als Teil einer Gruppe innerhalb der modernen Menschheit vor Aufgaben gestellt, die wir zu bewältigen haben, bevor wir den entscheidenden nächsten Schritt vollziehen können, der in die Richtung der Verwirklichung des »Neuen Jerusalems«, sprich der ausgewogenen und allverbindenden Gaiakultur, führt. Zum Teil habe ich diese Herausforderungen schon im vorangegangenen Kapitel zur »Landung in Australien« geschildert. Aber es gibt noch andere Dinge zu tun, die nicht weniger wichtig sind. Zum Beispiel muss jeder einzelne und jede einzelne von uns und auch die Menschheit als Kollektiv eine Entscheidung darüber treffen, wie die Weiterentwicklung der Menschen gestaltet werden soll. Wollen wir etwa hoch intelligente Maschinen werden, die tagtäglich den Staub der Sahara zu fressen bekommen? Oder sind wir bereit für die schwierigen Wandlungswege, die uns in Richtung einer neuen Gaiakultur führen, wie sie uns von Gaia und ihren sub-elementaren, elementaren und engelhaften Helfern aufgezeigt werden?

Dabei sollten wir uns bewusstmachen, dass viele unter uns gar nicht die Möglichkeit haben, sich für den Weg ihres Herzens zu entscheiden, da sie in bestimmten gesellschaftlichen oder familiären Verpflichtungen feststecken. Hier sind jetzt all jene angesprochen, die sich rechtzeitig von den Fesseln an das Alte befreien konnten, indem sie zukünftig bei der Erschaffung geeigneter Bedingungen auf Erden mitwirken, um es auch dem Teil der auf Erden verkörperten Menschheit, die noch orientierungslos ist, zu ermöglichen, sich der Gaiakultur nach und nach anzuschließen.

Durchbruch zu einen neuen Kausalebene

Es klingt wohl symbolisch, dass ich genau am Karfreitag 2021 mit zwei Träumen beschenkt wurde, die einen neuen Quantensprung auf der Route der Erdwandlung ankündigten. Beim ersten Traum erlebte ich mich als einen Riesen, der die aus der photographischen Perspektive des Weltalls bekannte Erdkugel ergriff und sie zu Boden schleuderte: Es war in Wirklichkeit ein aus Beton gefertigtes und naturgetreu bemaltes Modell der Erde. Dabei zerfiel die verdichtete Erde in einzelne Bestandteile, von denen jeder einzelne zu einer autonomen Kugel wurde. Der Traum ließ mich wissen, dass Gaia einen weiteren Schritt in Richtung auf die mehrdimensionale Erde vollzogen hat, wodurch sie eine handfeste Vorbedingung erfüllte, um die Gaiakultur hervorzubringen. Erinnern wir uns, dass wir in den vorangegangenen Kapiteln die Wahrhaftigkeit der vom reduktionistischen Verstandesdenken in eine einzige Kugel verpackten Erde in Frage stellten: Stattdessen orientierten wir uns an einem Model der neuen Erde als Weltentraube, die ein Cluster aus mehreren Weltenkugeln bildet.

Im zweiten Traum jener Nacht konnte ich am eigenen Körper spüren, dass die alten Wege, die mir bisher den Eintritt in die geistigen (kausalen) Dimensionen der Erde ermöglichten, undurchlässig geworden waren. Dieser Umstand wurde im Traum durch eine quadratische Öffnung in einem Felsgestein symbolisiert, die ich bis dahin relativ leicht kriechend passieren konnte, was mir dieses Mal nicht mehr möglich war. Wütend beschloss ich, meine Steinhauer-Werkzeuge zu holen, um die Öffnung gewaltsam zu erweitern. Erst in einem Traum in der Nacht vom 21. April 2021 wurde mir eine sinnvolle Erklärung dafür geliefert, warum mir der Durchgang auf einmal schmaler vorkam. Ich werde den Traum in mehreren Abschnitten erzählen, um den genauen Hergang zu erläutern und verständlich zu machen.

Mit meiner Frau Marika haben wir bei Freunden übernachtet. Es ist schon spät morgens, und wir sitzen noch in Nachthemden beim Frühstück. Wir sind zu spät aufgestanden, und jetzt diskutieren wir darüber, wie wir wohl noch unseren Fernbus erreichen könnten, der in drei Minuten vom Busbahnhof abfahren soll. Wir überlegen, ob wir einen Stadtbus abwarten oder ein Taxi rufen sollen, um den Busbahnhof noch rechtzeitig zu erreichen.

Der erste Traumabschnitt lässt uns wissen, dass wir Menschen – und mit uns die Erde – in Beziehung zum Ablauf der kosmischen Wandlungszyklen fürchterlich spät dran sind. Der Stadtbus steht für die Vorgänge auf Erden und der Fernbus für die kosmischen Zyklen. Die Tatsache, dass wir in den letzten Minuten vor Abfahrt noch immer in Nachthemden um den Tisch herumsitzen und diskutieren, zeigt, dass es fast keine Möglichkeit mehr gibt, sich rechtzeitig in den Lauf der kosmischen Zyklen einzuklinken.

Wie sollen wir da dem Schicksal entgehen, letzten Endes doch noch auf dem kosmischen Komposthaufen zu landen?

Endlich entschließen wir uns zum Handeln. Ich laufe zum Gästezimmer im unteren Stockwerk, in dem ich mit meiner Frau übernachtet habe, um mich schnell anzuziehen. Marika geht geschwind ins Bad. Beim Anziehen kann ich jedoch mein Hemd nicht finden. Also laufe ich wieder ein Stockwerk höher, um meine Frau zu fragen, wo sich mein Hemd befindet – denn es sind immer die Frauen, die so etwas wissen! Doch die Tür zum Badezimmer ist verschlossen, sie kann nur von innen geöffnet werden. Ich frage also durch die Tür hindurch und bekomme die Antwort, mein Hemd sei im Zimmer hinter der Küche, wo wir kurz zuvor noch darüber sprachen, wie der kosmische Zyklus respektive der Fernbus noch zu erreichen wäre.

Das Gespräch durch die verschlossene Tür setze ich mit dem Dialog mit der geistigen Welt der Vorfahren und Nachkommen gleich, die uns in diesem kritischen Moment beratend zur Seite stehen. Ohne die Hilfe der geistigen Welt wären wir in den Zeiten der Not angesichts der sich nahenden Wandlungen verloren.

Ich laufe in das genannte Zimmer und finde dort mein Hemd, obwohl es nach der einfachen Logik für mich nicht nachvollziehbar ist, wie es sich ausgerechnet dort manifestieren konnte. Als ich die Knöpfe schließen will, stelle ich fest, dass sie jetzt dünner und die Knopflöcher enger geworden sind, so dass ich sie auch mit größter Mühe nicht durch die Knopflöcher schieben kann.

Das Motiv des erschwerten Übergangs durch einen enger gewordenen Durchgang kennen wir schon aus dem vorherigen Traum. Wir können daraus schließen, dass das Schwingungsniveau der Erde sich erst kürzlich wesentlich erhöht hat, wodurch die das Leben tragenden Schwingungsfelder feiner geworden sind. Der Quantensprung meines Hemdes vom Erdgeschoss auf die nächsthöhere Ebene will noch mehr sagen: Es handelt sich hier um einen entscheidenden Niveauwechsel der sogenannten kausalen Ebene, die zuvor in einer hierarchischen Beziehung zu der verkörperten Welt stand und jetzt auf eine neue Ebene gehoben wurde. Bezogen auf den geschilderten Traum befindet sich die kausale Ebene nun direkt hinter der Küche, die symbolisch für die manifeste Welt steht.

Da die kausale Ebene für die Ausgießung der Urmuster verantwortlich ist, die darüber entscheiden, wie unsere alltägliche Wirklichkeit ausgestaltet wird, ist dieser Wechsel von tiefgreifender Bedeutung. Anstatt dass unsere alltägliche Lebensebene durch vorgefertigte Muster regiert wird, können die Urmuster der Existenz nun aufgrund der horizontalen schöpferischen Prozesse in jedem einzelnen Moment entstehen, und zwar als Ausdruck der Imagination und der Herzenswünsche derer, die am gegebenen Lebensvorgang beteiligt sind. Damit wurde die kreative Dynamik des Lebensraums wesentlich erhöht.

Diese epochale Wandlung verursachte in den letzten Monaten die Art von Veränderungsprozessen, die es uns Menschen doch noch ermöglichen könnte, uns rechtzeitig auf die kosmischen Zyklen einzustimmen, die uns, bezogen auf den geschilderten Traum, fast entgangen sind. Ich möchte einige dieser Vorgänge, die wir im aktuellen Wandlungsprozess beim Menschen beobachten, näher erläutern.

Der horizontale Verlauf der Lebensprozesse zwischen Erde und Himmel

Betrachten wir die Beziehung zwischen Himmel und Erde, so denken wir gewöhnlich, der Himmel sei oben und die Erde unten. Nach der neuen Positionierung der kausalen Ursprungsebene ist es zu einer einmaligen Umkehrung gekommen. Das heißt nicht, dass nun der Himmel unten wäre und die Erde oben, doch die Auflösung der festgefahrenen Vorstellungen hat begonnen und ermöglicht von nun an einen ständigen Austausch ihrer Positionen. Wir könnten sagen, dass sich als Folge davon die elementaren Welten der Erde und die Engelwelten des Universums auf derselben horizontalen Ebene befinden.

Der Mensch ist aufgerufen, sich als das dritte und mittlere Glied der neuen horizontalen Ordnung in den Dialog mit den elementaren und engelhaften Ausdehnungen des Universums einzubringen. Diese ordnen sich nun nicht mehr auf einer unteren und oberen Ebene an, sondern auf einer Linie mit der Ebene unseres Herzens. Theoretisch könnte nun der Aufbau der Gaiakultur beginnen. Praktisch ist dies jedoch kaum möglich, da die Gegenkräfte einen giftigen Gegenstrom ausgelöst haben, wie wir es durch die Betrachtung des 12. und 13. Kapitels der Apokalypse erfahren haben.

Um die neue Ausgestaltung des irdischen Universums dennoch zu erfahren, schlage ich die Anwendung verschiedener Arten der horizontalen Atmung vor. Bei dieser Art von Atmung ist jeder Atemzug untrennbar mit der entsprechenden Imagination verknüpft. So können wir zum Beispiel durch die Atmung die kausale Ursprungswelt – auf der wässrigen Ebene des Solarplexus – mit der manifesten Welt um uns herum verbinden. Der Solarplexus, einem wässrigen Diskus ähnlich, vermittelt zwischen den Drachen der Bauchhöhle und dem Herzbereich.

- *Stell dir vor, dass du den ersten Atemzug aus der Unendlichkeit hinter deinem Rücken nimmst.*
- *Atme aus in den wässrigen Bereich des Solarplexus, den Atem dabei radial nach allen Seiten in der Richtung der dich umgebender Lebenswelt verbreitend.*
- *Beim nächsten Atemzug atme aus der Unendlichkeit vor dir ein.*
- *Danach atmest du durch den wässrigen Diskus des Solarplexus aus, den Atem dabei radial nach allen Seiten in die Richtung der dich umgebenden Lebenswelt verbreitend.*
- *Nun sind wir wieder am Punkt eins angelangt. Wiederhole diese Art der Atmung einige Male.*
- *Nach einigen dieser Atemzüge solltest du die entstandene Qualität des Raumes erspüren können. Auf gleiche Art und Weise kannst du auch durch den Innenraum auf der Herzebene oder auf anderen Körperebenen ein- und ausatmen.*

Diese Übung kann auch als eine Wahrnehmungsübung angewandt werden. Wenn du vor einem Baum stehst oder dich an einem bestimmten Ort in der Landschaft befindest, kannst du eine vereinfachte Form der horizontalen Atmung anwenden. Dabei fließt die Einatmung aus dem Rückenraum bis zur Herzmitte und von da beim Ausatmen in die manifeste Welt und danach umgekehrt. Das wird einige Male wiederholt.

Die Geister des alten dualistischen Zeitalters verabschieden

Ich habe schon die zwei Träume vom Karfreitag 2021 erwähnt, durch die ich auf die neue Welle der Erdwandlung aufmerksam gemacht wurde. Zwei Tage später, am Ostersonntag, folgte ein Traum, der noch einen anderen lange ersehnten Prozess einleitete: die Verabschiedung der führenden Geister der alten patriarchalen Epoche.

Alle meine Mitbewohner haben das Haus verlassen, nur ich allein bin zurückgeblieben, um das leere Haus zu bewachen. Zu meiner Verwunderung stelle ich aber fest, dass ich doch nicht allein im Haus weile. Es erscheint ein starker junger Mann, der sagt, er sei so müde, dass er für eine Minute schlafen müsse. Schon fällt er auf ein Bett und schläft sofort ein, ohne sich vom grellen Licht stören zu lassen. Doch die Minute wird unendlich lang.

Wenn das Haus symbolisch unsere gegenwärtige Welt darstellt, dann handelt es sich bei dem starken Mann, der unbedingt schlafen will, um einen der führenden Geister der alten Epoche, die nun an der Schwelle zur Gaiakultur von ihrem Dienst abgelöst werden sollen. Ihre Aufgabe war es, die schwierigen, oft unerbittlichen Zustände aufrechtzuhalten, durch die wir lernen sollten, das Falsche vom Heilbringenden zu unterscheiden sowie Qualitäten zu entwickeln, die die geistige Entwicklung des einzelnen und der Menschheit insgesamt voranbringen. Ununterbrochen mussten diese Geister über Jahrhunderte hinweg ihren Dienst unter dem grellen Licht der Selbstkontrolle entrichten, damit niemand ihrem unbeliebten Druck entgehen konnte.

Obwohl oft verspottet und verhasst, dürfen wir am Tag ihres Abschiedes gütig zu ihnen sein und ihnen für ihren unangenehmen Dienst danken. Wir sollten sie einladen, durch einen Wandlungsprozess hindurchzugehen, um letztlich ehrenvoll in die Hallen der Ewigkeit aufsteigen zu können.

Wenn ich bei der geomantischen Gruppenarbeit mit einer solchen Aufgabe konfrontiert bin, dann bilden wir einen Kreis und imaginieren eine mehrschichtige runde Membran aus regenbogenfarbigen Fäden, die wir zwischen unsere Herzen weben. Dann heben wir diese Membran mit einer entsprechenden Geste unserer Hände hoch über unsere Köpfe. Anschließend laden wir den entsprechenden Geist der alten Epoche ein, in unsere Mitte zu kommen und durch die Membran aufzusteigen, um von den auf ihn projizierten Fremdschichten befreit zu werden. Letztlich bitten wir die geistige Welt darum, ihn in Empfang zu nehmen und ihm einen ehrenvollen Platz am Himmel zuzuweisen.

Manchmal handelt es sich auch um persönliche »Meister«, die, versteckt in den verborgenen Ecken der menschlichen Gefühlswelt, einzelne Personen oder auch religiöse oder politische Bewegungen in falsche Richtungen steuern. In diesem Fall kann ich die »Gaia Touch Übung der Wandlung« empfehlen – ein Geschenk des Canal Grande aus Venedig, die ich in meinem Buch »Wandlungstanz der Erde« auf Seite 86 beschreibe.

Quantensprung der Liebeskraft auf Erden

Im zweiten Teil dieses Buches sprachen wir vom »Fraktal der göttlichen Liebe«, das im Raum unseres Herzens verkörpert ist. Es wurde dort beschrieben als »ursprüngliche Liebe, so stark wie ein Drache und so sanft wie eine Morgenbrise«. Als ich jenes Kapitel schrieb, musste ich mir mit einem Traumbild helfen, um zu erklären, was ich damit meinte. Nach der neuen Positionierung der kausalen Hintergründe der Lebensprozesse kann ich nun diese Umschreibungen einer erneuerten Liebeskraft durch neue Erfahrungen ergänzen, die ich nach dem erwähnten Quantensprung gewonnen habe.

Auch bei der Herzkraft wurde nun ein horizontales Liebessystem als wesentliche Ergänzung zur senkrechten Herzachse offenbart. Diese beginnt in der Bauchhöhle mit dem Bruchstück des Drachenherzens, das für die Erdung unseres Herzsystems sorgt. Auf der nächsten Ebene geht es um das elementare Herz und noch eine Stufe höher um das Herzzentrum, das sowohl an der Rück- wie Vorderseite ausstrahlt und zum traditionellen System der Chakren zählt.

Das horizontale System der drei Herzen beginnt sich mit dem Herzmuskel zu entfalten, der in der sogenannten »fünften Kammer« die

Matrix des Menschseins hütet. (Hier empfehle ich auch die Übung zur Botschaft von Michael vom 21.1.2021.) Als nächstens folgt in der Horizontalen das erwähnte Herzzentrum, das das gesamte senkrecht-waagerechte Herzsystem koordiniert. Das dritte Herz auf der rechten Brustseite erlebe ich als ein Fraktal des Paradieses.

Es war meine innere Stimme, die mir erzählte, dass wir ein »homöopathisches Kügelchen« des Paradieses mitnehmen durften, als wir die paradiesähnlichen Umstände der neolithischen Kultur der Göttin verlassen mussten. Es gab keine gewalttätige »Vertreibung aus dem Paradies«, sondern es begann ein neuer Abschnitt unseres Weges, nachdem wir Gaia darum gebeten hatten, unsere Entwicklung als Menschenwesen selbständiger und selbstbewusst weiterführen zu dürfen. In jenem Moment standen wir vor Entscheidung, ob wir uns noch tiefer in der Materie verkörpern sollten.

Als geistige Wesen standen wir vor recht schwierigen Lebensbedingungen und herausfordernden Aufgaben, durch die wir lernen sollten, uns auf unseren Wegen selbständig entscheiden zu können. Das holographische Bruchstück des Paradieses durften wir als Wegweiser in unser Herzsystem integrieren, damit wir unser eigentliches Wesen auf den gewundenen Pfaden durch das anbrechende patriarchale Zeitalter nicht verlieren. Das Hologramm des Paradieses sollte uns auf eine neue Ebene der Spirale in ein potenziertes Paradies führen, das in diesem Buch Gaiakultur genannt wird.

Durch die folgende Übung ist es möglich, das Drei-Herzen-System im eigenen Körper zu erfahren:

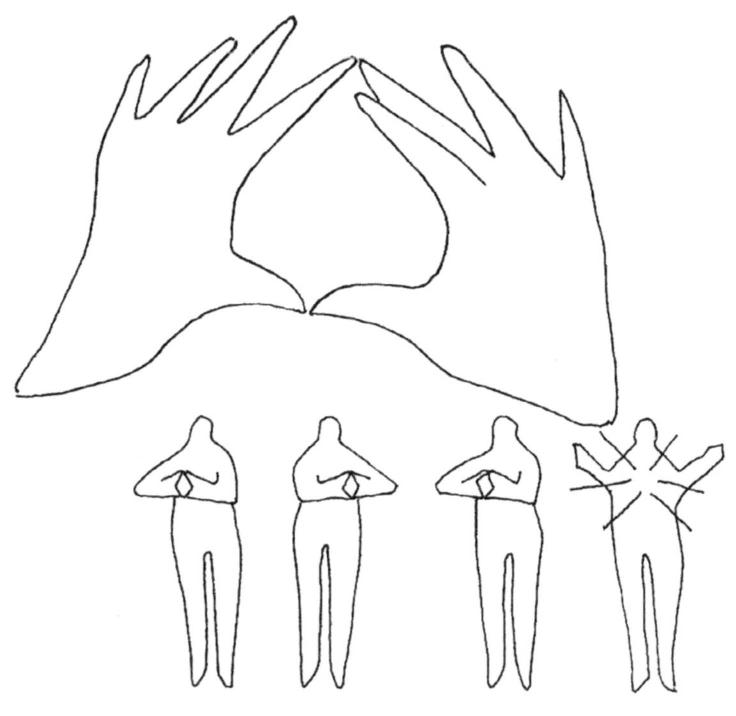

- *Bilde mit beiden Händen eine Mandorla Form vor deinem Herzmuskel: Die untere Spitze wird durch die beiden an den Kuppen zusammengeführten Daumen, die obere Spitze von den zusammengeführten Kuppen des Zeigefingers der einen Hand mit dem Mittelfinger der anderen gebildet.*
- *Bewege die so zusammengefügten Hände horizontal so weit wie möglich nach rechts. Gleichzeitig wende deinen Kopf entgegengesetzt nach links.*
- *Führe dann deine Hände in der Mandorla-Form an deinem Herzzentrum vorbei nach links. Stelle dir dieses Mal dabei vor, dass diese Bewegung hinter deinem Rücken verläuft. Der Kopf wird dabei nach rechts ausgerichtet.*
- *Nach einer kurzen Pause bringe deine Hände in der Mandorla-Form zur Herzmitte und richte deinen Kopf wieder nach vorne aus.*
- *Nun öffne die Mandorla, indem du deine Hände weit nach vorne ausstreckst, um die Kraft der drei Herzen mit der Welt zu teilen.*

Meine Erfahrungen mit den letzten Veränderungen im Organismus der Erde zeigen mir, dass die Wesen der Natur und die Elementarwesen der Landschaften die Fähigkeit besitzen, das Leben auf der verkörperten Ebene aufrechtzuerhalten, indem sie permanent ihre gegenseitige Liebe zum Ausdruck bringen. Moderne menschliche Wahrnehmung, die vorwiegend durch den Intellekt bestimmt ist, hat diesen intensiven Prozess der Liebe vor unserem Bewusstsein verborgen. Der Glaube, dass die Beziehungen zwischen den Wesen Gaias auf rein organischer Ebene stattfinden, hindert uns daran zu erkennen, dass die Kraft der Liebe tausendmal stärker und viel schöner ist als die des logischen Intellekts.

Manifest einer Gaiakultur

Die Menschheit ist eng mit Gaia, dem feinstofflichen Körper und Bewusstsein der Erde, verbunden. Wir sind eingebettet in ihre Lebensströme. In gewissem Sinne teilen wir das gleiche Bett mit ihr. Sind wir uns dieser heiligen Beziehung bewusst? Erkennen wir unsere enge Verbindung an? Bringen wir unsere Liebe ihr gegenüber zum Ausdruck und kultivieren sie?

Das Wissen, wie eng unser multidimensionaler menschlicher Körper mit dem Körper der Erde verbunden ist, ging fast verloren. Unsere heutige Zivilisation ist weitgehend unwissend, was das Bewusstsein und die Vielfältigkeit des Lebens, von dem wir ein Teil sind, angeht. Machen wir uns klar, dass die vitalen Energiesysteme der Erdlandschaften auch den menschlichen Körper durchdringen? Sind wir uns bewusst, dass die elementare Intelligenz von Gaia es uns ermöglicht, zu denken, Gefühle auszudrücken und im Umfeld der manifestierten Welt kreativ zu sein?

Es ist klar, dass die Beziehung zwischen der Erde und der menschlichen Kultur so tiefgreifend ist, dass sie nicht ausschließlich durch rational begründete Maßnahmen »verwaltet« werden kann. Zum Beispiel berücksichtigen die derzeitigen wissenschaftlichen und ökologischen Ansätze, mit denen versucht wird, die Krise des Klimawandels anzugehen, nicht die ganzheitliche und voneinander abhängige Natur unseres Planeten und seines Lebens. Um eine Kultur der Koexistenz und Zusammenarbeit mit Gaia zu entwickeln, müssen wir die einseitigen, verzerrten Konzepte darüber, wer die Erde ist und wer wir als Menschen sind, transformieren und unsere kulturellen Normen und Praktiken entsprechend ändern.

1. Wer ist Gaia?

- Gaia repräsentiert in erster Linie das Bewusstsein des Planeten Erde. Dieses Bewusstsein durchdringt alle Wesen der irdischen Biosphäre, seien es Landschaften, Tiere, Elementarwesen, Atome, Berge, Menschen, Mikroben, Ozeane, Wassertropfen…
- Nach der altgriechischen Tradition wird Gaia oder Gea als Göttin anerkannt und verehrt, um deutlich zu machen, dass sie das göttliche Prinzip repräsentiert, das permanent in der verkörperten und archetypischen Welten der Erde wirksam ist, um optimale Bedingungen für

alle Wesen auf allen Ebenen der Existenz zu erschaffen, damit sie ihre Potentiale entwickeln und die Schönheit des Lebens ausdrücken und genießen können.

2. Die Gemeinschaft aller Lebewesen

Es ist nicht möglich, in Harmonie, Frieden und Kreativität mit der Erde zu leben, solange wir andere Wesen von Gaia als minderwertig, als unbelebt oder ohne Bewusstsein betrachten und verwalten.

- Die manifestierten Lebensformen auf unserem Planeten wie Pflanzen, Tiere und Mineralien sind nicht dazu bestimmt, unsere Sklaven zu sein, um manipuliert oder unterdrückt zu werden, als ob sie keinen intrinsischen Wert für die Komplexität der lebendigen Erde besäßen.
- Alle Wesen Gaias, auch die unsichtbaren, repräsentieren die Sinne und Portale von Gaias elementarem Bewusstsein, durch die sie mit ihrer manifestierten Schöpfung und mit der neu entstehenden menschlichen Kultur kommuniziert.
- Anstelle von Institutionen und Konventionen, die nur unter Menschen funktionieren, stehen wir vor der Herausforderung, neue unterstützende Haltungen und Praktiken zu schaffen, um unsere größere Familie, die aus allen im irdischen Universum vorhandenen Wesen besteht, wiederzuentdecken und zu umarmen. Jedes Mitglied der entstehenden neuen Gaiakultur benötigt einen respektierten und geschützten Platz innerhalb der neuen globalen Gemeinschaft.

3. Selbsterkenntnis

Wir verstehen, dass es nicht möglich ist, eine neue und für beide Seiten erfüllende Partnerschaft zwischen der menschlichen Kultur und der lebendigen Erde zu entwickeln, wenn wir Menschen nicht unser wahres Selbst in Beziehung zu unserer innersten Essenz kennen.

- Der Weg zur Selbsterkenntnis ist der erste Schritt – zu erforschen und zu erfahren, wer wir als menschliche Wesen sind, als ein Nexus verschiedener Welten und Erweiterungen des Lebens, als ein wesentlicher Teil des sich entwickelnden multidimensionalen planetarischen Bewusstseins und Körpers.

- Der nächste Schritt ist zu lernen, den inneren Frieden zu kultivieren und zu bewahren, und in unserer innersten Essenz zentriert und geerdet zu sein.
- Drittens sollten wir uns ohne zu zögern bemühen, eine ethisch begründete persönliche Praxis zu entwickeln, die uns bei der Bewältigung der täglichen Herausforderungen unserer im Übergang befindlichen planetarischen Welt anleitet – in Beziehung zu den Welten von Gaia, zu unseren menschlichen und unseren sichtbaren und unsichtbaren Gefährten.

4. Die Fülle des Lebens

Die Erde ist ein Planet von außergewöhnlicher Schönheit, Fruchtbarkeit und überströmender Fülle. Heute sehen wir einen großen Teil der Menschheit in Armut, geschwächt und hungernd. Die Ressourcen der Erde werden ausgebeutet und verschwenderisch und zerstörerisch verwaltet. Um diese tragische Situation anzugehen und zu verändern, müssen wir die Prinzipien, nach denen die planetarische Wirtschaft funktioniert, von Grund auf umgestalten.

- Wir müssen den Kreislauf des kontinuierlichen, fortlaufenden Austauschs zwischen der Menschheit und den Welten der Erde und der Natur wiederherstellen. Die gegenwärtige Gesellschaft nimmt von der Erde, was sie zu brauchen glaubt, konsumiert diese Ressourcen und wirft weg, was übrigbleibt. Das ist kein Kreislauf des gegenseitigen Austauschs, sondern eine Einbahnstraße, die letztendlich zur spirituellen Verarmung der Menschen und zur Ausplünderung und Zerstörung der Erde führt.
- Um eine Gaiakultur zu erschaffen, müssen wir den Kreislauf des Austauschs zwischen den manifestierten und den kausalen oder archetypischen Dimensionen der multidimensionalen Erde wiederherstellen – was die derzeit ignorierten Dimensionen von Gaia mit einschließt. Diese Dimensionen stellen unerschöpfliche Quellen und Reserven der Lebenskraft dar, die unsere erschöpften planetarischen Ressourcen erneuern könnten, die durch die gegenwärtige materialistische und lineare Wegwerf-Wirtschaft vernichtet werden.
- Um diese Aufgabe zu bewältigen, müssen wir rationale und ablehnende Vorurteile gegenüber den sogenannten »kausalen oder archetypischen«

Dimensionen der Realität überwinden und transformieren. Unterstützen wir die Bemühungen, ein neues Paradigma zu errichten, das die Multidimensionalität der Natur, der Erde und des Menschen ehrt.

5. Bildung

Ein wesentlicher Teil der Gaiakultur ist es, sich kreativ an der Umgestaltung bestehender Bildungssysteme zu beteiligen.

- Wir müssen die natürliche Sensibilität des Kindes gegenüber allen unterschiedlichen Wesen und Ebenen der Existenz verstehen, schützen und fördern. Menschen, deren Sensibilität für die verschiedenen Facetten des Lebens gefördert wurde, können auf natürliche Weise liebevolle Gefährtinnen und Partner der Erde und mitschöpferische Bewohner von Gaias Welten werden.
- Zudem sollte das Bildungssystem jungen Menschen zu erkennen geben, dass sie multidimensionale Wesen sind, die in einer Umgebung spielen und kreativ sein dürfen, die auf vielen verschiedenen Dimensionen der Existenz gleichermaßen reich ist.
- Kinder können befähigt werden zu unterscheiden, was wahr und was nicht wahr ist, um sich in einer Welt zurechtzufinden, in der die Macht der Illusion und Manipulation den Menschen von seinem wahren Wesen trennen. Diese Kräfte der Täuschung und Irreführung können mit dem Vormarsch der elektronischen Medien und der virtuellen Kommunikation immer gefährlicher werden.
- Als ein primäres Ziel sollte das Bildungssystem anstreben, den Menschen zu helfen, ihre Bestimmung und ihren schöpferischen Platz innerhalb der erweiterten planetarischen Familie zu entdecken und zu erforschen und sich als Teil der Natur zu erkennen, damit sie im Laufe ihres Lebens zur Schönheit und zum Reichtum des Lebens beitragen können.

6. Die Kunst und Praxis der Geomantie

Geomantie repräsentiert ein sich entwickelndes Wissen und eine Praxis über die Ströme, Energiezentren und Zirkulationen der vitalen Kräfte und des elementaren Bewusstseins, die in den Landschaften auf dem gesamten Planeten auftreten. Um das Leben auf der Erde zu erhalten, braucht

Gaia diese vitalen Kräfte, damit diese frei atmen und entlang ihren planetarischen Netzwerken funktionieren können. Die Unwissenheit unserer gegenwärtigen Zivilisation bezüglich dieser essenziellen Aspekte der Erde, blockiert und schwächt allzu oft die erforderliche Tätigkeit und die Vitalität der Lebensorgane der Erde.

- Es ist die Aufgabe der heutigen Geomantie, Ansätze zu entwickeln, die der menschlichen Kultur helfen können, Einsichten und Wissen über die entscheidende Bedeutung des vitalenergetischen Organismus der Erde, ihres Elementarbewusstseins und ihrer heiligen Dimensionen zu gewinnen und zu verstehen.
- Wir können an der sich entfaltenden Gaiakultur teilnehmen, indem wir unsere Sensibilität und Wahrnehmung für das Wesen der Natur und ihrer elementaren und spirituellen Wesen entwickeln und einüben.
- Die anerkannten und respektierten Ergebnisse solcher tieferen Wahrnehmungen von Natur, Orten und Landschaften sollten in die Stadt- und Landschaftsplanung und andere verwandte Disziplinen an Universitäten, in wissenschaftlichen Zentren und Lernprogramme weltweit einfließen, ebenso in die unzähligen Aktivitäten, die unsere moderne Kultur prägen.
- Wir müssen die politischen, sozialen und wirtschaftlichen Mittel und Wege finden, um jene Orte auf der Erde zu schützen und zu unterstützen, die von entscheidender und kritischer Bedeutung für die Gesundheit und Vitalität des Planeten und seiner Bewohner sind.
- Wie es traditionelle Gesellschaften über Jahrtausende hinweg getan haben, können und sollten wir rituelle und künstlerische Formen erschaffen, durch die die Unverletzlichkeit und das Heilige dieser Orte und der Erde anerkannt und gefeiert werden kann.

7. Der neue Raum der Wirklichkeit

Gaia, das Erdbewusstsein, ist ein dynamisches Wesen, das sich ständig weiterentwickelt und neue Bedingungen für das Leben schafft, indem es die Raum- und Zeitstrukturen erneuert, damit sich all ihre Wesen, die auf verschiedenen Ebenen des Lebens existieren, entsprechend entwickeln und entfalten können.

- Unter dem Druck und der Bedrohung, dass die gegenwärtige Zivilisation und die Lebenssysteme auf dem Planeten kollabieren könnten, hat Gaia begonnen, neue räumliche und zeitliche Grundlagen für den Planeten zu schaffen, um sich an die gegenwärtigen Umstände anzupassen und die zukünftige Entwicklung zu ermöglichen.
- Dieser neue Raum- und Zeitrahmen überschreitet die Grenzen der traditionellen Wahrnehmung und kann als multidimensionale Struktur und Prozess verstanden werden, der allen Wesen, sichtbaren wie unsichtbaren, Raum und Gelegenheit bietet, in friedlicher und kreativer Wechselbeziehung miteinander zu leben.
- Der neue Raum ist in erster Linie ein ethischer Imperativ. Er basiert auf liebevollen, bewussten und ko-kreativen Beziehungen zwischen allen Wesen, die am Lebensnetz auf der Erde und innerhalb ihrer subtilen Orte und Dimensionen beteiligt sind.
- Der neue Realitätsraum unterstützt bereits das Leben auf der Erde, aber wir nehmen ihn normalerweise nicht wahr und würdigen ihn nicht, bis wir uns seiner Präsenz widmen und ihm bewusste Aufmerksamkeit zukommen lassen und diese kultivieren.

Die Erde, Gaia, mit all ihren Wesen, sichtbar wie unsichtbar, hat der Menschheit die wunderbare Möglichkeit geboten, innerhalb der Welt der physischen Materie zu leben und zu atmen, ihre Schönheit und schöpferischen Potentiale zu genießen und zu feiern. Bis zu einem gewissen Grad haben wir ihre Gastfreundschaft in wertvolle Erfahrungen und kreative Taten umgewandelt. Gleichzeitig haben wir Menschen die Erde aber auch ausgebeutet – ohne uns darüber bewusst zu sein und ohne Rücksicht auf die Folgen für die Erde, für andere Lebewesen und letztendlich für uns selbst.

Jetzt ist die Zeit gekommen, sich zu entscheiden, welchen dieser beiden Wege wir in Zukunft einschlagen werden. Der einzige sinnvolle Weg ist der, sich wieder mit der Essenz des Lebens zu verbinden und eine liebevolle Partnerschaft mit Gaia, der Erde, anzunehmen und zu pflegen. Dieser Weg beinhaltet eine herausfordernde Umwandlung unserer derzeitigen Kulturen und kann Veränderungen in vielen Aspekten der verkörperten Welt, wie wir sie kennen, hervorrufen, während wir uns weiter in die Zukunft hinein entwickeln.

Marko Pogačnik UNESCO-Künstler für den Frieden, 2008–2020

Über den Autor

Marko Pogačnik (1944) lebt mit seiner Frau Marika in Šempas, Slowenien. In den 1960er Jahren wirkte er als Konzeptkünstler im Rahmen der OHO Gruppe. Danach entwickelte er die »Lithopunktur«, eine Methode der ökologischen Heilung gekoppelt mit der Kunst der Kosmogramme. Seit 22 Jahren begleitet er die gegenwärtigen Erdwandlungen. In diesem Zusammenhang arbeitet er an der Entwicklung der »Gaia Touch« Übungen und der Begründung der planetaren Gaiakultur. Zusammen mit einem internationalen Team baut er seit 2005 die Geopunkturkreise in verschiedenen Ländern von Europa und Amerika. Bücher unter anderen: Elementarwesen, Schule der Geomantie, Erdsysteme und Christuskraft, Liebeserklärung an die Erde, Das geheime Leben der Erde, Quantensprung der Erde, Synchrone Welten, Sprache der Kosmogramme, Universum des menschlichen Körpers.

www.markopogacnik.com

WEITERE BÜCHER IN UNSEREM PROGRAMM

Marko Pogačnik, Radomil Hradil
Gaiakultur
Der Weg zu einer Zivilisation der erwachten Herzen
Paperback, 174 Seiten,
mit 30 Zeichnungen von M. Pogačnik
ISBN 978-3-89060-636-1

Für eine Zivilisation des Herzens

Dieses Buch ist als Dialog entstanden. Es ist das Gespräch zweier Menschen, die sich Gedanken darüber machen, wie unsere Zivilisation einen Weg aus der Sackgasse finden kann, in die sie geraten ist. Dass sie sich in einer Sackgasse befindet, wird immer deutlicher. Doch wie kann eine zukünftige Gesellschaft aussehen, damit sie sowohl den Menschen als auch den – ob sichtbaren oder unsichtbaren – Naturreichen gerecht wird, ebenso wie den geistigen Wesenheiten und den gerade nicht in der Materie verkörperten Menschen?

Der bekannte Autor und Geomantiepraktiker Marko Pogačnik hat mit seinen »Sieben Grundsteinen der neuen Ethik« und den »Neun Geboten der Göttin« versucht, die Grundlagen einer neuen Zivilisation zu beschreiben, die sowohl den Menschen als auch den – ob sichtbaren oder unsichtbaren – Naturreichen gerecht wird. Im Austausch mit dem Geomanten Radomil Hradil wird dieses Anliegen deutlich herausgearbeitet und uns nahegebracht.

Marko Pogačnik
Wandlungstanz der Erde
Ein Führer durch die Herausforderungen der jetzigen Zeit
Klappenbroschur, 208 Seiten
ISBN 978-3-89060-762-7

Mitgehen in der großen Umwandlung der Erde

Es ist unmöglich, die auftauchenden ökologischen und sozialen Herausforderungen allein auf der physischen Ebene zu lösen – die archetypischen Ebenen verlangen nach Aufmerksamkeit. Mit ihnen befasst sich der weltbekannte Bildhauer, Land- Art-Künstler und Geomant Marko Pogačnik schon lange. Und mit diesem Buch möchte er allen, die für diese Ebenen offen sind, helfen, sich auf die kommende Zeit einzuschwingen und die Erde in ihrem Wandlungstanz zu begleiten.

In diesem Buch nimmt der Autor seine Leserschaft mit in seine Träume. Ihre nicht-logische, aber frappierend klare Bildsprache zeigt ungeschönt den heutigen Zustand der Erde und der Menschheit. Sie zeigt auch den unabwendbar stattfindenden Transformationsprozess, der – wie bereits viele spüren – schon begonnen hat. Dieser Umwandlungsprozess ist ein Tanz, der unsere aktive Teilhabe notwendig macht, und dazu bietet Marko Pogačnik praktische Körperübungen, die er »Gaia Touch Rituale« nennt. Durch sie können wir uns energetisch und mit unserem ganzen, also dem linken und dem rechten Gehirn, auf die neuen Lebensbedingungen auf der Erde vorbereiten.

Kriege, Flüchtlinge, Klimakrise... Wir brauchen Frieden!
Wir alle können etwas für den Frieden tun, das zeigt Marko Pogačnik mit seinen Friedenswerkstätten und in diesem kleinen Buch mit 13 praktischen Übungen, die zur Erneuerung der Friedensmatrix führen.

Frieden ist nicht mehr selbstverständlich. Die Idee des Friedens wurde zu oft verstümmelt; man versucht heutzutage, Frieden sogar durch Kriege zu sichern. So geht es nicht weiter. Wir sollten bewusst an der Wandlung der alten Friedensidee arbeiten und die Grundlagen für eine neue Friedensmatrix legen.

Der Künstler und Geomant Marko Pogačnik hat 13 Ursachen identifiziert, die zu Konflikten führen, und dazu Übungen, Meditationen und Rituale entwickelt, durch die kreativ an der Erneuerung der Friedensmatrix gearbeitet werden kann.

Das Buch ist auf Deutsch und Englisch.

Marko Pogačnik
Friedenswerkstatt
Die Friedensmatrix erneuern
Mit 13 Gaia Touch-Übungen

Peace Workshop
Renewing the Peace Matrix
With 13 Gaia Touch Exercises

Broschur, 64 Seiten
ISBN 978-3-89060-690-3

Begegnung mit der Erdseele

Venedig hat ein neues Geheimnis preisgegeben: Die Wasserstadt wurde an einem Ort gegründet, wo Gaia, die Erdseele, einen mehrdimensionalen Samen für die zukünftige Entwicklung der Erde, ihrer Welten und Evolutionen vorbereitet hält. Darin zeigt sich ein klarer Strahl der Hoffnung in dieser düsteren Zeit des »Klimawandels«. Es gibt keinen Zweifel mehr, dass unsere gemeinsame Zukunft gesichert ist.

Marko Pogačnik
Venedig
Embryo des neuen Erdenraums
Schuber mit zwei Büchern, Hardcover, 256 Seiten (Text und Zeichnungen) + 178 Seiten (Fotos)
ISBN 978-3-89060-794-8

Der kosmische Christus und die Erde

Historisch gesehen wurden die Weisheitsworte Jesu für den Aufbau einer irdischen Religion genutzt, und dabei ging viel von ihrem tieferen Sinn verloren.

Christus Macht und irdische Weisheit zeigt sich in der Entdeckung eines »Fünften Evangeliums« durch den Autor, das unsichtbar in die vier kanonischen Evangelien eingewoben ist. Es lehrt die Menschheit, wie sie im dritten Jahrtausend positiv leben kann.

Marko Pogačnik
Erdweisheit und Christuskraft
Das fünfte Evangelium als Schlüssel zur Erdwandlung
Broschur, 320 Seiten
ISBN 978-3-89060-780-1

Die Erde spricht

Ana Pogačnik kann, nicht zuletzt aufgrund der Zusammenarbeit mit ihrem Vater Marko, einen innigen medialen Kontakt zu der Landschaft aufbauen, in der sie sich aufhält. Über die Jahre hat sie viele Orte bereist, und wenn sie sich auf sie einstimmt, dann vernimmt sie ihre Botschaft. In 44 »Briefen« sprechen diese Landschaften zu uns Menschen. Es sind intensive Botschaften, auf die wir uns einlassen, die wir in uns nachhallen und lebendig werden lassen müssen.

Sie öffnen uns für eine neue Dimension der geomantischen Arbeit und für ein gewandeltes Verhältnis zur Erde als einem bewussten und beseelten Wesen.

Ana Pogačnik
Die Erde liebt uns
Wenn die Landschaften sprechen:
Briefe an uns Menschen
Paperback, 192 Seiten mit 44 Zeichnungen
ISBN 978-3-89060-608-8

Briefe an uns Menschen

Ana Pogacnik kann einen innigen medialen Kontakt zu der Landschaft aufbauen, in der sie sich aufhält. Über die Jahre hat sie viele Orte bereist, und wenn sie sich auf sie einstimmt, vernimmt sie ihre Botschaft. Auf dieser CD spricht sie neun der 44 »Briefe« aus ihrem gleichnamigen Buch. Dazwischen erklingen drei Klavierimprovisationen, die von Landschaften inspiriert wurden; und eine knapp 17-minütige geführte Meditation lässt uns unsere Vergangenheit in Geschichte umwandeln, so dass wir sie loslassen können.

Ana Pogacnik
Die Erde liebt uns
Neun Briefe von Landschaften, gesprochen von der Autorin, Klavierimprovisationen und eine geführte Meditation
CD, Laufzeit 69 Minuten, mit 8-seitigem Einleger
ISBN 978-3-89060-626-2

Die globale Lage auf der Kippe

Nur die eine Erde erklärt die planetarischen Lebenserhaltungssysteme in ihrer Ganzheit, bietet eine umfassende Gesamtdarstellung der globalen ökologischen Krise und zeigt die uns verbleibenden Optionen auf, um ein zuträgliches Klima und die noch vorhandene Artenvielfalt zu retten, die Verseuchung zu beenden und die Ökosphäre dieses Planeten zu heilen.

Auch das Gleichgewicht der menschlichen Gesundheit können wir nicht vom Gleichgewicht des Planeten trennen, denn »die Gesundheit des Menschen beruht auf der Gesundheit des Planeten«. Diese Erkenntnis setzt sich immer mehr durch: bei der UN, der WHO und in den kritischen Medien. Es ist also nicht nur unsere Gesundheit, die zusehends schwindet (und das nicht erst seit der Corona-Krise), sondern das ganze Netz der Lebenserhaltungssysteme der Erde.

Fred Hageneder
Nur die eine Erde
Globaler Zusammenbruch oder globale Heilung – unsere Wahl
Klappenbroschur, 384 Seiten
ISBN 978-3-89060-796-2

Wie geht Klima-Heilung?

Es ist ein seltsamer Widerspruch: Eigentlich weiß jeder, wie dramatisch die globale Lage ist, aber unsere Reaktion auf diese alles Leben bedrohende Situation steht in keinem Verhältnis dazu. Wir tun so, als wäre das alles noch weit weg. So können wir Wut, Trauer und Schmerz ausweichen – und fahren blindlings gegen die Wand. Jack Adam Weber fordert uns auf, uns unserem Schmerz zu stellen, denn eben hier liegt die Quelle der Kraft, um den nötigen Wandel einzuleiten: in uns und damit in der Welt.

Jack Adam Weber
Klima-Heilung
Den Wandel einleiten: in uns und damit in der Welt
Klappenbroschur, 400 Seiten
ISBN 978-3-89060-789-4

Hier kann man sich zum **Neue Erde-Newsletter** anmelden:
newsletter.neueerde.de/anmeldung

NEUE ERDE im Buchhandel

Neue Erde ist ein kleiner unabhängiger Verlag, und der unabhängige Buchhandel ist unser natürlicher Partner. Wir unterstützen die Initiative »buy local«.

Sollte es Lieferschwierigkeiten bei den Büchern von NEUE ERDE geben, lassen Sie immer im VLB (Verzeichnis lieferbarer Bücher) nachsehen, im Internet unter **www.buchhandel.de**

Alle lieferbaren Titel des Verlags sind für den Buchhandel verfügbar.

Sie finden unsere Bücher auch auf unserer Homepage **www.neue-erde.de** oder in unserem Gesamtverzeichnis, welches Sie gerne hier anfordern können:

NEUE ERDE GmbH
Cecilienstr. 29 · 66111 Saarbrücken
info@neue-erde.de

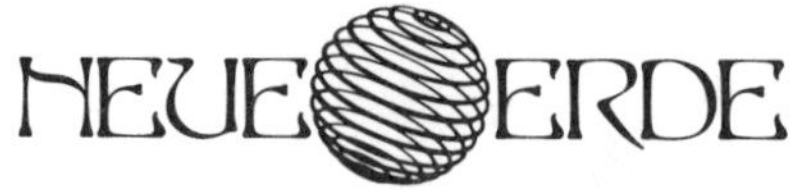